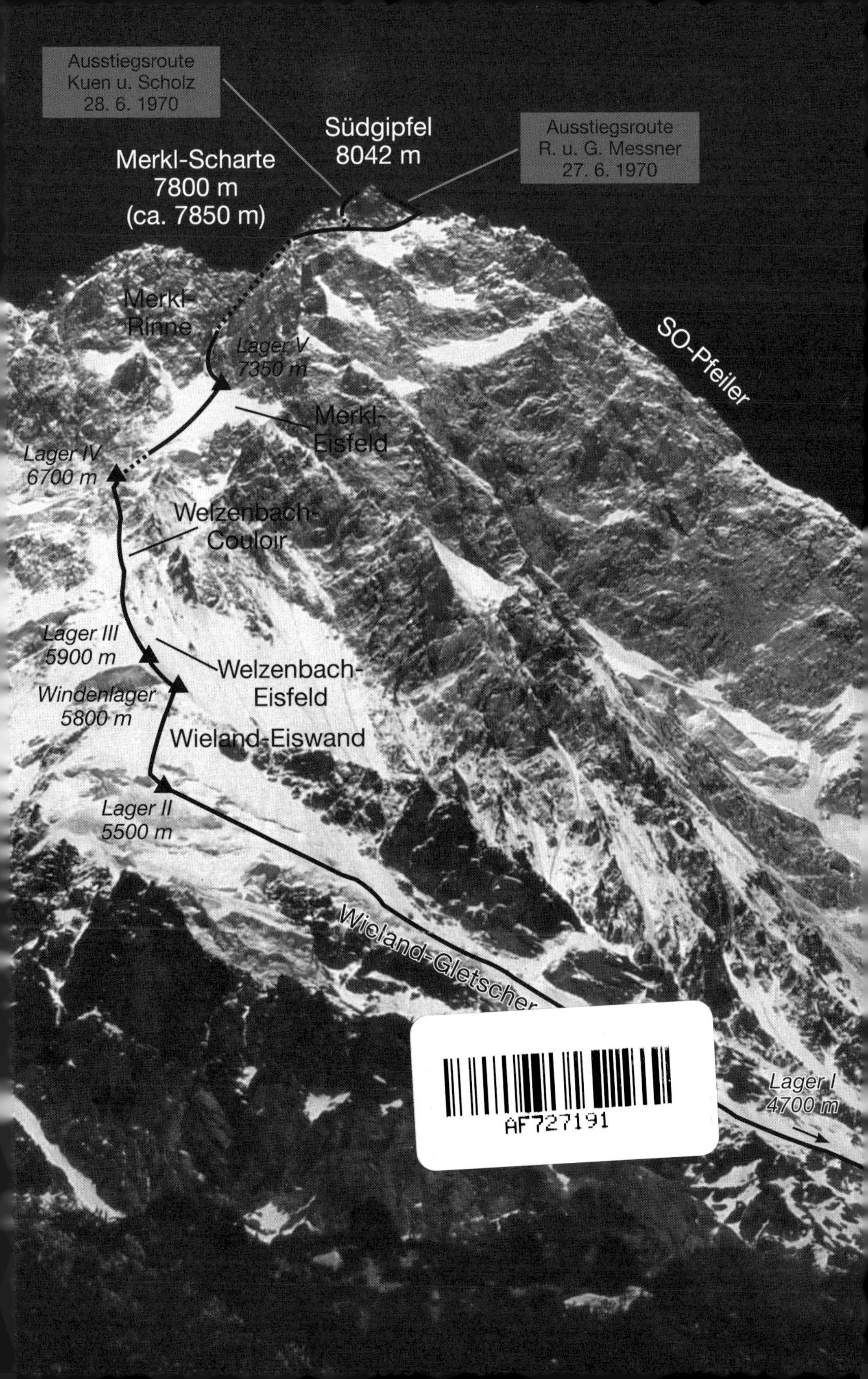
Ausstiegsroute
Kuen u. Scholz
28. 6. 1970
Südgipfel
8042 m
Ausstiegsroute
R. u. G. Messner
27. 6. 1970
Merkl-Scharte
7800 m
(ca. 7850 m)
Merkl-Rinne
Lager V
7350 m
SO-Pfeiler
Merkl-Eisfeld
Lager IV
6700 m
Welzenbach-Couloir
Lager III
5900 m
Welzenbach-Eisfeld
Windenlager
5800 m
Wieland-Eiswand
Lager II
5500 m
Wieland-Gletscher
Lager I
4700 m

JOCHEN HEMMLEB

NANGA PARBAT

Das Drama 1970 und die Kontroverse

Wie die Messner-Tragödie
zum größten Streitfall in der Alpingeschichte wurde

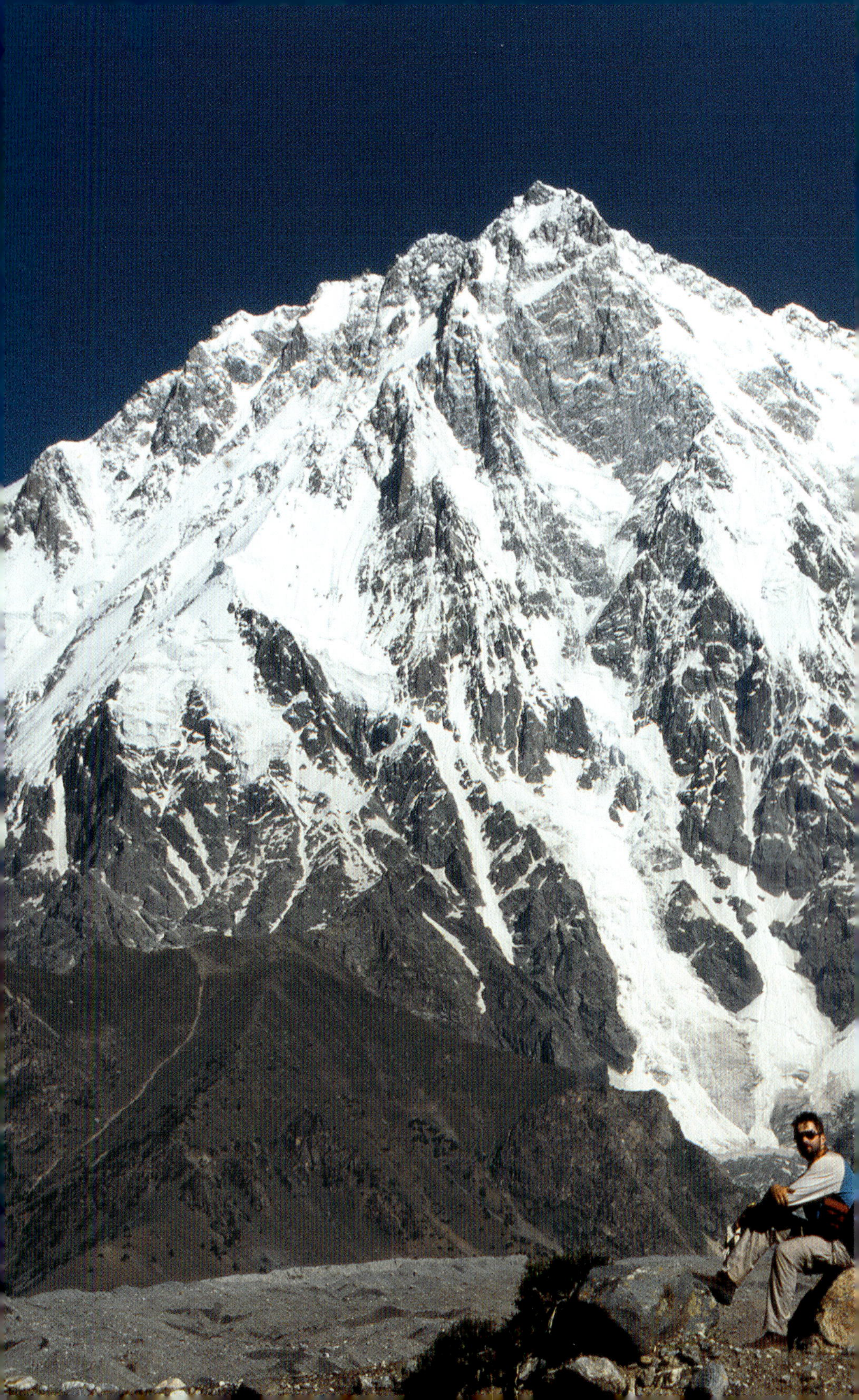

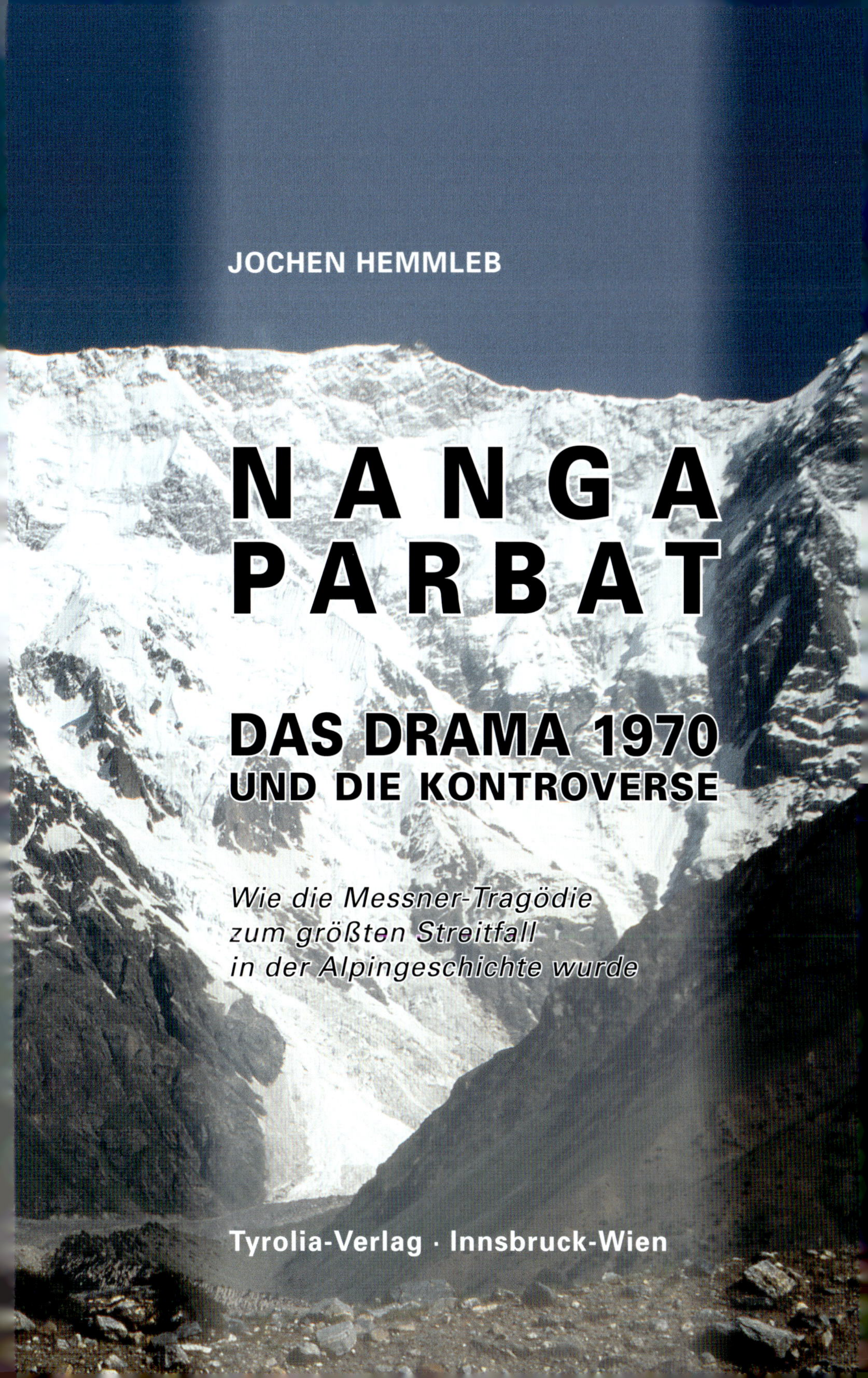

JOCHEN HEMMLEB

NANGA PARBAT

DAS DRAMA 1970 UND DIE KONTROVERSE

Wie die Messner-Tragödie zum größten Streitfall in der Alpingeschichte wurde

Tyrolia-Verlag · Innsbruck-Wien

„Zu kämpfen und zu verstehen –
wobei Letzteres nie ohne das andere sein kann, so ist das Gesetz“
(George Mallory, britischer Bergsteiger, 1886–1924)[1]

„Der Südgipfel ist der Schlüssel“
(Gerhard Baur)

„Es gibt nur einen Menschen, der es weiß –
und damit lügt oder die Wahrheit sagt.“
(Reinhold Messner)[2]

1 Mallory, G.: „Mont Blanc from the Col du Géant by the Eastern Buttress of Mont Maudit“, *Alpine Journal*, Vol. 32, Nr. 218, S. 162
2 Messner, R.: „Die Erinnerung täuscht uns alle“, *profil*, Nr. 16, 2002

INHALT

EINFÜHRUNG

Auf der Kinoleinwand läuft ein Film. Wir sehen einen grauhaarigen älteren Mann, der vor Publikum in einem Bierkeller mit militärisch steifem Ton die Geschichte einer Expedition zum Nanga Parbat erzählt, dem 8125 Meter hohen „Schicksalsberg der Deutschen" im westlichen Himalaya. Er hatte diese Expedition geleitet.
Plötzlich sieht man ein Paar Füße in unförmigen Schuhen, die sich mühsam über den Steinfußboden des Saales schleppen. Unruhe unter den Zuschauern. Ein junger Mann hinkt herein. Er geht an Krücken.
Die Stimme des Älteren stockt. Dann wird sein Vortrag zur Anklage.
„War die leichtfertige Überschreitung des Berges vielleicht von Anfang an geplant? Haben Ehrgeiz und Eigennutz die Bergkameradschaft verletzt? Blieb vielleicht der eine Bruder geschwächt schon in Gipfelnähe zurück, während sich der andere, stärkere, ins Tal schleppen konnte und …"
Der junge Mann an Krücken wendet sich dem Publikum im Bierkeller zu und ruft erregt: „Was Dr. Dr. Karl Maria Herrligkoffer hier behauptet, ist nicht die Wahrheit!"
(Szene aus *Nanga Parbat* von Joseph Vilsmaier, 2010)

Es ist die im deutschsprachigen Raum am häufigsten erzählte und am schärfsten debattierte Bergsteiger-Geschichte: die Geschichte um Reinhold Messner und den Tod seines Bruders Günther 1970 am Nanga Parbat.
Es ist eine Geschichte mit zwei Teilen. Da sind zunächst die Ereignisse während der Expedition von damals, insbesondere während der Tage vom 27. Juni bis zum 3. Juli 1970. Jene Tage, in denen Reinhold Messner und sein Bruder sowie Felix Kuen und Peter Scholz den Gipfel erreichten – und in denen Günther Messner starb.
Der zweite Teil begann am Abend des 3. Juli 1970, als die Expedition mit dem Überlebenden Reinhold Messner auf der anderen Seite des Berges zusammentraf. Damit begann eine Geschichte von Kontroversen, Verdächtigungen und Schuldzuweisungen. Sie beschäftigte Gerichte und füllte mehrere Bü-

cher. Hatte Reinhold Messner damals die Überschreitung des Berges beabsichtigt? Oder war er auf der anderen Seite des Berges abgestiegen, weil es mit dem höhenkranken Bruder keinen anderen Ausweg gab? Warum hatte Messner nicht eindeutig und vehement auf eine Notlage hingewiesen, als zwei andere Expeditionsmitglieder in seiner Nähe vorbeistiegen? Warum hatten diese nicht versucht, ihn zu erreichen? War Günther erst am Wandfuß von einer Eislawine verschüttet worden? Oder war er schon vorher gestorben? Diese und andere Fragen werden bis heute diskutiert.

Eine Rekonstruktion der Ereignisse von 1970 und ihres inzwischen 40-jährigen Nachspiels ist nicht einfach. Da die Expeditionsmitglieder damals vertraglich verpflichtet waren, ihre Aufzeichnungen der Expeditionsleitung zur publizistischen Verwertung zu überlassen, existieren in einigen Fällen zwei Versionen: ein „offizielles" Expeditionstagebuch und ein privates, welche sich oft voneinander unterscheiden. Die beiden Gegenspieler in der damaligen Kontroverse, Expeditionsleiter Dr. Karl Maria Herrligkoffer und Reinhold Messner, waren zudem beide zu unterschiedlichen Zeiten Vorsitzende des Deutschen Instituts für Auslandsforschung (DIAF, heute Deutsches Institut für Auslandsforschung – Prof. Dr. Herrligkoffer-Stiftung), welches die Dokumente der Expedition von 1970 archiviert und verwaltet. Recherchen zeigen, dass im Laufe der Zeit Dokumente unzugänglich wurden oder nicht mehr auffindbar waren. Dennoch sind die wesentlichen Grundzüge der Geschichte deutlich erkennbar – nicht zuletzt deshalb, weil sie in den Worten, Aussagen und Handlungen des „einzigen Zeugen" überliefert sind.

Am ehesten kann Reinhold Messner selbst wissen, was während der Überschreitung des Nanga Parbat mit seinem Bruder und ihm passiert ist. Sein erstes Buch über Nanga Parbat 1970, *Die rote Rakete am Nanga Parbat,* trug den Untertitel „Drehbuch zu einem Film, der nie gezeigt werden kann". Sein Verkauf war damals, zu Beginn der 1970er-Jahre, gerichtlich verboten worden. 40 Jahre später, 2010, erschien das Buch in einer Neuauflage – und es wurde nun tatsächlich ein Film gezeigt: der Spielfilm *Nanga Parbat* von Joseph Vilsmaier, der unter Mitwirkung von Reinhold Messner entstand.
Zwischen den beiden Auflagen der *Roten Rakete* veröffentlichte Reinhold Messner zahlreiche weitere Bücher, in denen er seine Geschichte vom Nanga Parbat 1970 erzählte oder darauf Bezug nahm. In diesem Fortschreiben der

eigenen Geschichte lassen sich Entwicklungen und Veränderungen beobachten, aus denen sich möglicherweise eine Geschichte hinter der Geschichte erschließt. Deshalb soll Messners eigenen Worten und Aussagen in diesem Buch auch die meiste Aufmerksamkeit gelten.

Gleichzeitig kann eine angemessene und differenzierte Beschreibung und Bewertung der Ereignisse nur dann erfolgen, wenn auch die Stimmen weiterer Zeitzeugen in die Gesamtbetrachtung einbezogen werden.

Gerhard Baur ist als Bergfilmer und Bergsteiger seit über 40 Jahren in den Gebirgen der Welt unterwegs – und war als Mitglied der Nanga-Parbat-Expedition 1970 der Letzte, der Günther Messner sah und mit ihm sprach, bevor dieser sich anschickte, seinem Bruder zum Gipfel zu folgen. Gerhard Baurs Erlebnisse und Beobachtungen sind die eines erfahrenen Bergsteigers und analytischen Beobachters. Sie werden in diesem Buch erstmals in vollem Umfang erzählt. Andere Expeditionsteilnehmer von damals haben ihre Eindrücke und Meinungen bereits in Büchern veröffentlicht; von wiederum anderen gibt es Tagebücher, persönliche Notizen und Interviews. Auch diese Quellen liegen diesem Buch zugrunde.

Und schließlich kann ein außenstehender Autor die Geschehnisse und Protagonisten mit größerem Abstand beobachten, Zusammenhänge und Entwicklungen erkennen, sie anhand von Dokumenten nachzeichnen und belegen – und Fragen stellen.

Jochen Hemmleb, im Februar 2010

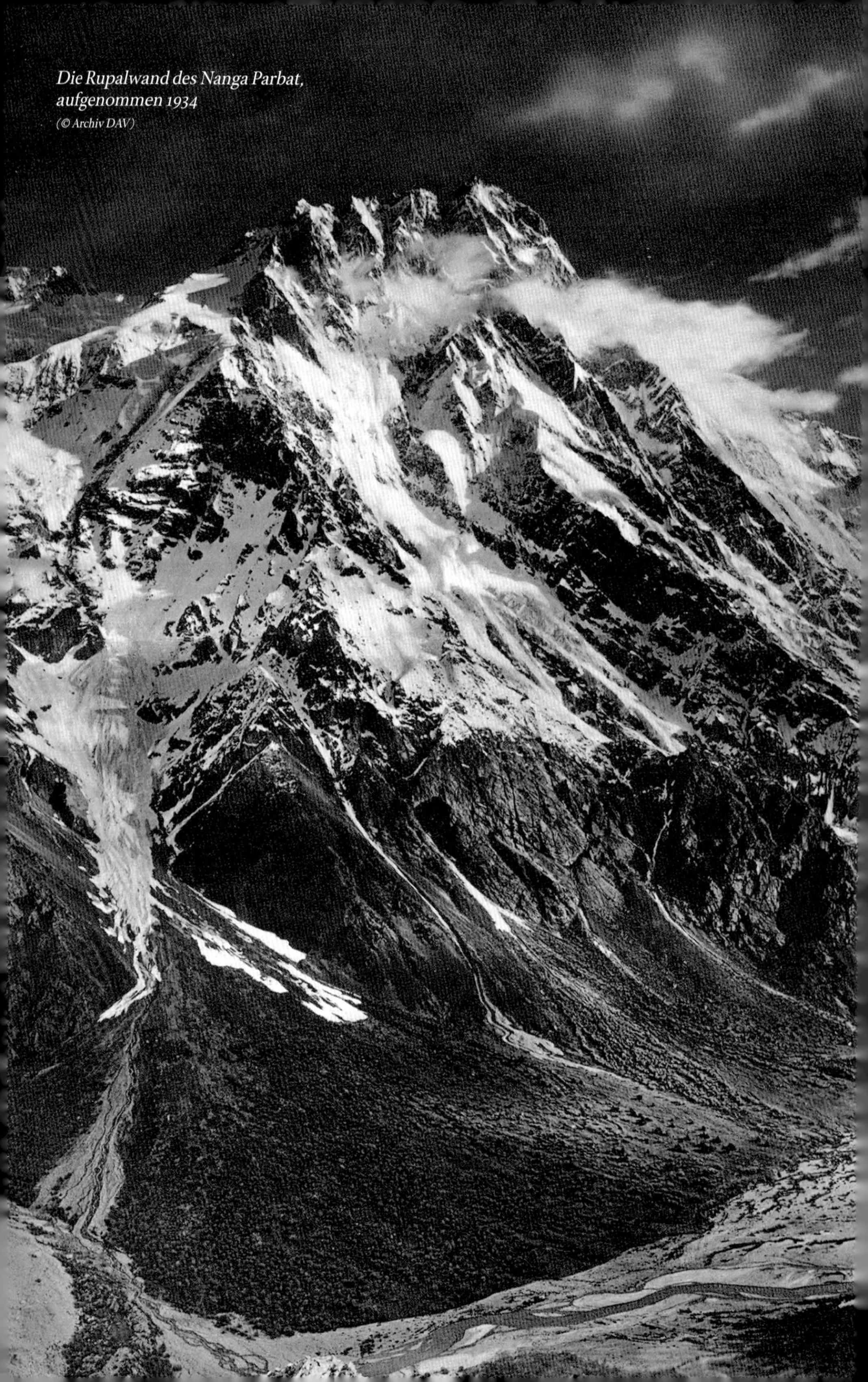

Die Rupalwand des Nanga Parbat, aufgenommen 1934
(© Archiv DAV)

KAPITEL 1

DIE WAND

Es ist die Wand, die dir den Nacken verrenkt. Als ich über die flachen Wiesen der Alpe Tap lief, musste ich den Kopf weit zurücklehnen, bis ich weit über mir zwischen den Wolken die Felshörner am Gipfelaufbau des Nanga Parbat ausmachen konnte. 4500 Höhenmeter waren es bis dort oben – der höchste Wandabbruch der Welt. Einige Schritte vor mir ging Gerhard Baur seinen eigenen Gedanken nach. Er kannte den Blick auch aus umgekehrter Richtung: Vor 34 Jahren hatte er mit zwei Expeditionskameraden in einem kleinen Zelt hoch oben in der Wand, ganze 800 Meter unter dem Gipfel, die Nacht verbracht. Einen seiner Kameraden sollte er am nächsten Morgen zum letzten Mal sehen …

SCHICKSALSBERG

„*Unsere Erkundung der Südseite des Nanga Parbat war nicht sehr ermutigend; direkt über dem Rupal-Tal ragte der Berg fast senkrecht 14,000 bis 15,000 Fuß empor. Ein Abbruch türmte sich über den anderen. Gletscher schienen an den ungünstigsten Plätzen zu hängen, während die Landkarte einen Eindruck von der durchschnittlichen Neigung dieser Wand geben möge.* […] *Auf etwa zwei Meilen Entfernung oder* weniger, *nachgemessen auf der Karte, erfolgt ein Höhenunterschied von 15,000 Fuß* [ca. 4600 m]. *In den Alpen findet sich eine vergleichbare Steigung nur auf der Mer de Glace-Seite von Charmoz und Grépon* [im Montblancgebiet].“[1]

So ernüchternd war der erste Eindruck, den die Engländer Norman Collie, Albert F. Mummery und ihre Gefährten 1895 von der Rupalwand hatten, dass sie jeden Versuch für aussichtslos hielten und sich den anderen Seiten des Nanga Parbat zuwandten. Gemeinsam mit dem Nepalesen Ragobir Thapa

1 *From the Himalaya to Skye*, S. 37

gelangte Mummery anschließend in der West- oder Diamirflanke bis in eine Höhe von etwa 6500 Meter.[2] Es war der erste ernsthafte Besteigungsversuch an einem Achttausender – und die elegante Anstiegslinie über die zentrale Felsrippe einer von Eisabbrüchen bedrohten Steilwand ein Beleg für den Genius des Bergsteigers Mummery. Um einen letzten Versuch zu unternehmen, wollte Mummery mit Ragobir und Goman Singh danach über die Diamascharte nördlich des Gipfels auf die dritte Seite des Berges, die Nordost- oder Rakhiotseite, wechseln. Von diesem Vorstoß kehrten die drei Männer nicht mehr zurück. Sie sind bis heute verschollen.

Danach blieb es fast 40 Jahre ruhig am Nanga Parbat. Der deutsche Eiskletterpionier Willo Welzenbach plante Anfang der 1930er-Jahre einen neuen Versuch an der Diamirflanke, die folgenden Expeditionen zogen jedoch die technisch leichtere Rakhiotseite vor. Allerdings war der dortige Anstieg äußerst lang und objektiv gefährlich. Die Gipfelmannschaft der deutschen Expedition von 1934 wurde auf dem hohen Gletscherfeld des Silberplateaus vom Höhensturm überrascht, nachdem Peter Aschenbrenner und Erwin Schneider zuvor bis unter den Vorgipfel gekommen waren (ca. 7700 m). Beim Rückzug über den schier endlosen Nordostgrat starben sechs Hochträger und drei Bergsteiger, unter ihnen Welzenbach und Expeditionsleiter Willy Merkl. Drei Jahre später begrub eine Eislawine am Rakhiotgletscher ein komplettes Lager mit sieben Bergsteigern und neun Trägern unter sich. Das nationalsozialistische Regime verklärte das Sterben der Bergsteiger zum Opfertod für die Heimat, der Mythos vom Nanga Parbat als „Schicksalsberg der Deutschen“ wurde geboren.

Nach einem weiteren erfolglosen Versuch an der Rakhiotseite 1938 wandten sich die Österreicher Peter Aufschnaiter, Lutz Chicken und Heinrich Harrer zusammen mit dem Bamberger Hans Lobenhoffer ein Jahr später erneut der Diamirflanke zu. Während ihres Rückwegs brach der Zweite Weltkrieg aus und die Bergsteiger wurden in Indien von den Briten interniert. Harrers Flucht 1944, gemeinsam mit Aufschnaiter, war der Beginn seiner legendären „sieben Jahre in Tibet“.

Es war ein bis dato unbekannter Münchner Arzt, der nach dem Zweiten Weltkrieg die deutsch-österreichische Expeditionstätigkeit an der Rakhiotseite

2 Nach einem Vergleich zwischen einer Grafik in *From the Himalaya to Skye*, Abb. 4 (zw. S. 96 u. 97), und der *Alpenvereinskarte Nanga Parbat*, 1:50 000, Nachdruck 1980

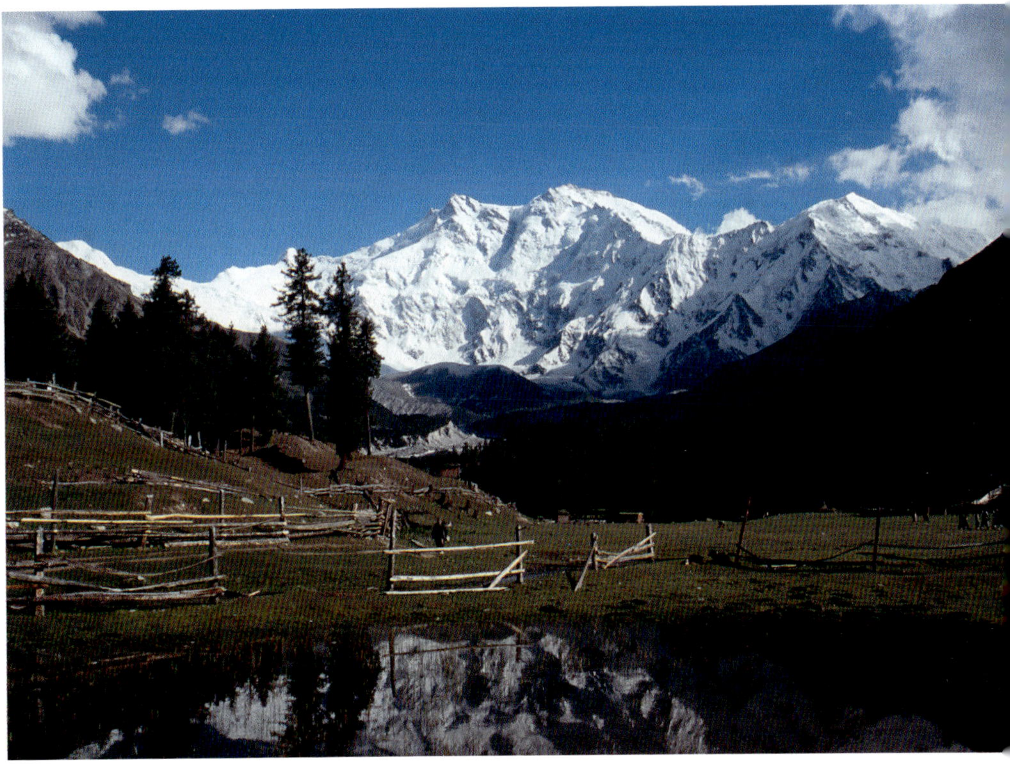

Nanga Parbat: „Schicksalsberg der Deutschen". Die Rakhiotflanke von der Märchenwiese, über die die deutsch-österreichischen Besteigungsversuche in den 1930er-Jahren und die Erstbesteigung durch Hermann Buhl 1953 erfolgten. (© S. Rosarius)

des Nanga Parbat wieder aufnahm: Karl Maria Herrligkoffer (1916–1991) war der Halbbruder des 1934 am Berg gebliebenen Willy Merkl – und er machte es sich zu seiner Lebensaufgabe, das „Vermächtnis des Bruders" zu erfüllen und den Gipfel zu besteigen. Oder besser gesagt: besteigen zu lassen, denn ihm selbst fehlte dazu das notwendige bergsteigerische Können. Jedoch besaß Herrligkoffer ein unübertroffenes Talent im Auftreiben von Finanzen – ein Teilnehmer nannte ihn ironisch *„den größten Bettler der Nachkriegszeit"* –, was ihn zum prominentesten Organisator deutscher Himalaya-Expeditionen zwischen den 1950er- und 1970er-Jahren werden ließ.

Ein Paradox bei der Organisation seiner Expeditionen war, dass Herrligkoffer einerseits gern die gemeinsame Mannschaftsleistung hervorhob, andererseits seine Teilnehmer aber hauptsächlich aufgrund ihrer bergsteigeri-

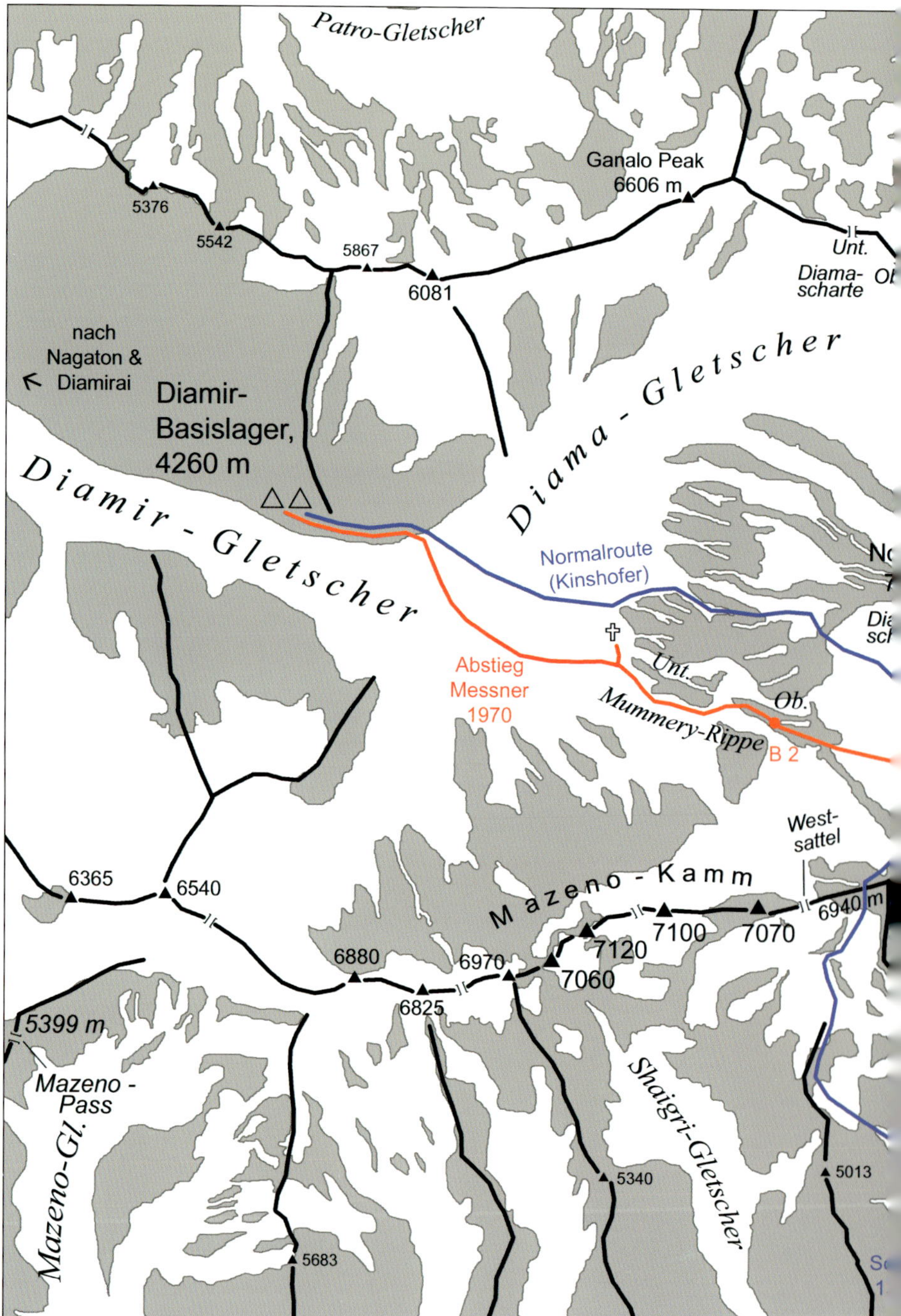

Übersichtskarte des Nanga-Parbat-Massivs mit der Route der Erstbesteigung 1953, dem heutigen Normalweg durch die Diamirflanke (Kinshofer-Weg), der Schell-Route über den

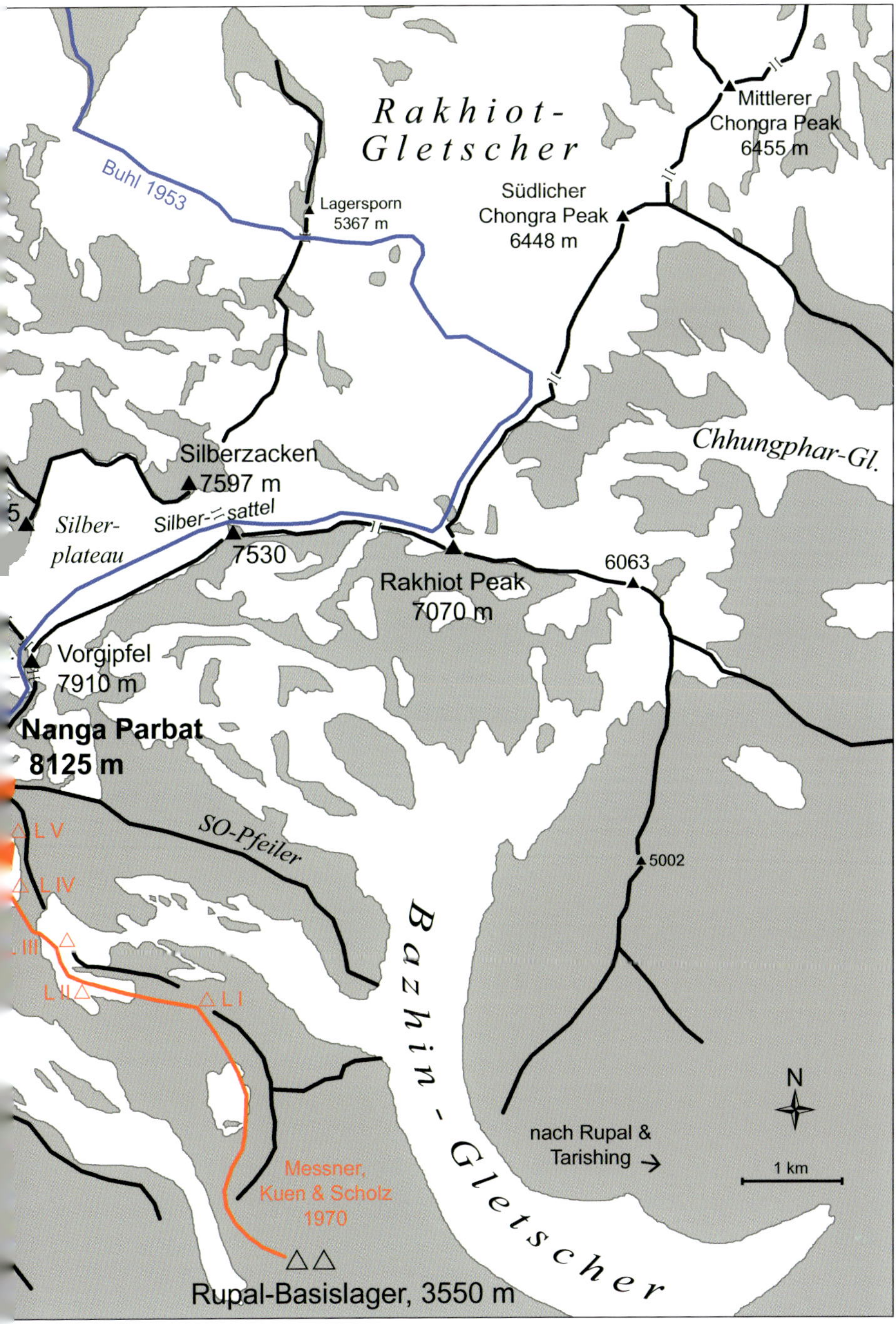

Südwestgrat (blau) und der Messner-Route durch die Rupalwand mit anschließendem Abstieg über die Mummery-Rippe in der Diamirflanke (rot) (© J. Hemmleb)

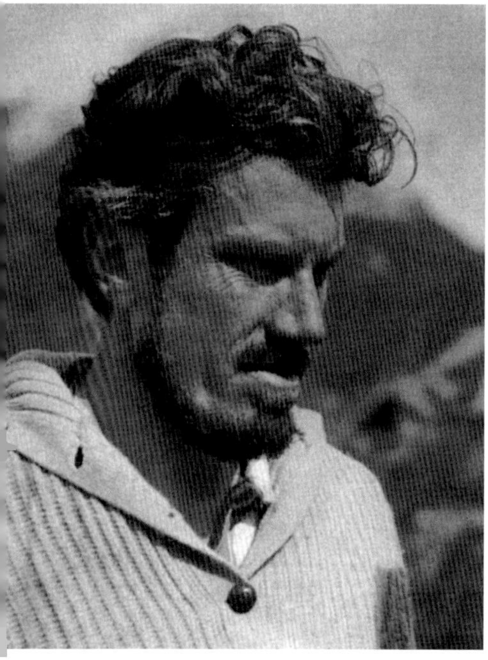

Vom „Nackten Berg" besessen: Karl Maria Herrligkoffer
(© Archiv DIAF/Herrligkoffer-Stiftung)

schen Fähigkeiten auswählte. Daraus konnte ein Nährboden für Persönlichkeitskonflikte entstehen – und Herrligkoffers eigene dogmatische Art trug ihren Teil dazu bei.

Es war ein Einzelgänger, der Herrligkoffers erster Expedition gleich den strahlenden Erfolg bescherte: In einem beispiellosen Alleingang gelang dem Innsbrucker Ausnahmebergsteiger Hermann Buhl am 3. Juli 1953 die lang ersehnte Erstbesteigung des Nanga Parbat. Im Abstieg überlebte er ohne jeglichen Schutz, aufrecht auf einem Felsblock stehend, ein Biwak in 8000 Meter Höhe – eine damals beispiellose Willensleistung. Trotz Halluzinationen und Flüssigkeitsmangel gelangte er am Abend des folgenden Tages wieder zurück ins höchste Lager. Doch auf Licht folgte bald Schatten: Nach der Rückkehr zerstritten sich Buhl und Herrligkoffer über die Art der Berichterstattung über die Expedition, der Fall landete vor dem Richter – ein Muster, das sich 17 Jahre später in verschärfter Form wiederholen sollte. In diesem Zusammenhang sollte aber auch nicht vergessen werden, dass ein weitgehender Teil der von Herrligkoffer geleiteten Expeditionen – insgesamt 22 an der Zahl[3] – ohne außergewöhnliche Probleme verlief.

Für Herrligkoffer blieb der Nanga Parbat eine Obsession. Anfang der 1960er-Jahre widmete er sich zunächst der Diamirflanke, dem Ort von Mummerys Versuch 1895. Bei einer ersten Expedition 1961 fand sein Team am linken Rand der Wand einen objektiv recht sicheren Anstieg hinauf zum Gipfeltrapez – die heutige Normalroute am Nanga Parbat. 1962 vollendeten dann Toni Kinshofer, Anderl Mannhardt und Siegi Löw diesen Weg bis zum Gipfel. Löw verunglückte jedoch im Abstieg tödlich, die beiden anderen Gipfelbesteiger erlitten schwere Erfrierungen.

3 *Karl Maria Herrligkoffer*, S. 288ff.

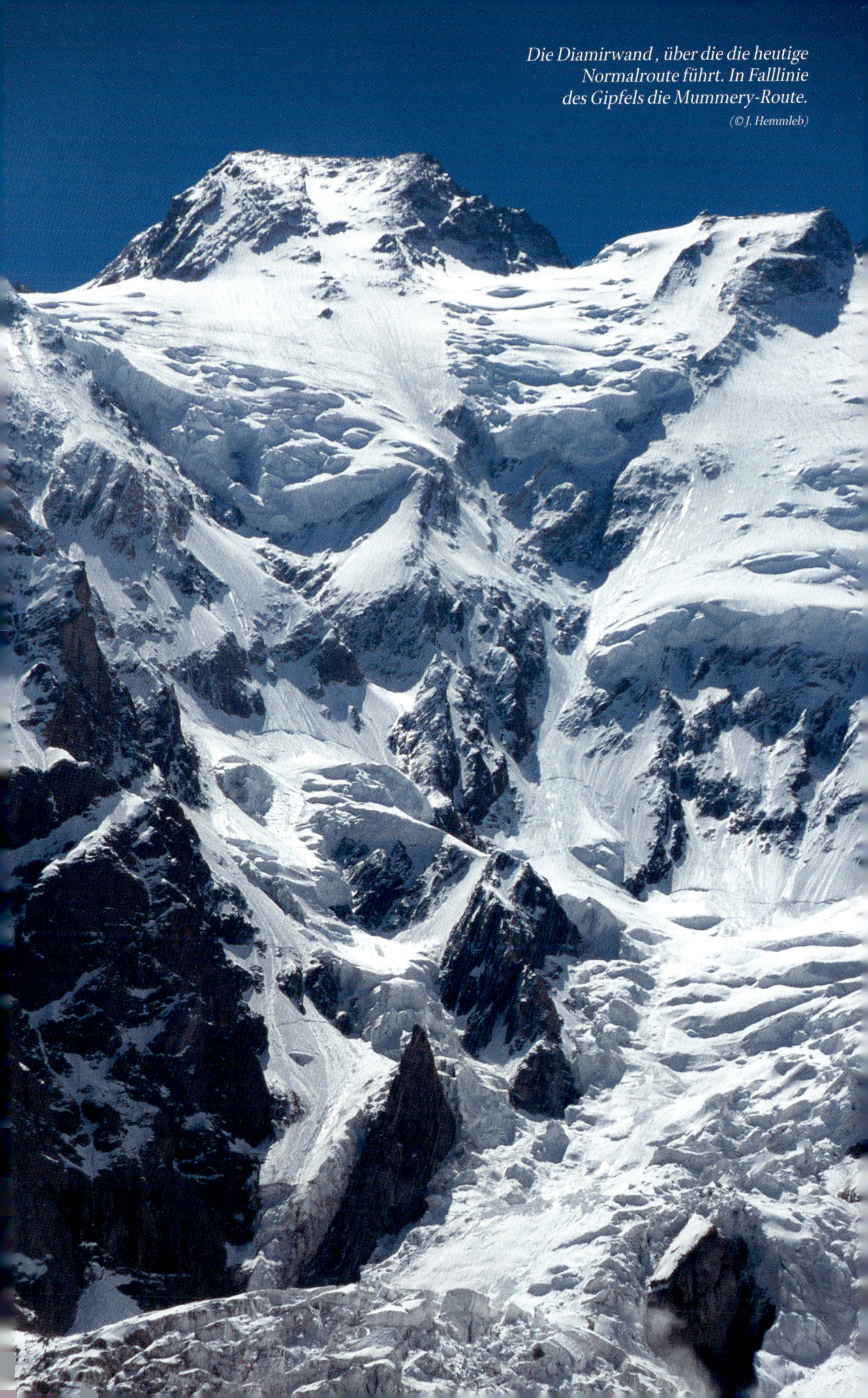

Die Diamirwand, über die die heutige Normalroute führt. In Falllinie des Gipfels die Mummery-Route.
(© J. Hemmleb)

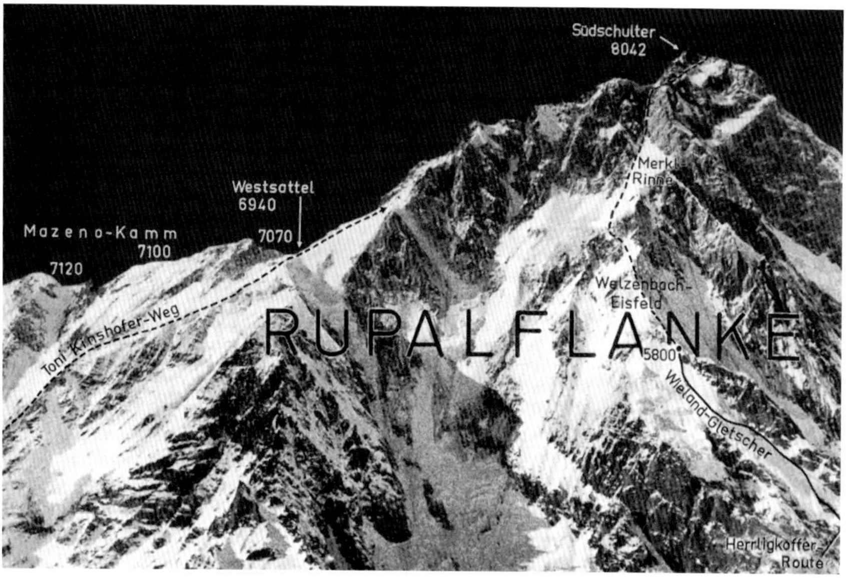

Die 1963 ausgekundschafteten Anstiegsmöglichkeiten auf der Rupalseite: links die Westsattel-Route (damals Toni-Kinshofer-Weg, heute Schell-Route), rechts die heutige Messner-Route über den Südsüdostsporn *(© Archiv DIAF/Herrligkoffer-Stiftung)*

Nachdem Herrligkoffer damit an zwei Seiten des Nanga Parbat Erfolge verzeichnen konnte, fehlte ihm nun noch die dritte und schwierigste Wand des Berges: die Rupalwand. Diese machte er zum Ziel einer Erkundung 1963.

„Jene Fotos, die von Wissenschaftlern der Nanga-Parbat-Expedition 1934 im Rupal-Tal aufgenommen worden waren, zeigten eindrucksstarke Bilder von der Südflanke dieses Achttausenders. Die Wirklichkeit jedoch übertrifft an Wildheit, Größe und Erhabenheit weit alle Vorstellungen."[4]

Die Expedition machte zwei mögliche Anstiegslinien aus: eine über den 6940 Meter hohen Westsattel zwischen dem vielgipfligen Mazenokamm und dem Südwestgrat des Nanga Parbat sowie eine Direktroute entlang des Südsüdostsporns in Falllinie des Südgipfels (8042 m).[5]

Ein erster Versuch an der Direktroute erfolgte bereits im Februar 1964, dabei kamen Raphael Hang und Reinhold Obster bei winterlichen Bedingungen bis

4 *Sieben Jahrzehnte Gipfelkampf*, S. 166

5 In der Nomenklatur wird der 8042 Meter hohe Südgipfel des Nanga Parbat häufig auch als „Südschulter" bezeichnet. In diesem Buch wird, mit Ausnahme von Zitaten, einheitlich die topografisch korrekte Bezeichnung Südgipfel verwendet.

zur Wandmitte. Nur mit viel Glück und wenigen Verletzungen hatten zuvor vier Teilnehmer einen 500-Meter-Absturz in einer Lawine überlebt. Bei einem zweiten Versuch 1968 gelangten Wilhelm Schloz und Peter Scholz bis unter die tief eingeschnittene „Merkl-Rinne" – die Schlüsselstelle rund 700 Meter unterhalb des Gipfels. Ein Unfall, bei dem sich Günther Strobel einen komplizierten Beinbruch zuzog, beendete die Expedition. Herrligkoffers Resümee: *„Die Erfahrung von 1968 sagte mir, dass wir am Berg selbst bei bester Bergsteiger-Besetzung mit Ausfällen rechnen müssten, und daher sollte die Mannschaft 1970 möglichst stark werden."*[6]

AUFBRUCH INS ABENTEUER

Gerhard Baur war damals 22 Jahre alt und hatte sich als Bergsteiger bereits einen Namen gemacht. Bereits mit 19 hatte er unter dramatischen Bedingungen – er überlebte einen 70-Meter-Sturz – die Matterhorn-Nordwand durchstiegen. Im selben Jahr, 1966, war ihm eine extreme Neutour an den Drusentürmen im Rätikon gelungen und er war an einer spektakulären Rettungsaktion zweier Bergsteiger aus der Dru-Westwand im Montblancgebiet beteiligt gewesen. 1968 glückte ihm in wilder technischer Kletterei die Erstbegehung des 40 Meter ausladenden Riesendachs in der Nordwand der Westlichen Zinne in den Dolomiten – heute die Szenerie für Alexander Hubers Meilensteine alpiner Sportkletterei. Bei dieser Tour entstand auch Gerhard Baurs erster Bergfilm.

„Anschließend war mir bereits klar, dass ich mit Bergfilmen mein Leben verbringen wollte. Im Sommer 1969 habe ich in der Schweiz gearbeitet [u. a. an einem Film über einen Wiederholungsversuch an der Japaner-Direttissima in der Eiger-Nordwand; Anm. JH], Weihnachten fuhr ich mit Freunden für drei Monate ins Hoggar-Gebirge in der Sahara und filmte dort eine Erstbesteigung. In dieser Zeit erhielt ich einen Brief von Dr. Herrligkoffer. Er hatte einen meiner Filme gesehen und er kannte meinen Namen auch schon von den Stuttgartern, mit denen er auf Expedition gewesen war. Und so fragte er mich, ob ich nicht Interesse hätte, zum Nanga Parbat mitzugehen – es sei ja schließlich gut, wenn jemand auch etwas filmen könnte. So ging nach meiner Rück-

6 *Kampf und Sieg am Nanga Parbat*, S. 55

kehr aus dem Hoggar alles ziemlich schnell. ... Bei den letzten Vorbereitungstreffen in München lernte ich dann auch Reinhold und Günther Messner kennen. Günther war wie ich erst relativ kurzfristig zur Expedition gestoßen."

Kanntest Du Reinhold Messner schon vorher?

„Ja, vor allem durch seine Erstbegehungen und Alleingänge in den Dolomiten. Ich wusste damals schon, dass er jemand war, der mit Willenskraft und entsprechender Motivation Spitzenleistungen vollbringen wollte und dazu auch in der Lage war. Zwei-, dreimal waren wir uns vor der Expedition über den Weg gelaufen. Gemeinsam berggestiegen sind wir aber nicht."

Nachdem bis Mitte der 1960er-Jahre alle Achttausender bestiegen worden waren, richteten Bergsteiger nun ihr Augenmerk auf die unbegangenen Grate und Wände der welthöchsten Berge. Frühe Vorreiter waren die Chinesen, deren erste Begehung des Nordgrats am Mount Everest 1960 allerdings nicht völlig bewiesen ist. 1962 glückte einer Herrligkoffer-Expedition die bereits erwähnte Erstdurchsteigung der Diamirflanke am Nanga Parbat, 1963 Amerikanern der Westgrat am Mount Everest (unter Umgehung des oberen Teils in der Nordwand). Die Erstbegeher letzterer Route, Willi Unsoeld und Tom Hornbein, stiegen anschließend über den Südostgrat ab, womit ihnen zusätzlich noch die erste Überschreitung eines Achttausenders gelang. Bis zum Jahr 1970 hatte es Versuche an der Rupalwand des Nanga Parbat gegeben – alle geleitet von Herrligkoffer (vgl. S. 18f.) –, während Japaner sich an der Everest-Südwestwand probiert hatten.

Welchen Stellenwert hatte die Expedition 1970 vor diesem Hintergrund, und unter welchen Bedingungen fand sie statt?

„Zur damaligen Zeit war es sehr schwer, zu den hohen Bergen des Himalaya zu kommen. Das lag einerseits an den langwierigen Genehmigungsverfahren, andererseits an den Kosten. Die damaligen Großexpeditionen waren aufwändig und teuer. Es war klar, das ist etwas ganz Außergewöhnliches. Gerade der Nanga Parbat, der war uns allen ja ein Begriff. Und die Rupalwand als höchste Steilwand der Welt, mit ihren Schwierigkeiten – das war ein richtiger Mythos. Da waren wir schon stolz, auf diese Expedition mitgehen zu können. Ich hätte mir nicht vorstellen können, so etwas in kleinerem Kreis zu planen. Nicht eine so große Wand."

Insgesamt umfasste die Mannschaft Herrligkoffers 17 Teilnehmer. Michl Anderl fungierte als stellvertretender Expeditionsleiter, Alice von Hobe als medizinische Assistentin Herrligkoffers und Wolf-Dietrich Bitterling als generelle Hilfskraft im Basislager. Das Bergsteigerteam bestand neben Gerhard Baur und den Brüdern Messner aus Günther Kroh, Hermann Kühn, Gert Mändl, Elmar Raab, Hans Saler, Peter Scholz, Peter Vogler und Jürgen Winkler sowie den beiden Österreichern Werner Haim und Felix Kuen. Vervollständigt wurde die Expedition von einem zahlenden „Gast", Max von Kienlin. Hans Saler, der damals mit 22 zu den drei jüngsten Teilnehmern zählte, schrieb Jahrzehnte später über die Zusammensetzung des Teams:

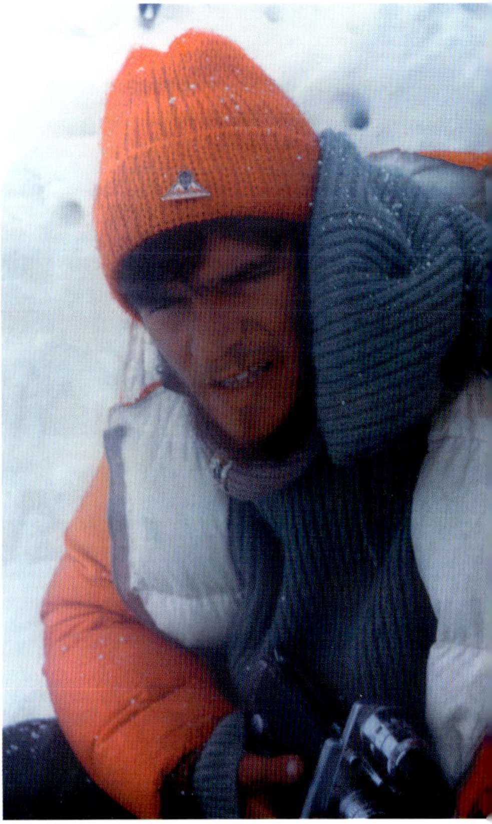

Gerhard Baur 1970
(© G. Baur/Archiv DIAF/Herrligkoffer-Stiftung)

„Herrligkoffer war ein Schachspieler, ein planender Stratege, das junge Durchschnittsalter der Mannschaft war mit Sicherheit kein Zufall. Wir brachten geringe Ängstlichkeits- und hohe Optimismuswerte mit, kurz gesagt, wir waren risikobereit. Risiko ist janusköpfig, bedeutet nicht nur Gefahr, sondern auch Chance. Die Chance dieser Expedition lag darin, erstmals die höchste und bis dahin schwierigste Wand am Dach der Welt zu durchsteigen."[7]

Gerhard Baur gehörte zu den zwölf Teilnehmern, die auf dem Landweg nach Pakistan gereist waren. Heute bezeichnet er die mehrwöchige Fahrt, die sie unter anderem durch die Türkei und Afghanistan führte, als ein noch nach-

7 *Zwischen Licht und Schatten*, 4. Auflage 2009, S. 21

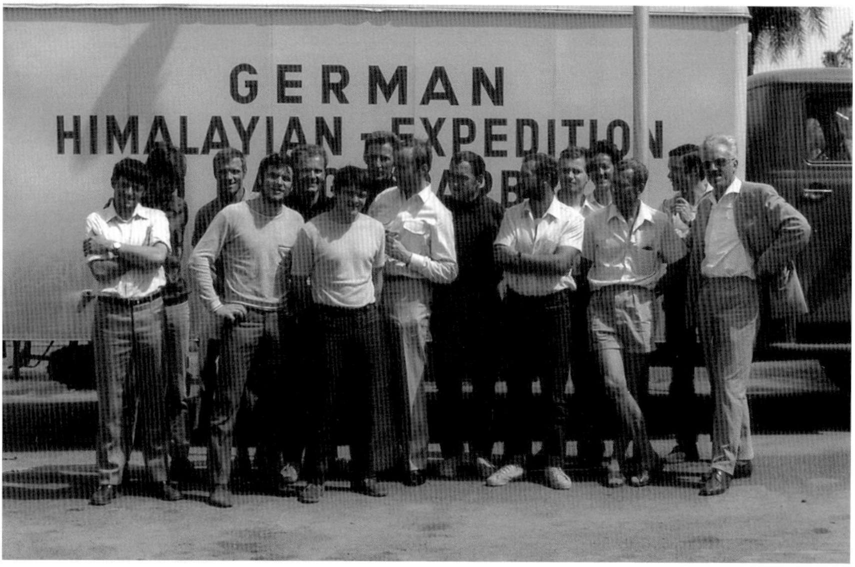

Die Siegi-Löw-Gedächtnisexpedition zur Rupalwand des Nanga Parbat (v. l. n. r.): Günther Messner, Reinhold Messner, Peter Scholz, Gerhard Baur, Elmar Raab, Peter Vogler, Felix Kuen, Max von Kienlin, Werner Haim, Hans Saler, Hermann Kühn, Alice von Hobe, Michl Anderl, Wolf-Dietrich Bitterling, Karl Maria Herrligkoffer; fehlend: Günther Kroh, Jürgen Winkler
(© Archiv DIAF/Herrligkoffer-Stiftung)

haltigeres Erlebnis als die anschließende Zeit am Berg. Vor allem war er von der Offenherzigkeit und Gastfreundschaft der oft in ärmsten Verhältnissen lebenden Landbevölkerung tief beeindruckt. In Rawalpindi, Pakistan, traf die Expedition erstmals wieder als Ganzes zusammen, nachdem fünf Teilnehmer – unter ihnen Herrligkoffer und Reinhold Messner – aus Zeitgründen dem Lastwagenkonvoi mit dem Flugzeug nachgefolgt waren.

Was waren Deine Eindrücke von der Mannschaft?

„Reinhold Messner war in puncto Bergsteigen der Star der Expedition. Keiner war in den zwei Jahren zuvor als ähnlich herausragend wahrgenommen worden wie er. Er hat den Star damals aber nicht heraushängen lassen. Er war in seiner Art sehr wechselhaft – manches, was wir anderen so unternahmen, hat er mitgemacht, dann wieder hat er sich zurückgezogen. Man hat aber immer gemerkt, dass er genau wusste, was vor uns lag. Er kannte sich gut in der Berggeschichte aus, mehr als andere. Dass eine Durchsteigung der Rupal-

wand zu einer weltweiten Spitzenleistung im Alpinismus zählen würde, war ihm völlig klar, während andere kaum darüber geredet haben.
Im Laufe der Expedition war immer mehr zu merken: Reinhold will auf den Gipfel und lässt dies auch spüren. Und Felix Kuen will ebenfalls auf den Gipfel – und lässt es auch spüren. Bei den beiden war es am deutlichsten. Nicht so sehr im Sinne einer Konkurrenz, sondern generell. Bei allen anderen war das zumindest nach außen nicht so ausgeprägt. Selbst bei Peter Scholz nicht, der ja zwei Jahre zuvor schon hoch oben in der Rupalwand gewesen war und einen mindestens genauso großen Ehrgeiz besaß. Wir alle hatten Ehrgeiz, sonst hätten wir gar nicht erst mitgehen brauchen. Aber so gab es dann Beispiele wie Jürgen Winkler, Peter Vogler oder Günther Kroh, die nicht mit an der Spitze gingen, obwohl sie gute Bergsteiger waren – und dies als selbstverständlich annahmen. Das war auch ein Charakterzug dieser Expedition, dieser Zeit und dieser Taktik Herrligkoffers: dass Leute ihre Rolle als Helfer als ihren Beitrag zur Expedition ansahen und das auch toll fanden."

Wie war Herrligkoffer als Mensch und Expeditionsleiter?

„Positiv war sicherlich, dass er besessen davon war, Expeditionen durchzuführen – egal aus welchen Gründen. Natürlich war auch eine gewisse Eitelkeit mit dabei, da er sich in der Rolle des *bergsteigerischen* Expeditionsleiters sah – was er in Wirklichkeit nicht war. Er war Leiter und Manager. Er steckte da in einer verknöcherten Denkschiene, die jetzt, 1970, am Kippen war. Man kann eine Bergsteiger-Expedition nicht wie beim Militär leiten. Die Leute müssen miteinander wollen, die müssen motiviert bleiben und ihre Motivation selber finden. Die kann man ihnen nicht aufoktroyieren. Auf der anderen Seite muss man auch sehen, dass er sich sehr bemüht hat, das *nach seinen Vorstellungen* Beste zu tun. Die Schwerfälligkeit der Großexpedition mit den vielen Materialtransporten war keine Folge von Inkompetenz – es war das, was er aus seiner Erfahrung heraus für das Beste hielt. Ich und einige andere spürten schon, dass manches schneller, einfacher und flexibler gemacht werden könnte, wenn man die Leute am Berg selber entscheiden ließe, anstatt im Basislager zu entscheiden. Ich selbst bin eigentlich ganz gut mit Herrligkoffer ausgekommen. Ab und zu konnte er sogar recht leutselig und lustig sein – aber dann wieder war er ganz der Expeditionsleiter, der in seinem Hauszelt saß und alles verwaltete."

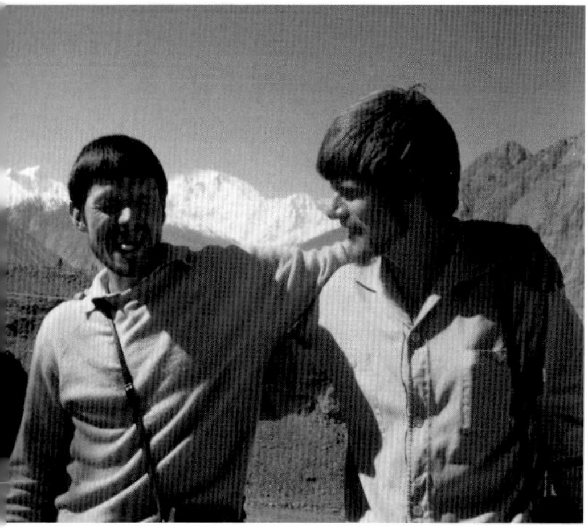

Günther und Reinhold Messner im Industal, Nanga Parbat im Hintergrund
(© Archiv DIAF/ Herrligkoffer-Stiftung)

Wie war das Verhältnis zwischen Reinhold Messner und seinem Bruder Günther?

„Es war deutlich erkennbar, dass Reinhold die dominante Person war und Günther der jüngere Bruder – das habe ich aber nicht negativ gesehen, sondern als eine selbstverständliche Rollenverteilung. Reinhold hatte ihm gegenüber eher eine lenkende Art, weniger eine beschützende. Gerade im letzten Drittel der Expedition war ich sehr angetan davon, welche Kondition und Willenskraft Günther gehabt hat. Vor allem auch bei den täglichen Arbeiten: Zelte freischaufeln, Essen machen, Spur treten. Er hat immer was getan. Nicht, dass sein älterer Bruder nichts getan hätte, das stimmt einfach nicht – aber Reinhold war da der Lenkende."

VORSTOSS INS UNBEKANNTE

Von den Bergsteigern der Expedition 1970 war nur Peter Scholz zuvor in der Rupalwand gewesen. Zwar waren dadurch Route und Lagerplätze bis hinauf in das letzte Wandviertel bekannt, sodass bis dort niemand mehr Pionierarbeit leisten musste. Doch die Höhe bedeutete für die meisten einen Vorstoß in das Unbekannte.

Herrligkoffer hatte die markanten Stellen des Anstiegs nach den Opfern der Expedition von 1934 benannt, unter denen auch sein Halbbruder gewesen war. So führte von Lager I (ca. 4700 m) zunächst eine Querung schräg nach links auf den „Wieland-Gletscher", dem Ort von Lager II (ca. 5500 m), der von der „Wieland-Eiswand" gekrönt wurde. An ihrem oberen Ende montierte man eine Seilwinde, mit der Lasten über den Abbruch aufgezogen werden konnten („Windenlager", ca. 5800 m). 100 Meter höher stand in einer schützenden Spalte Lager III. Das „Welzenbach-Eisfeld" und das anschließende „Welzenbach-Couloir" leiteten weiter aufwärts – kombiniertes Gelände, das manche an die Matterhorn-Nordwand erinnerte. Lager IV stand oberhalb eines kurzen senkrechten Eisabbruchs auf einer Gletscherterrasse (ca. 6700 m) und sollte als Ausgangsbasis für den Gipfelanstieg dienen. Der Umkehrpunkt von 1968 lag oberhalb im steilen „Merkl-Eisfeld“, über dem eine düstere, tief eingeschnittene Schlucht den Gipfelaufbau durchriss: die „Merkl-Rinne“. Sie endete in einer Scharte im Südwestgrat, der „Merkl-Scharte“ (ca. 7800 m),[8] und war offensichtlich die Schlüsselstelle des gesamten Anstiegs.

„Ich hatte einen Heidenrespekt vor der Rupalwand, vor allem vor dem Gipfelbereich“, erinnert sich Gerhard Baur. „Erstens ist es steil, und wenn das Wetter umschlägt, ist es dort oben wahnsinnig lawinengefährlich. Über die Höhe wussten wir 1970 nicht viel – außer, dass sie das große Risiko war. Wenn man aber Erfolg haben wollte, musste man leidensfähig sein und da oben eine Energie aufbringen, die bis an den Grenzbereich geht. Das war wahrscheinlich allen klar.
Ich hatte dabei ständig die Geschichte von 1962 im Kopf, als Siegi Löw beim Abstieg vom Nanga Parbat abstürzte. Löw war zwar ein sehr guter Bergstei-

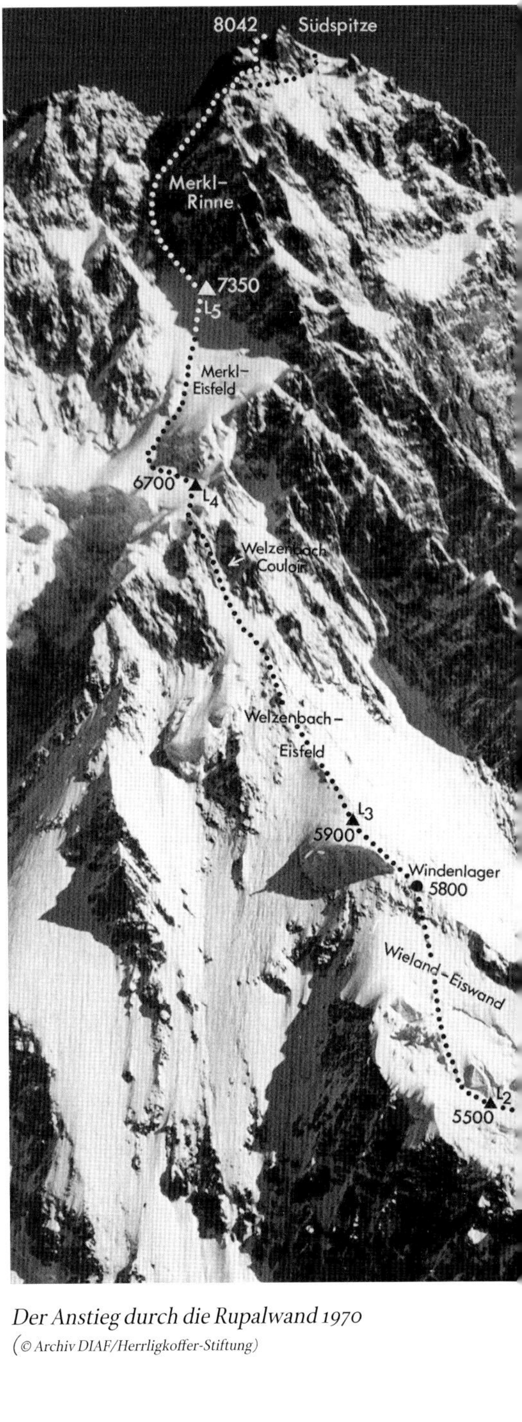

Der Anstieg durch die Rupalwand 1970
(© Archiv DIAF/Herrligkoffer-Stiftung)

8 7800 Meter ist die in allen Berichten zur Expedition von 1970 verzeichnete „offizielle“ Höhe der Merkl-Scharte. Aus Luftbildern ergibt sich eine tatsächliche Höhe von ca. 7850 Metern. Aus Gründen der Übersichtlichkeit wird in diesem Buch jedoch weiterhin die „offizielle“ Höhe verwendet.

ger, kam aber aus der Reihe der Extremkletterer und hat sich dadurch mit seiner Willenskraft, die er einbrachte, wahrscheinlich sogar am meisten gefährdet. Es zeigte mir, dass man in der Höhe die Waage halten muss zwischen dem, was man sonst als Willensleistung bringt, wenn man extrem bergsteigt, und dem, was vernünftig ist. Wo aber genau die Grenze lag, hat von uns damals wohl keiner so richtig gewusst. Wir sind zum Beispiel immer recht lange in den höheren Lagern geblieben. Vielleicht waren es glückliche Umstände, aber ich habe mich gegen Mitte der Expedition konditionell sehr gut gefühlt, habe gemerkt, dass ich auch größere Höhen ertrage, und dadurch Auftrieb bekommen, mehr an den Gipfel zu glauben. Von der mentalen Ebene haben wir aber damals wahrscheinlich zu wenig gewusst. Da würde ich heute wohl anders rangehen."

Inwieweit anders?

„Wahrscheinlich würde ich heute einen Schritt rationaler über den Gipfel nachdenken und nicht so, wie wir damals das Beispiel Hermann Buhl vor Augen hatten. Er und das, was er geleistet hat, war ja für uns alle ein Vorbild – besonders für Reinhold, der ihn in Zusammenhang mit seinen weiteren Plänen auch immer wieder angeführt hat."

Warum ist Hermann Buhl für Dich heute kein Vorbild mehr?

„Wer zu einer solchen Uhrzeit seinen Rucksack zurücklässt und trotz der großen Schwierigkeiten, die noch vor ihm liegen, weitergeht, ist kein Vorbild. Da ist das Risiko, das eingegangen wird, einfach zu groß."
(Buhl hatte 1953 bei seinem Alleingang zum Nanga-Parbat-Gipfel bereits am späten Vormittag seinen Rucksack mit warmer Ersatzkleidung und Proviant zurückgelassen – noch vor dem Vorgipfel und dem langen Gipfelgrat, der die Hauptschwierigkeiten des Anstiegs aufwies.)
„Man muss überleben, um das Bergsteigen in seiner Vielschichtigkeit wahrnehmen und aufarbeiten zu können – und da gehört dazu, dass man im richtigen Moment ‚Stop!' sagt. Das war bei Hermann Buhl nicht der Fall. Dadurch hätte ihn später im Biwak schon die leichteste Wetterverschlechterung umgebracht. Buhl und seine sonstige Leistung stelle ich nicht in Frage – aber diese Situation schon: den Rucksack mit den allernotwendigsten Dingen ab-

zulegen und weiterzugehen, obwohl die Dimension des Gipfelbereichs bekannt war. Natürlich weiß man im Voraus nicht, wie man dort oben reagiert. Aber wenn Strecke und Schwierigkeit absehbar sind, kann man sich vorher rational mit der Frage auseinandersetzen, wie man später dort oben damit umgeht. Oder andere sollten nachher zumindest eine solche Entscheidung nicht noch ein halbes Jahrhundert lang verherrlichen."

PLANUNG? ABSICHT? VORPROGRAMMIERUNG?

Das Beispiel Hermann Buhl wirft Fragen über die mentale Seite des Höhenbergsteigens auf: Sind Entscheidungen, die ein Bergsteiger dort oben trifft, nur Entscheidungen aus der Situation heraus? Oder basieren sie auf einer tieferen Bewusstseinsebene und reflektieren damit ebenso den Charakter und die Mentalität des Bergsteigers?

Schon 1933 äußerte der Engländer Frank Smythe derartige Überlegungen, nachdem er zuvor bei einem Alleingangsversuch am Mount Everest bis knapp 300 Meter unter den Gipfel gekommen war:

„Beim Bergsteigen in großen Höhen, bei dem Geist und Körper von einer schleichenden Lethargie erfasst werden, muss sich der Bergsteiger mehr auf sein Unterbewusstsein als auf sein Bewusstsein verlassen, um sich weiter voranzutreiben. Es ist daher notwendig, dass der Wille zum Erreichen des [...] *Gipfels schon vorher durch die Entschlossenheit, das Ziel zu erreichen, gestärkt wird. Es ist vielleicht nicht zuviel behauptet, dass der Everest in England bestiegen wird."*[9]

Da das Gehirn in diesen Höhen nur noch mit halber Kraft (oder weniger) arbeitet, sind die Entscheidungen, die jemand dort oben trifft, weitgehend das Produkt einer Entwicklung, die lange vor dem Gipfel stattgefunden hat. Der Bergsteiger ruft dann quasi ein verinnerlichtes Programm ab, das ganz woanders geschrieben und abgespeichert wurde. Vor diesen Hintergründen erscheinen einige Ereignisse vom Nanga Parbat 1970, von denen Gerhard Baur berichtet, möglicherweise in einem etwas anderen Licht:

„Während wir noch im unteren Teil der Wand unterwegs waren, sprach Reinhold Messner mehrmals mit mir darüber, dass er nach dem Gipfel dann

9 *Camp Six*, S. 261

möglicherweise auf der anderen Seite des Berges absteigen würde. Dabei überlegte er, entweder über den Mazenograt [„Westsattel-Route", vgl. S. 18] abzusteigen oder über die Diamirflanke auf der Route von Mummery, wobei er letztere deutlich klarer als Möglichkeit ansah. Dabei führte er Buhl als Beispiel an, der mit wenig Gepäck losgegangen war und gezeigt hatte, dass es so zu schaffen war. Und da Mummery bereits 1895 die Wand bis knapp über die Hälfte hinaus überwunden hatte, war Reinhold überzeugt, dass man sie dann 75 Jahre später wahrscheinlich auch runterkäme. Daraufhin habe ich ihn schon im ersten Gespräch gefragt, wie er von oben einen Abstiegsweg finden wolle. Das ist ja viel schwieriger, als wenn man von unten nach oben geht. Reinhold antwortete mir, er habe ein Bild, auf dem man genau sähe, wie man von oben die Route findet. Und dieses Bild hat er mir dann im Basislager gezeigt, als ich bei ihm am Zelt vorbeiging. Es war ein Schwarzweißbild, auf dem man klar nachvollziehen konnte: Wenn man von der Merkl-Scharte absteigt und sich leicht rechts entlang einer Rippe hält, kommt man genau auf die Route von Mummery.
Ich weiß auch, dass ich ihn in diesem Zusammenhang gefragt habe: ‚Reinhold, wie willst du dann zur Expedition zurückkommen?' Und er antwortete mir sinngemäß: ‚Da mache ich mir gar nicht viele Gedanken. Dann sind die größten Schwierigkeiten vorbei, da wird sich schon ein Weg finden.' An diese Aussage kann ich mich deutlich erinnern. Den Berg zu überschreiten, wenn es die Verhältnisse zuließen, war kein kurzzeitiger Gedanke bei ihm. Gespräche darüber haben mindestens zwei-, dreimal stattgefunden. Ich erinnere mich auch, dass Günther einmal dabei war und zu der Idee meinte: ‚Na ja, wir müssen ja erstmal auf den Gipfel kommen!'."

Diese von Gerhard Baur überlieferte Aussage Günthers legt nahe, dass sich offensichtlich auch nach Ansicht des Bruders die Gedanken Reinholds über eine mögliche Überschreitung des Nanga Parbat konkret auf die damalige Expedition bezogen. Gerhard Baur weiter:

„Mir war klar, dass Reinhold jemand war, der den Willen und die Fähigkeit zu einer solchen Leistung besaß. Meine ersten Gedanken dazu waren deshalb bloß eine gewisse innere Unruhe: ‚Wenn dabei etwas passiert, was dann?' Und da der Gipfel zur Zeit dieser ersten Gespräche noch in weiter Ferne lag, habe ich danach auch nicht ständig daran gedacht. Zudem war es ja wie ein kleines Geheimnis, das ich nun mittrug. Ich habe ja damals Reinhold aufgrund seiner bergsteigerischen Leistungen bewundert und respektiert. Die Überschreitung schien mir nach den ganzen Gesprächen eine Möglichkeit zu sein – genauso wie es eine Möglichkeit war, dass wir alle am Gipfel so auf dem Zahnfleisch daher gekrochen kämen, dass daran nicht mehr zu denken war. Aber wenn mir jemand dazu in der Lage schien, dann war es Reinhold."

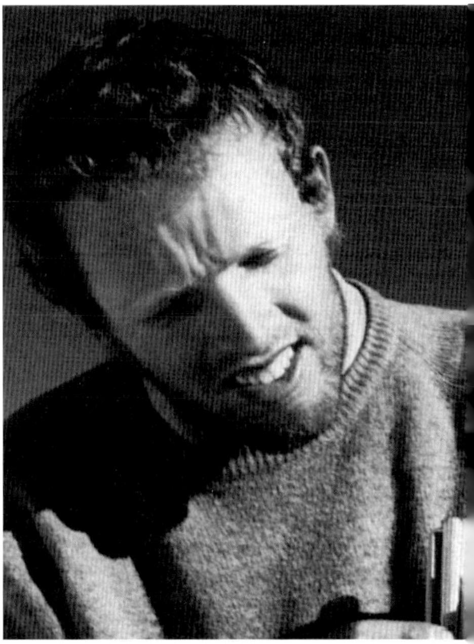

Jürgen Winkler
(© Archiv DIAF/Herrligkoffer-Stiftung)

Auch Max von Kienlin erinnert sich an das Foto der Diamirseite, das ihm Reinhold Messner gezeigt und dabei fasziniert von der Möglichkeit einer Überschreitung gesprochen habe.[10] Fotograf Jürgen Winkler wiederum berichtet von einem anderen Gespräch im Basislager:

„Ich erzähle von der Überschreitung des gesamten Peutereygrates zum Mont Blanc [...]. *Reinhold wirft ein, dass dieser Weg noch nie im Winter gemacht wurde und sagt: ‚Das wäre eine große Sache. Man müsste das mal machen und sich dann dort oben für ein paar Tage und Nächte in den Schnee eingraben – das gäbe Aufregung im Tal.' Schnell waren wir wieder in der Wirklichkeit bei unserem Thema, der Rupalwand. Dann sagte er: ‚Es wäre doch eine tolle Geschichte, nicht nur die höchste Wand der Erde zu durchsteigen, sondern zusätzlich den Berg zu überschreiten'."*[11]

Diese Episode wurde Herrligkoffer anscheinend auch von Elmar Raab bestätigt.[12]

10 z. B. *Die Überschreitung*, 3. Auflage 2003, S. 124
11 zitiert in *Die Überschreitung*, 3. Auflage 2003, S. 237, s. a. *Starnberger SZ*, 31. 07. 2003
12 Vermerk zur staatsanwaltschaftlichen Anzeige von Reinhold Messner gegen Herrligkoffer und Anderl, undatiert, S. 10f.; Kopie im Archiv des DIAF

Die weitere Geschichte ist zumindest so weit bekannt: Reinhold Messner überschritt tatsächlich den Nanga Parbat. Und die folgende „Aufregung im Tal“ sprengte jeden Rahmen.

Fast 40 Jahre später sollte Reinhold Messner abstreiten, ein Foto der Diamirseite besessen zu haben: *„Wenn ich ein Foto der Diamirseite gehabt hätte, hätte ich es mitgenommen und wäre ganz einen anderen Weg runtergegangen, und nicht diesen.“*[13]

Zuvor hatte Messner zu seinen bezeugten Äußerungen über die Möglichkeit einer Überschreitung gemeint: *„Ich habe lediglich von einer Überschreitung des Nanga Parbat für die Zukunft geschwärmt, ohne dass es hierfür Pläne gegeben hätte.“*[14]

Auch für die Gerichte sollten die Aussagen von Gerhard Baur, Max von Kienlin und Jürgen Winkler – zumindest bezogen auf den Tag von Reinhold Messners Aufbruch zu seinem Alleingang – nicht stichhaltig genug sein, den konkreten Plan einer Überschreitung zu beweisen.

Aber: Auch Hermann Buhl hatte 1953 seinen Alleingang zum Gipfel des Nanga Parbat nicht geplant. Er hatte nur die innere Bereitschaft besessen und war vorbereitet, ihn zu wagen, falls es die Verhältnisse zuließen oder erforderten.

13 Fernsehsendung „Tod am Nanga Parbat“, WDR „die story“, 18. 01. 2010

14 Eidesstattliche Versicherung R. Messner vom 27. 06. 2003 (im Rahmen der Anträge auf Einstweilige Verfügung R. Messner ./. Hans Saler und A1 Verlag; R. Messner ./. Max von Kienlin und F. A. Herbig Verlagsbuchhandlung)

KAPITEL 2

26. JUNI 1970: EINE VERHÄNGNISVOLLE VEREINBARUNG

Es ist Abend. Reinhold Messner, Günther Messner und Gerhard Baur steigen langsam in einer schattigen Schneeflanke aufwärts. Sie bleiben stehen, schauen hinab auf wolkengefüllte Täler zwischen Dutzenden von Gipfeln.
Plötzlich steigt eine rote Leuchtrakete zwischen den Wolken auf, zieht einen weiten Bogen und verlischt. Das Wettersignal!
„Rot – schlecht … Das war's dann!"
(später, im Zelt von Lager V)
Reinhold: Ich geh um Mitternacht los, so weit ich komme und schaue, dass ich am Abend wieder zurück bin. Ihr versichert den untersten Teil der Rinne und wartet auf mich, bis ich wieder da bin. In jedem Fall!
(Szene aus *Nanga Parbat* von Joseph Vilsmaier)

Nach Ankunft der Expedition im Basislager am 15. Mai 1970 waren die Bergsteiger binnen drei Wochen bis knapp unter den Standort von Lager IV gelangt, eine Terrasse zwischen den Gletscherbrüchen über dem Welzenbach-Couloir. Das bis dahin größte Hindernis war eine etwa zehn Meter hohe Eiswand, die das Couloir abschloss. Peter Scholz, der schon zwei Jahre zuvor dort oben gewesen war, hatte sie mit der ihm typischen Sorglosigkeit bewältigt: Nur mit den Frontzacken der Steigeisen im Eis verkrallt, hatte er sich mit Steigklemmen an einem alten Seil über den Abbruch gehangelt, das vom Versuch 1968 hängengeblieben war.
Dann, am 4. Juni, war das Wetter schlecht geworden. Gewaltige Neuschneemassen hatten die Lager begraben, in der Wand herrschte extreme Lawinengefahr. Einige Bergsteiger waren abgestiegen, andere wollten hingegen zunächst die Schlechtwetterphase in Lager III bzw. dem Windenlager aussitzen. Peter Vogler zog sich eine Lungen- oder Rippenfellentzündung zu und muss-

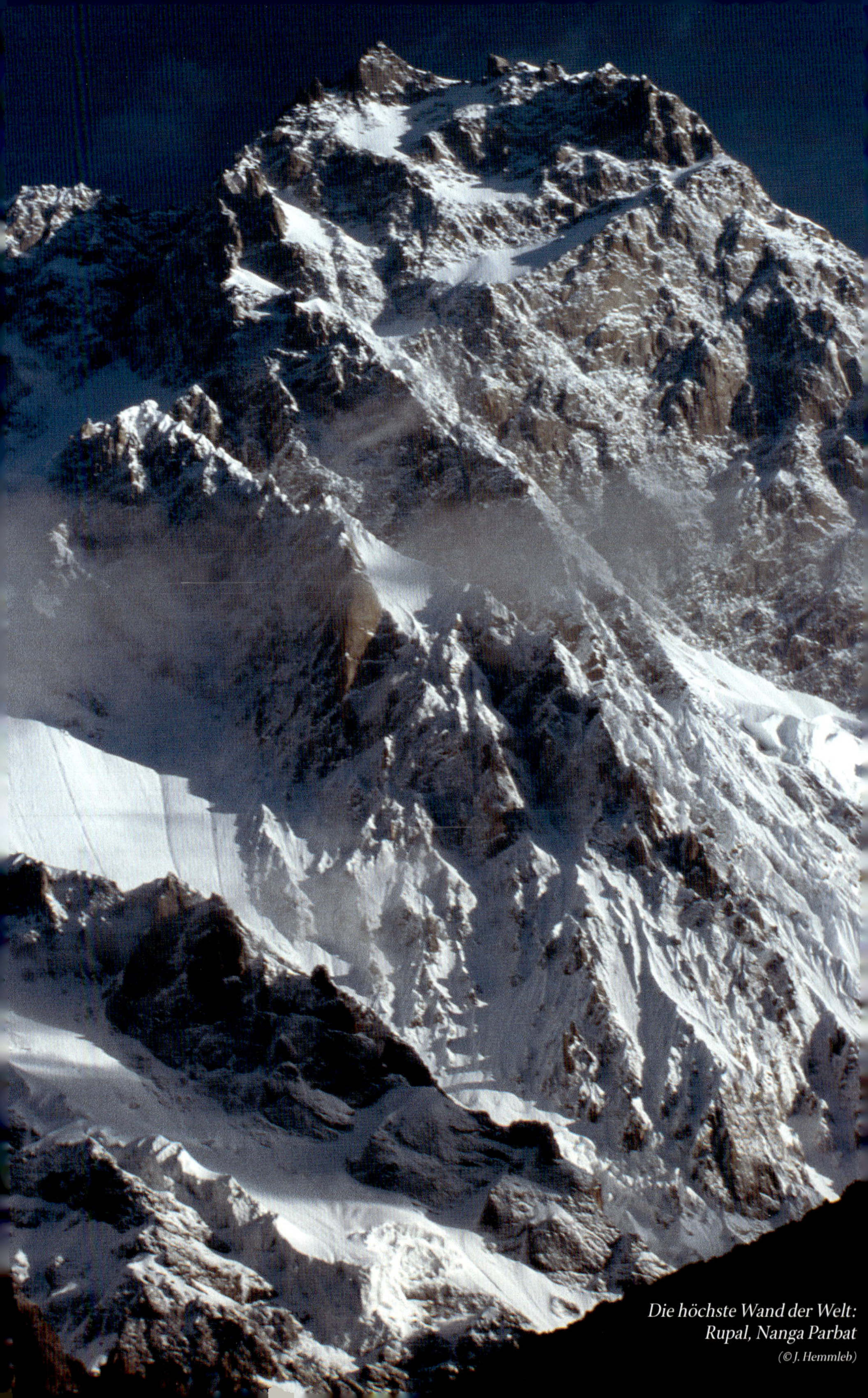

Die höchste Wand der Welt:
Rupal, Nanga Parbat

te ins Basislager evakuiert werden. Dort schmiedete Herrligkoffer derweil erste Pläne für die Gipfelversuche.
Demnach sollte zunächst ein noch höheres Lager, Lager V, errichtet werden. Anschließend sollten Werner Haim, Günther Messner und Hans Saler in drei aufeinanderfolgenden Tagen die schwierige Merkl-Rinne – die Schlüsselpassage vor dem Gipfel – mit Fixseilen absichern. Dies wäre eine Ausdauerleistung, welche den dreien die Gipfelchance höchstwahrscheinlich verbauen würde. Für Reinhold Messner war dies unakzeptabel, und er schrieb später über seine Haltung: „*Wenn ein Expeditionsleiter befiehlt, dass einer drei Tage hintereinander die Merkl-Rinne versichern soll, damit das ausgerastete* [sic] *Gipfelteam über die angebrachten Fixseile zum Gipfel gehen kann, und dieser einfach vorher zum Gipfel geht, kann ihm niemand einen Vorwurf machen.*“[1]
Hatte er vielleicht durch ähnliche Aussagen während der Expedition unbewusst seinem Bruder die Idee zu dessen späterem Alleingang in den Kopf gesetzt? Reinhold selbst zählte laut eigenen Angaben in diesem ersten Plan Herrligkoffers noch zur ersten Gipfelseilschaft, zusammen mit Peter Scholz. Auf sie sollte die Dreierseilschaft Felix Kuen, Gert Mändl und Gerhard Baur folgen. Günther Messner war möglicher Ersatzmann für Mändl.[2]
Herrligkoffers Planspiele auf dem Papier, fernab vom eigentlichen Ort des Geschehens, missfielen einigen Bergsteigern. Besonders Reinhold Messner äußerte später schärfste Kritik an dieser Art der Expeditionsleitung und war verärgert darüber, dass die Planung ihn und seinen Bruder auseinanderriss[3] – wie übrigens auch die bewährte Seilschaft Felix Kuen/Werner Haim.

Gerhard Baur teilt diese Kritik:

„Dieses Einteilen der Leute, wer mit wem zusammen gehen muss, war mir schon zuwider. Die Leute müssen sich selber finden, das gibt die beste Leistung. Was soll es für einen Nutzen bringen, wenn am Ende zwei zusammen klettern, die nicht miteinander auskommen?“
Gerhard Baur vermutet, dass Herrligkoffer das Ideal verfolgte, eine gemischte Seilschaft aus allen beteiligten Nationen – Deutschland, Österreich und Italien (Südtirol) – auf den Gipfel zu bringen. Ein „Solo für zwei“ der beiden

1 *Die rote Rakete*, S. 60
2 vgl. *Rote Rakete*, S. 58f.
3 *Rote Rakete*, S. 221

Südtiroler Messner-Brüder hätte nicht in dieses Bild gepasst.[4] Eine solche Vermutung hatte zuvor schon Werner Haim geäußert.[5] Herrligkoffer glich in dieser Hinsicht seinem Halbbruder Willy Merkl: Auch dieser hatte seine Expeditionsplanung an Idealvorstellungen geknüpft und 1934 eine Gipfelbesteigung durch die gesamte Bergsteigermannschaft angepeilt. Dies hatte möglicherweise den Erfolg der schnellen, flexiblen Zweierseilschaft Aschenbrenner/Schneider verhindert und den Grundstein für die Katastrophe gelegt, als die große und schwerfällige Gruppe von Bergsteigern und Trägern in einen tödlichen Höhensturm geriet (vgl. S. 12).

DURCHBRUCH NACH OBEN

Die Zwangspause durch das schlechte Wetter dauerte bis zum Beginn der zweiten Junihälfte. In dieser Zeit gelang den Messner-Brüdern die Erstbesteigung des Heran Peak über dem hinteren Rupaltal (5950 m, auch Shaigiri Peak genannt). Expeditionsgast Max von Kienlin, der die beiden begleitete, erreichte den Mittelgipfel. Eine andere Gruppe bestieg anderntags den Rupal Peak (5595 m). Erst am 18. Juni konnte die Expedition mit dem neuerlichen Aufstieg in die Wand beginnen und die Lager von den Schneemassen befreien.

Am Morgen des 23. Juni eröffneten die Messners, Kuen, Scholz und Baur endlich den Weg bis Lager IV. Auf sehr tiefen Schnee folgte Blankeis im Welzenbach-Eisfeld. Im anschließenden Welzenbach-Couloir waren die drei Wochen zuvor angebrachten Fixseile und die Strickleiter an der senkrechten Abschlusswand von Lawinen weggerissen worden. Reinhold Messner nutzte erneut das alte Seil, um die Wand zu überwinden, und befestigte die Leiter neu. Während Kuen und Scholz im Schnee nach den Resten des Lagers IV von 1968 gruben, bauten die Messners ihr Zelt etwas weiter höher auf. Baur stieg über Mittag zurück ins Lager III. Für Kuen und Scholz folgte eine schlechte Nacht in einem Biwakzelt bei –15 bis –20 °C ohne Luftmatratzen oder Isoliermatten und ohne funktionierenden Kocher.

Am nächsten Morgen, 24. Juni, trugen Haim, Kühn, Mändl und Saler weitere Ausrüstung ins Lager IV. Die dortige Besatzung baute im Lauf des Tages das Lager weiter aus, indem sie Plattformen einebneten und die Zelte aufstellten.

---

4 Interview G. Baur mit JH, 05. 10. 2009
5 Interview W. Haim mit JH, 07. 07. 2009

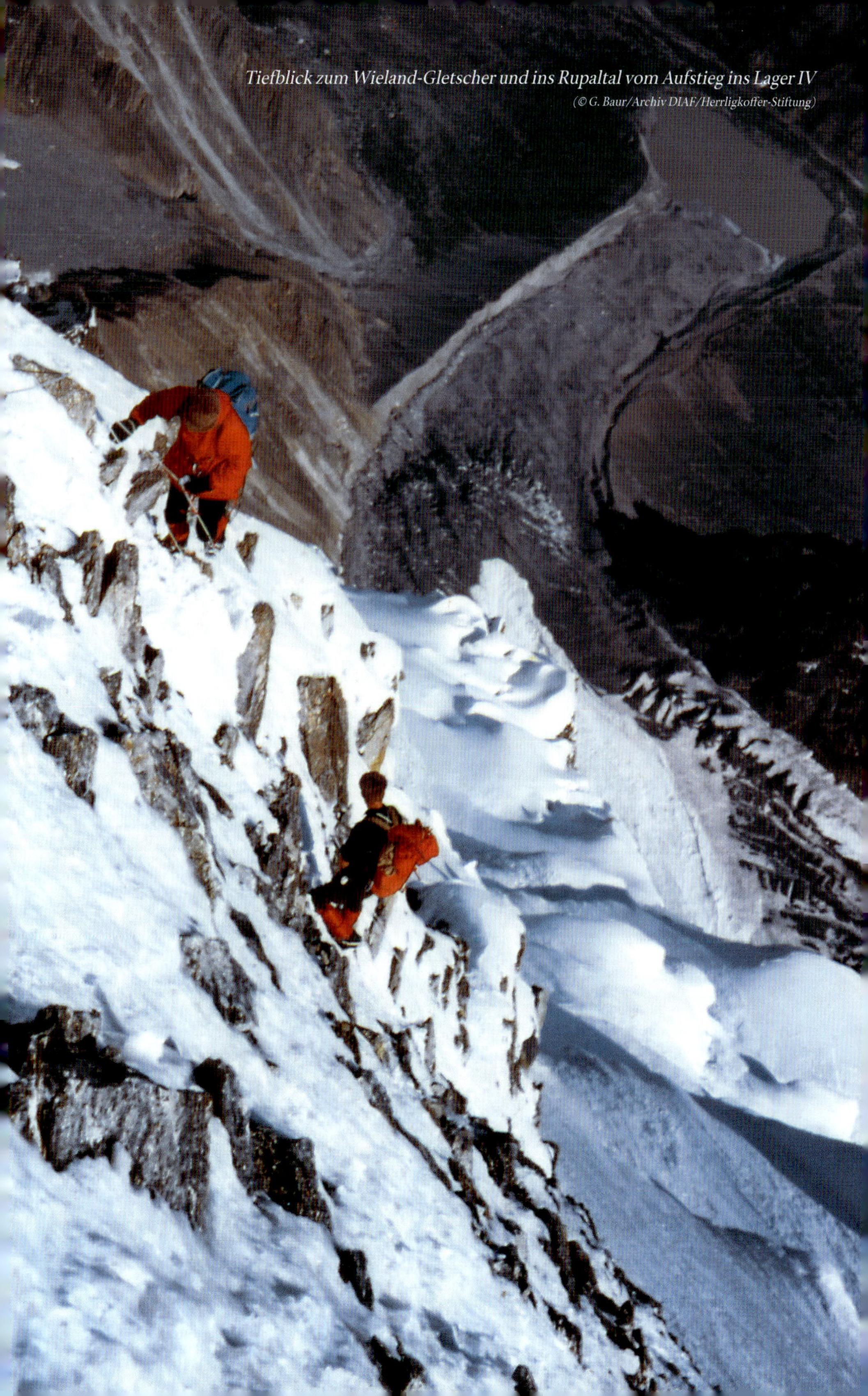

Tiefblick zum Wieland-Gletscher und ins Rupaltal vom Aufstieg ins Lager IV

(© G. Baur/Archiv DIAF/Herrligkoffer-Stiftung)

Am 25. Juni stiegen die Messner-Brüder erstmals zum Ort von Lager V am Beginn der Merkl-Rinne auf. Der Versorgungstrupp bewältigte währenddessen zusammen mit zwei einheimischen Hochträgern einen weiteren Lastentransport ins Lager IV, wo Kuen und Scholz einen Ruhetag einlegten. Gerhard Baur war ebenfalls aufgestiegen und blieb über Nacht.
In den frühen Morgenstunden des 26. Juni stiegen Felix Kuen und Peter Scholz über das 50° steile Merkl-Eisfeld auf. Im griffigen Firn konnten sie ohne Steigeisen gehen. Nach vier Stunden erreichten sie den oberen Rand des Eisfeldes. Dort pickelten sie eine Plattform aus dem Eis und errichteten ein einzelnes Zelt: Lager V, 7350 Meter, das Ausgangslager für den Gipfel. Der Abstieg war bei diesen exzellenten Verhältnissen kein Problem. Nach knapp einer Stunde waren die beiden wieder zurück im 650 Meter tiefer gelegenen Lager IV. Noch hielt das Wetter. Doch im Süden zeigten sich am Nachmittag die ersten breiten Wolkenbänke.

Gerhard Baur erinnert sich an die steigende Spannung zwischen den Bergsteigern in Lager IV:

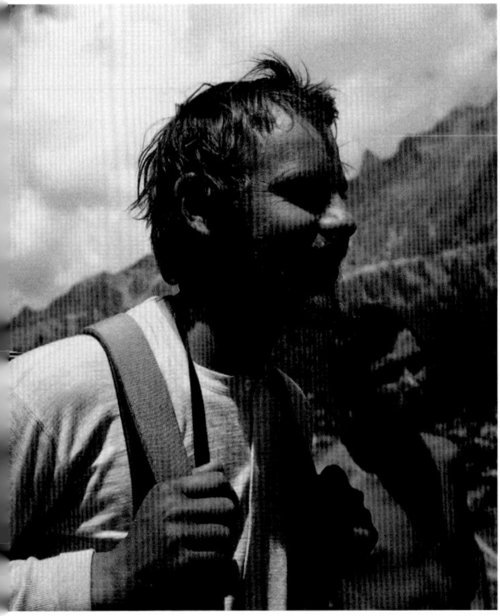

Hermann Kühn
(© Archiv DIAF/Herrligkoffer-Stiftung)

„Ich habe gespürt, jetzt ist ein gewisser Druck da. Wir haben nicht direkt darüber geredet, aber in den nächsten Tagen würde sich entscheiden, wer zum Gipfel geht. Und wir haben natürlich auch gehofft, dass das Wetter anhaltend schön bleibt. ... Mir war klar, dass nach der Rückkehr von Kuen und Scholz aus Lager V wir [die Messner-Brüder und Gerhard Baur; Anm. JH] die Merkl-Rinne versichern werden. Und da Lager V nur aus einem Zelt für maximal drei Personen bestand, würde ich nicht dort oben bleiben und zum Gipfel gehen, sondern wieder ins Lager IV absteigen. Dann würden Peter Scholz und Felix Kuen als Erste zum Gipfel gehen. Wie und wer dann nachfolgte, war zumindest für mich noch offen. Das hing ja auch ganz davon ab, wie wir uns fühlten."

„SO WEIT WIE MÖGLICH"

Was dann an diesem 26. Juni genau zwischen Reinhold Messner in Lager IV und Herrligkoffer im Basislager per Funk besprochen wurde, wurde nach der Expedition zum Gegenstand erbitterter Debatten (vgl. S. 104ff.).

In den Abschriften des Tagebuchs von Herrligkoffer im Archiv des DIAF findet sich dazu keinerlei Hinweis. Von den Bergsteigern, die sich neben Reinhold Messner in Lager IV befanden, schrieb Felix Kuen in seinem Tagebuch: *„Die Messners wollen morgen schon den Gipfel bezwingen, falls die Merkl-Rinne es zulässt. Ansonsten müssen wir doch den Plan einhalten und mit einer Vierer-Seilschaft* [sic] *den Gipfel angreifen."*[6] Das Tagebuch von Peter Scholz enthält keinen Vermerk.

Die genauesten Angaben stammten von Hermann Kühn, welcher die Diskussionen über die Anstiegspläne am Funk in Lager III mithörte und dessen persönliche Aufzeichnungen ihn als feinfühligen, detaillierten Beobachter charakterisieren. Laut einem Brief an Herrligkoffer[7] hielt Kühn den Inhalt des Funkgesprächs vom 26. Juni *„kurz darauf"* in seinem Tagebuch fest:

„Angriffspläne: (ändern sich immer wieder)
Bisher war geplant, L[ager]*4 und L5 größer auszubauen; Haim, Mändl und Saler sollten in mehreren Tagen die Rinne mit fixen Seilen versichern. Dann erst Gipfelangriff. Braucht viel Zeit.*
Neuer Plan von Reinhold Messner, um Zeit zu gewinnen bei dem unsicheren Wetter (es sieht so aus, als ob es noch 2–3 Tage hält): a) Wenn Wetter noch ein paar Tage hält, Vorhersage gut: 2 Messners und Baur versichern morgen die ersten 200 m der Rinne u. kehren auf L5 zurück. Nachmittags steigen Kuen + Scholz ebenfalls auf L5 auf, Übernachtung zu fünft. Übermorgen (28. 6.) steigen alle fünf auf den Gipfel. Gleichzeitig versichern Haim, Saler, Mändl, die inzwischen auf L4 nachgerückt sind, den Rest der Merkl-Rinne für den Abstieg der Gipfelmannschaft. Schneller, aber recht sicherer Plan.
b) Wenn Wetterbericht jetzt schon schlecht ist, will Reinhold noch einen Tag schneller sein und einen schnellen Alleingang wagen: Er steigt schon in der Nacht zum 27. allein hoch, während gleichzeitig sein Bruder Günther und Baur

6 Tagebuch F. Kuen, 26. 06. 1970; Kopie und Abschrift im Archiv des DIAF
7 Brief H. Kühn an K. M. Herrligkoffer, 15. 08. 1970; Archiv des DIAF

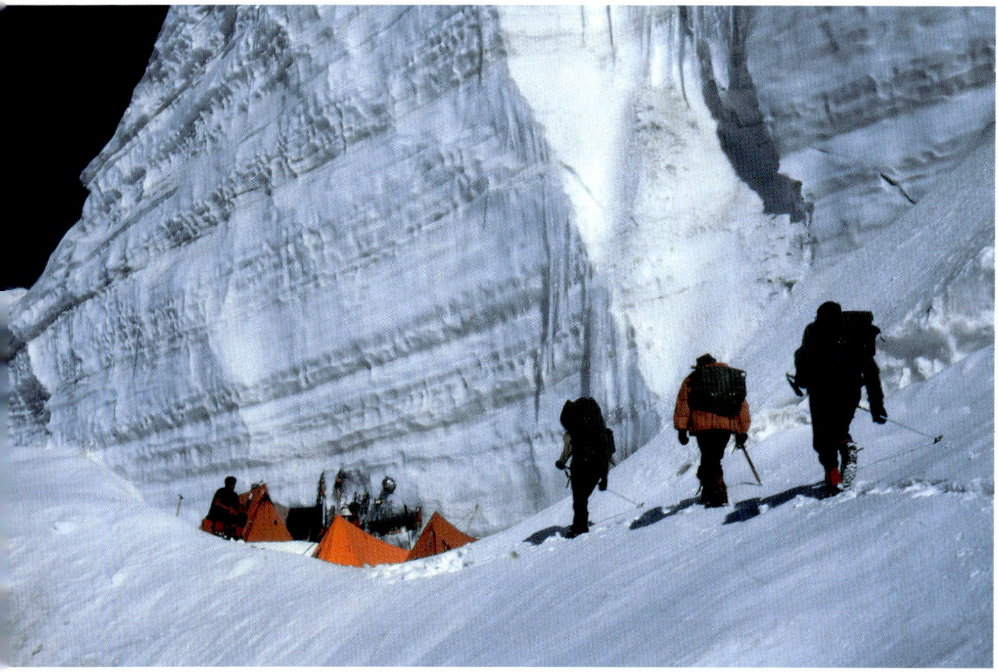

Lager II auf dem Wieland-Gletscher (© G. Baur/Archiv DIAF/Herrligkoffer-Stiftung)

mit den 200 m Seil die schwierigsten Passagen der Rinne für seinen Abstieg versichern."[8]

Auffällig ist, dass Kuen in seinem Tagebuch von Gipfelabsichten *beider* Messners schreibt, in Bezug auf den ursprünglichen Plan aber nur eine Viererseilschaft erwähnt. Da Gerhard Baur aber mit den Messners aufstieg, wären an einem gemeinsamen Aufstieg mit Kuen und Scholz insgesamt fünf Bergsteiger beteiligt gewesen. Nach der Expedition sollte Herrligkoffer aussagen, er habe Günther Messner als zu schwach für einen Gipfelaufstieg eingeschätzt. Kuen unterstützte diese Meinung. Kuens „Unterschlagung" eines Bergsteigers in oben genannter Eintragung legt daher den Verdacht nahe, dass er sein Tagebuch erst bedeutend später, unter Einfluss der „Nachwehen" der Expedition, schrieb oder korrigierte.

8 Tagebuch H. Kühn, 26. 06. 1970

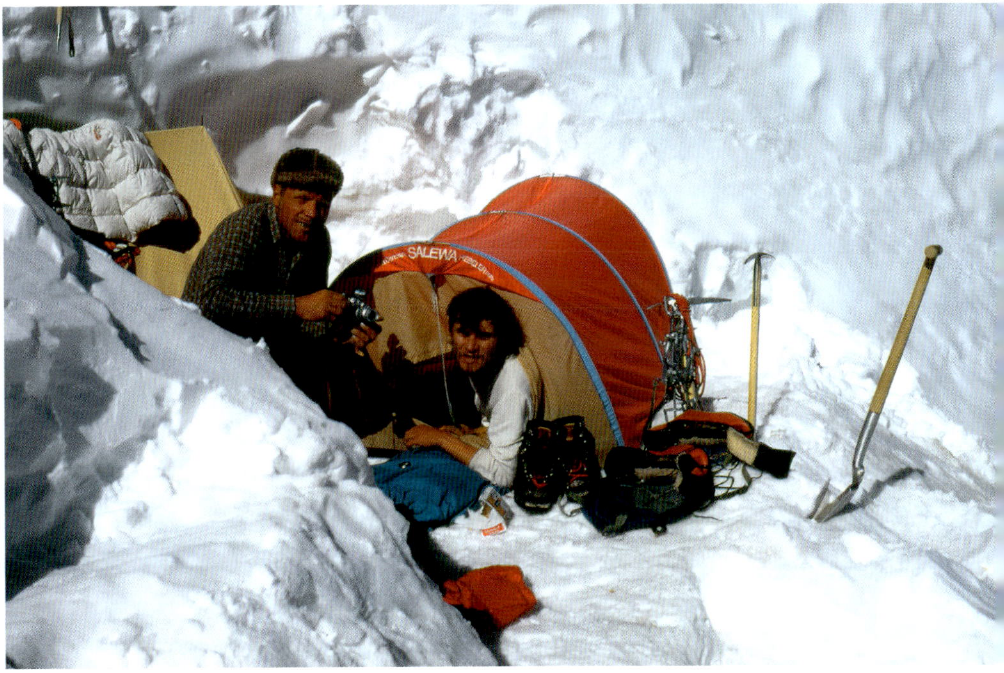

Peter Scholz und Gerhard Baur in Lager IV (© Archiv DIAF/Herrligkoffer-Stiftung)

Hermann Kühns Tagebucheintragung wirft hingegen die Frage auf, welche Informationen über Größe und Status von Lager V zwischen den Bergsteigern kursierten. Sollte Reinhold Messner tatsächlich einen Gipfelaufstieg zu fünft vorgeschlagen haben, widerspräche dies Gerhard Baurs eindeutiger Aussage, dass Lager V nur für maximal drei Bergsteiger gedacht war (was auch durch die späteren Aktionen der verschiedenen Seilschaften gestützt wird). Hatte Kühn die Pläne wirklich richtig verstanden?

Zu der Frage, wie weit der Alleingang von Reinhold Messner gehen sollte, gab es anschließend unterschiedliche Meinungen. Reinhold Messner schrieb in seinem Erstbericht, dass er bei einem Signal für einen Alleingang *„in die Merkl-Rinne einsteigen und eventuell zum Gipfel gehen würde"*.[9]

Gerhard Baur ist sich heute nicht mehr sicher, ob während des Funkgespräches das Wort Gipfel tatsächlich gefallen ist:

9 „Odyssee am Nanga Parbat", S. 1; Kopie und Abschrift im Archiv des DIAF

„Es ging darum, dass Reinhold die Merkl-Rinne so weit wie möglich erkunden sollte. Für mich war dabei klar, ‚so weit wie möglich' heißt bis zum Gipfel, wenn es passt. ... Für jemand anderen bedeutete es vielleicht etwas anderes."
Der Vorschlag eines Vorstoßes im Alleingang durch Reinhold Messner wurde jedenfalls laut mehrerer Zeugen von Herrligkoffer mit den Worten „Du sprichst mir aus der Seele!" begrüßt.[10]

DIE ROTE RAKETE

Da aus Gewichtsgründen kein Funkgerät ins Lager V mitgenommen wurde – ein Gerät wog damals vier Kilo –, sollte der Wetterbericht, der über die Pläne für den Gipfelaufstieg entscheiden würde, mittels Leuchtraketensignal übermittelt werden. Im Basislager gab es Raketen in zwei Farben, rot und blau. Laut Hermann Kühns Aufzeichnungen sollte eine rote Rakete einen schlechten Wetterbericht bedeuten – also Plan b), einen Alleingang Reinhold Messners. Bei gutem Wetterbericht sollte hingegen eine blaue Rakete abgeschossen werden und Plan a) in Aktion treten.[11] Elmar Raab und Max von Kienlin, die in Lager II am Funkgerät saßen, bestätigten diese Bedeutung der Raketensignale.[12]
Am späten Nachmittag brachen Reinhold Messner, Günther Messner und Gerhard Baur Richtung Lager V auf. Um 17:30 Uhr erhielt Herrligkoffer im Basislager den aktuellen Wetterbericht von Radio Peshawar. Er lautete „weather fair" – schönes Wetter. Eine halbe Stunde später wurde er per Funk an die Lager II, III und IV durchgegeben. Um 20 Uhr war die verabredete Zeit für das Raketensignal an Lager V. Michl Anderl, der stellvertretende Expeditionsleiter, nahm eine Rakete mit blauer Banderole, lief zu einem Platz in einiger Entfernung vom Basislager, von wo aus das Signal von den Bergsteigern in der Wand besser gesehen werden konnte, und feuerte sie in den Abendhimmel.
Die Rakete brannte rot!
Die Brüder Messner befanden sich zu diesem Zeitpunkt kurz vor Lager V, Gerhard Baur etwa 15–20 Meter hinter ihnen in der Spur.

10 z. B. Brief E. Raab an K. M. Herrligkoffer, 21. 08. 1970; Archiv des DIAF
11 Tagebuch H. Kühn, 26. 06. 1970
12 Brief E. Raab an K. M. Herrligkoffer, 21. 08. 1970; Archiv des DIAF, und *Die Überschreitung*, 3. Auflage 2003, S. 121

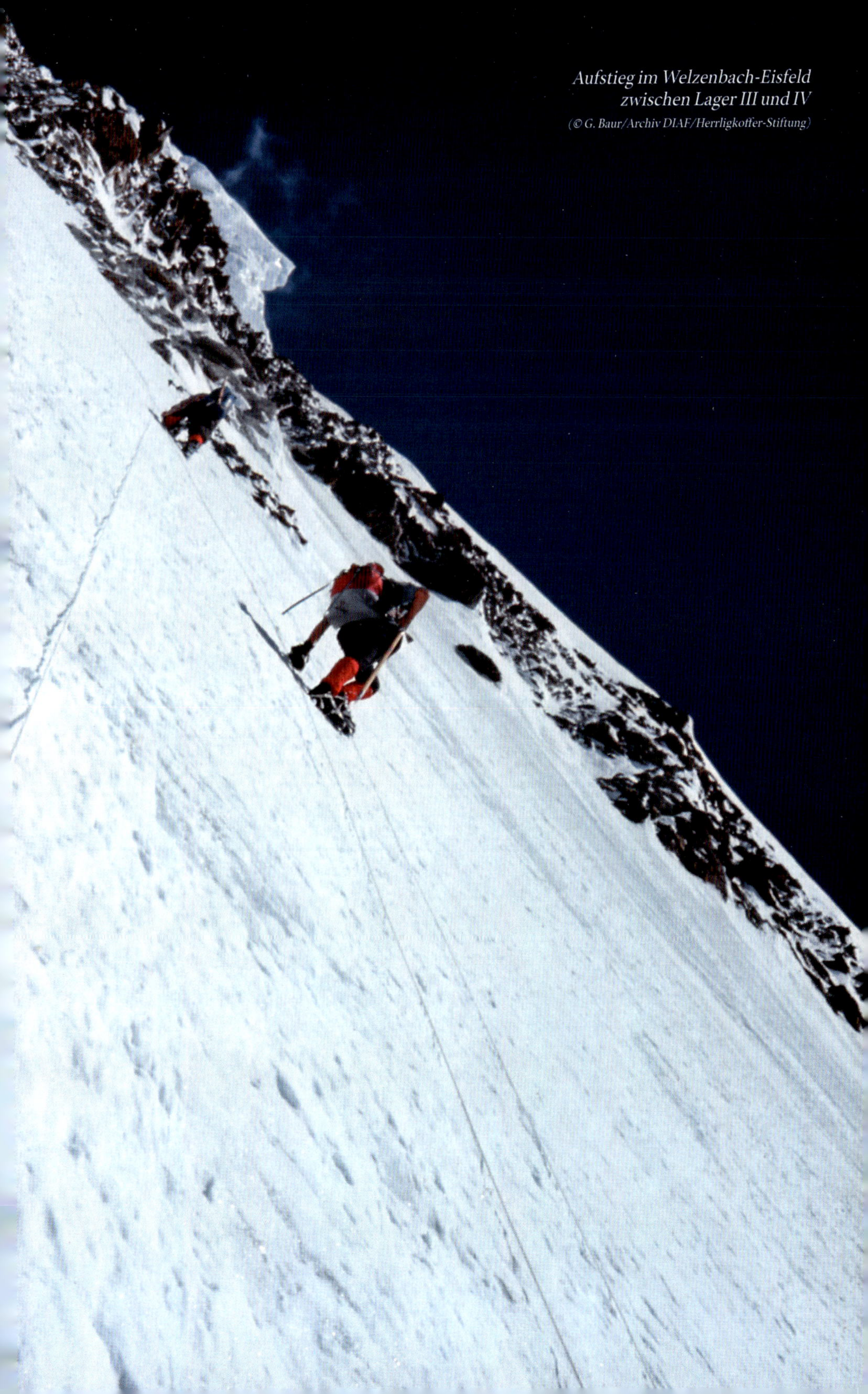

Aufstieg im Welzenbach-Eisfeld zwischen Lager III und IV
(© G. Baur/Archiv DIAF/Herrligkoffer-Stiftung)

Was war Deine Reaktion auf die rote Rakete?

„Mein erster Gedanke war: Wenn das Wetter jetzt tatsächlich schlecht wird, dann bitte gleich heute Nacht. Mich beunruhigte die Vorstellung, dass Reinhold losginge und wir nicht wüssten, ob und wann es schlecht werden würde. Denn dann würden wir hier oben bleiben. Und ich wusste, dass dies bei Schneefall sehr heikel wäre. Auf der anderen Seite war ich zuversichtlich, denn um uns herum sah alles nach gutem Wetter aus. Uns war ja auch bekannt, wie fragwürdig der Wetterbericht häufig war."

Hermann Kühn schrieb in seinem Tagebuch, Gerhard Baur habe berichtet, besonders Reinhold habe an der Richtigkeit des Wettersignals gezweifelt. Laut Kühn zitierte Baur damals Messner mit den Worten, „Beim Herrligkoffer weiß man nie, woran man ist." Trotzdem habe sich Messner zum Alleingang entschlossen.[13]

Die drei Bergsteiger richteten sich in ihrer engen Behausung für die Nacht her. Schlafsäcke hatten sie keine mitgenommen, sie schliefen auf Luftmatratzen und unter Biwaksäcken. Ihr Kocher funktionierte nicht.

Wie war die Stimmung zwischen euch an diesem Abend?

„Viel wurde nicht mehr geredet. Bei Reinhold spürte man eine gewisse innere Anspannung. Einmal sagte er noch zu Günther, dass wir auf jeden Fall auf ihn warten sollten, bis er wieder im Lager V zurück sei. Ich wusste zwar von seinen Überschreitungsgedanken, aber sie waren an diesem Abend nicht vordergründig in meinem Kopf. Für uns gab es nur diesen Spannungsmoment: Es ist möglich, dass das Wetter kippt. Also haben wir nur noch geringe Chancen. Mal sehen, was morgen ist – so war die Grundstimmung, auch bei mir."

---

13 Tagebuch H. Kühn, 26. 06. 1970

KAPITEL 3

27. JUNI 1970: DOPPELTER ALLEINGANG

Reinhold und Günther Messner stehen in einem Schneehang, beide über ihre Eispickel gebeugt. Sie schauen sich an. Beide atmen schwer von der Anstrengung des Aufstiegs, ihre Stimmen brechen stoßweise hervor. Reinhold herrscht den jüngeren Bruder an.
Reinhold: „Hast du den Verstand verloren? Der Plan war: Bei roter Rakete und schlechtem Wetter geh ich alleine. Rauf, runter, schnell. Jetzt wird's knapp!"
Günther: „Das war dein Plan! Du rennst allein los und ich arbeite mich unten krumm ..."
Reinhold: „Darum geht's nicht, Günther!"
Günther: „Doch! Du setzt wieder mal deinen Kopf durch und ich muss schau'n, wo ich bleib!"
Reinhold: „Wenn wir jetzt lossteigen, müssen wir oben übernachten. Ohne Ausrüstung! Ohne alles! Und du hast nicht versichert. Die Sicherungsseile für den Rückweg fehlen!"
(Szene aus *Nanga Parbat* von Joseph Vilsmaier)

Wie eingangs erwähnt, soll Reinhold Messners eigenen Darstellungen der Geschehnisse von 1970 in diesem Buch die meiste Aufmerksamkeit gelten – denn er ist der einzige Zeuge für das, was während der Überschreitung des Nanga Parbat mit seinem Bruder und ihm passiert ist. Sein bereits zitierter Erstbericht „Odyssee am Nanga Parbat", den er Mitte Juli 1970 verfasste, sowie sein ein Dreivierteljahr später daraus hervorgegangenes Buch *Die rote Rakete am Nanga Parbat* dienen deshalb – vor allem in diesem und den drei folgenden Kapiteln – als Hauptquellen für die Erzählung.
Auf mögliche Widersprüche und offene Fragen werden wir später zurückkommen.
Gegen 2 Uhr morgens, zwei Stunden später als geplant, stand Reinhold Messner auf. Den Wecker um Mitternacht hatte er überhört. Lange musste er sich

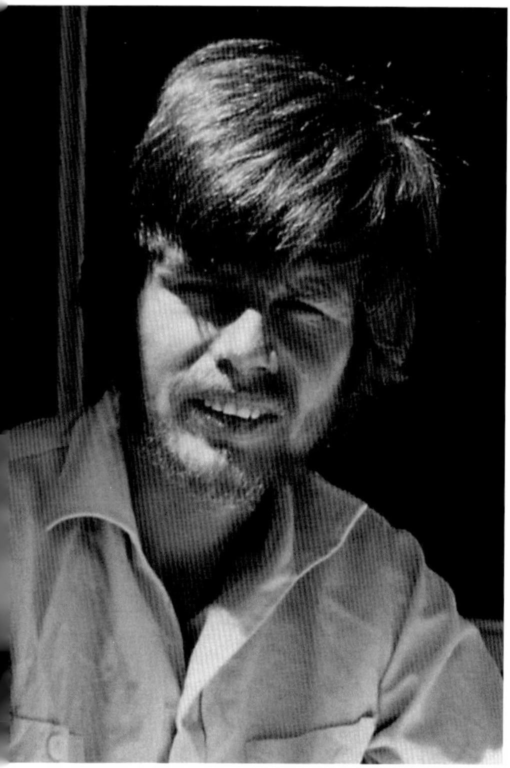

Im Alleingang zum Gipfel: Reinhold Messner (*© Archiv DIAF/Herrligkoffer-Stiftung*)

nicht mehr vorbereiten. Den größten Teil seiner Kleidung – sieben Schichten am Oberkörper, fünf an den Beinen – hatte er bereits am Vorabend angelegt, nun folgten nur noch Überhose, Schuhe und der Anorak, in dessen Taschen er verschiedene Utensilien verstaut hatte: zwei Rettungsdecken („Astronautenfolien"), zwei Mützen, Ersatzhandschuhe – insgesamt hatte er vier Paar –, eine kleine Minox-Fotokamera, etwas Dörrobst[1] sowie Brausetabletten.[2] Es war eine Ausrüstung, mit der sich notfalls ein Biwak überstehen ließ. Dies hatten die Beispiele von Buhl 1953 und von Kinshofer, Löw und Mannhardt 1962 gezeigt, die allesamt ungeplante Freinächte im Gipfelbereich des Nanga Parbat ohne Biwakausrüstung überlebt hatten. Allerdings wäre es dabei zwingend, am nächsten Tag wieder ein Lager oder zumindest ausreichend tiefere Lagen zu erreichen.

Gegen 3 Uhr verließ er das Zelt. Sein Bruder und Gerhard Baur dösten noch.

Mondlicht fiel in den engen Spalt der Merkl-Rinne. Langsam stieg er im Lichtkegel seiner Stirnlampe aufwärts. Teils über Schnee, dann wieder über felsige Passagen. An schwierigeren Stellen zog er die Handschuhe aus und kletterte nur mit dünnen Unterziehhandschuhen aus Seide. Durch eine glatte Verschneidung spreizte er empor, dann nahm die Neigung der Rinne wieder ab. Nur kurz waren seine Rastpausen.

Plötzlich versperrte ihm ein überhängender, vereister Kamin den Weiterweg. Solche Stellen hatte er zwar in den Alpen bei Alleingängen gemeistert – doch in dieser Höhe waren sie unüberwindlich.[3]

---

1 *Münchner Stadtzeitung*, 07. 08. 1970
2 *Rote Rakete*, S. 144
3 „Odyssee", S. 2

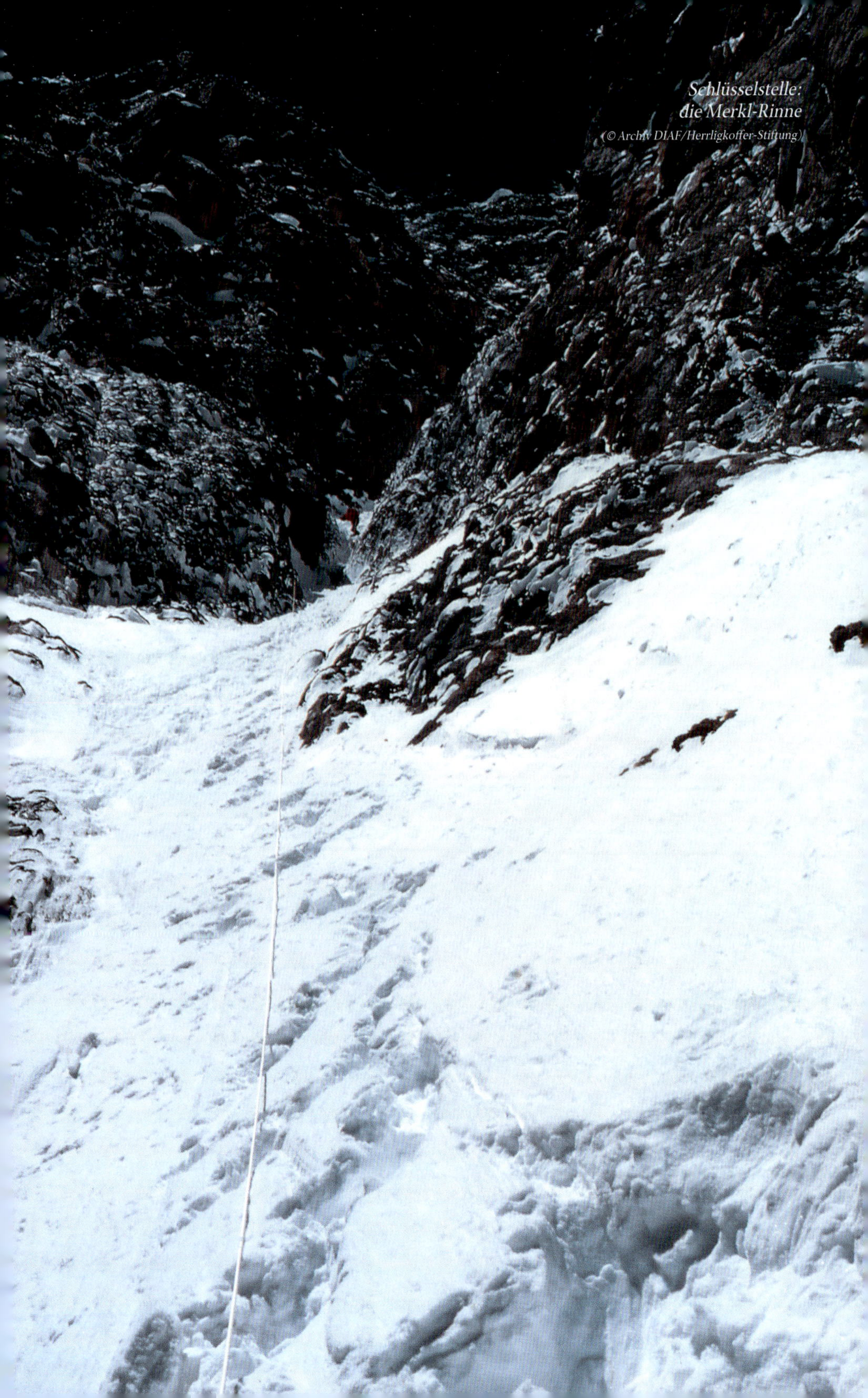

Schlüsselstelle:
die Merkl-Rinne
(© Archiv DIAF/Herrligkoffer-Stiftung)

Auf steilen Schneebändern versuchte er nach rechts hinauf auf die Kante zur Südostwand zu gelangen. Doch auch dort gab es kein Weiterkommen. Er dachte an Umkehr. Aber im letzten Moment entdeckte er eine versteckte Rampe, die oberhalb der Sperrstelle nach links zurück in die Rinne führte. Zwei Seillängen, etwa im III. Schwierigkeitsgrad. Nach einem letzten glatten und verschneiten Felsrücken erreichte er schließlich die Rampe, welche aus der Merkl-Rinne nach rechts auf die lange Querung unterhalb des Südgipfels hinausleitete. Ein direkter Ausstieg aus der Rinne in die darüberliegende Merkl-Scharte schien unmöglich – eine Tatsache, die bei der Beurteilung des späteren Entschlusses zum Abstieg zur Merkl-Scharte von entscheidender Bedeutung ist.
Als Messner zurück in die steile Rinne schaute, erschrak er: Knapp unter ihm befand sich ein weiterer Bergsteiger im Aufstieg. Er erkannte seinen Bruder Günther.[4]

„REINHOLD MACHT IMMER, WAS ER WILL!"

Im Halbschlaf hatten Gerhard Baur und Günther den Aufbruch Reinholds registriert. Worte hatten sie keine mehr mit ihm gewechselt. Als es hell geworden war, waren sie aus dem Zelt gekrochen. Es war ein strahlender Tag – bitterkalt zwar, aber ohne einen Windhauch und ohne eine Wolke am Horizont. Steif und ungelenk waren die ersten Handgriffe. Die vor dem Zelt deponierte Ausrüstung – Haken, Schlingen, Karabiner und das Bündel Fixseil – war vereist. Gemeinsam plagten sie sich mit dem verdrehten und gefrorenen Strick ab.

„Wir wollten vom Zelt ein Stück aufsteigen und erst weiter oben mit dem Versichern anfangen. In einer kleinen Mulde stellten wir uns hin und versuchten, das Seil abzuwickeln. Schließlich steckten wir es auf einen Pickelstiel, wie auf eine Spindel. Günther sagte immer wieder: ‚Mensch, das ist ja der beste Tag … der geht bestimmt bis zum Gipfel.'
Dann rutschte mir das Seil vom Pickel, und wir hatten einen solchen Seilsalat, dass wir kurze Zeit überlegten, es mit dem Messer zu zerschneiden und die Einzelteile wieder zusammenzuknoten. Da sagte Günther mit Nach-

4 Ebd.

druck: ‚Komm, geh mit zum Gipfel!‘ Und ich erinnere mich noch genau an einen Satz von Günther: ‚Reinhold macht immer, was er will!‘ An dieser Reaktion habe ich gemerkt, dass auch Günther einen enormen Ehrgeiz hatte. Das hatte ich so auf der Expedition vorher noch nicht festgestellt.

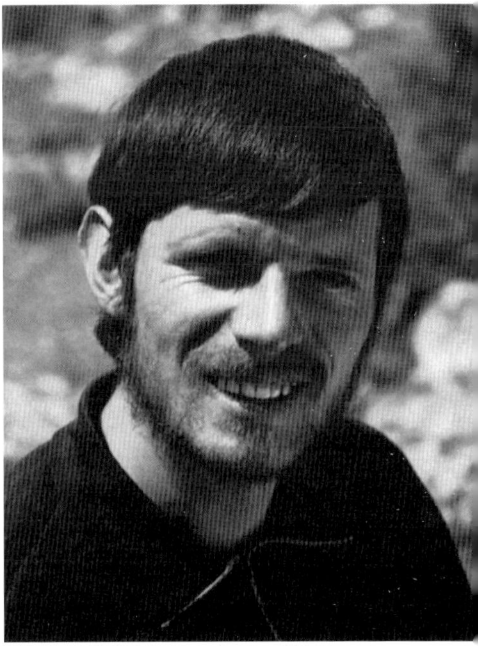

Folgte seinem älteren Bruder: Günther Messner

(© Archiv DIAF/Herrligkoffer-Stiftung)

Zwei Punkte sprachen für mich in diesem Moment dagegen, zum Gipfel zu gehen. Ich hatte schon am Vortag gemerkt, dass ich Halsschmerzen hatte. Die für die Höhe typische Halsentzündung. Und ich war überhaupt nicht darauf eingestellt, weder innerlich noch von der Kleidung und sonstigen Ausrüstung her. Reinhold hatte ja schon in der Nacht mehr Schichten angehabt als wir. So diskutierten wir eine Weile hin und her, während wir weiter an dem Fixseil arbeiteten. Günther meinte: ‚Komm, Gerhard, geh mit‘, bis ich ihm klar und deutlich sagte: ‚Nein, so gehe ich nicht!‘. Darauf hat er gesagt, dann ginge er allein. Ich meinte noch: ‚Pass auf!‘ Mir war klar, er will gehen. Er hatte ja nichts dabei, keinen Rucksack und nichts. Als er losging, sagte ich ihm: ‚Aber du kommst hierher zurück – ich warte auf jeden Fall, bis die anderen raufkommen.‘ Günther hatte ja selbst davon gesprochen, dass Felix und Peter bald nachfolgen würden. Außerdem hätte es auch sein können, dass Reinhold jeden Moment zurückkam oder dass Günther nach 100 Metern umdreht. Ich schaute ihm noch nach, wie er nach links querte und in die Rinne einstieg.“

Rund vier Stunden später hatte Günther Reinhold offenbar eingeholt.

ZWEI BRÜDER GANZ OBEN

Was anschließend mit Günther geschah, wissen wir nicht – wir kennen nur die Aussagen seines Bruders Reinhold, des einzigen möglichen Zeugen für die weiteren Ereignisse.

Gemeinsam begannen die Brüder mit der langen Querung unter dem Südgipfel hindurch. Verschneite Felsen und steile, ausgesetzte Schneefelder. Wenn der Nebel um die beiden aufriss, fiel ihr Blick in einen 4000 Meter tiefen Abgrund bis zum Boden des Rupaltals. Die Sonne stand nun hoch am Himmel. Der Schnee wurde weicher, das Gehen immer schwerer. Immer öfter blieben sie jetzt stehen. Kurz bevor sie rechts des Südgipfels auf den obersten SO-Pfeiler ausstiegen, hielten sie an. Mit der kleinen Minox, die ihm sein Freund Max von Kienlin geliehen hatte, machte Reinhold Messner einige Aufnahmen: eine zurück zur Kante des Sporns des Südgipfels, ein anderes von Günther wenige Meter vor ihm beim Spuren im Schnee – das „letzte" Bild des Bruders.[5] Erst 2003 veröffentlicht Max von Kienlin *„das wohl tatsächlich letzte Foto von Günther"* auf dem Film seiner Kamera[6] – Günther weit voraus beim Spuren dicht unterhalb des Grats zwischen Süd- und Hauptgipfel.
Reinhold folgte ihm. Am Grat angekommen lag der Gipfel direkt vor ihnen. Weit reichte der Blick, bis hinüber zu den geschichtsträchtigen Plätzen der Nordostseite: Silberplateau, Silbersattel, Rakhiot Peak. Die große Tragödie von 1934. Der einsame Weg von Hermann Buhl ...[7]
Langsam gingen sie das letzte Stück. Lockerer Schnee, dann wieder windgepresst und hart. Günther blieb zurück, um zu fotografieren. Ein Grat neben einem spitzen Felszahn noch, eine Mulde, ein letzter Hang – dann stand Reinhold auf dem höchsten Punkt. Wenig später stand Günther bei ihm. Strahlend reichten sie sich die Hände.
Die Zeit ist nicht überliefert, Reinhold Messner schätzte sie später auf *„so gegen fünf Uhr"*.[8] Für das Erlebnis spielt sie auch keine Rolle – für die späteren Ereignisse hingegen schon.
Die Aufnahmen am Gipfel machte Günther mit seiner Mittelformatkamera. Reinholds Minox funktioniert nicht, vermutlich war die Mechanik vereist. Als die Brüder etwa eine Stunde später den Gipfel verließen, waren Reinholds Überhandschuhe, die er zum Fotografieren ausgezogen hatte, so steif gefroren, dass er sie gemeinsam mit einem Steinmann zurückließ. Sie sollten später der einzige Beweis ihrer Gipfelbesteigung sein.[9]

---

5 s. a. *Rote Rakete*, S. 129
6 *Die Überschreitung*, 3. Auflage 2003, S. 180
7 „Odyssee", S. 3
8 *Rote Rakete*, S. 125
9 „Odyssee", S. 5

Sie stiegen über den Gipfelgrat zurück bis vor den Südgipfel. Doch plötzlich meldete Günther laut seinem Bruder Bedenken über den weiteren Abstieg an. Ihm sei der Weg zurück in die Merkl-Rinne zu schwer. Reinhold suchte nach einer Alternative.

„*Dann schaute ich nach Westen und stellte fest, dass der Weg bis zur Scharte am Ende der Merkl-Rinne leicht ist. Mein Bild von der Rupalflanke – ich hatte es eigens mitgenommen – versprach eine Möglichkeit, von dort in die Rinne zurückzuqueren.*“[10]

Diese Entscheidung war der Auftakt der Tragödie und Kontroverse. Auf der 1970 völlig unbekannten Westseite des Gipfelaufbaus (die auch das genannte Foto nicht zeigt) fanden sie eine Rampe, über die sie in die Firnmulde knapp unter der Scharte – die sogenannte Merkl-Scharte – absteigen konnten. Laut Reinhold kamen sie „*nach mehr als einer Stunde*“ am Fuß der Gipfelfelsen an.[11]
Die knappe Beschreibung steht in merkwürdigem Gegensatz zu den Luftaufnahmen der Westseite des Gipfelaufbaus, die Reinhold Messner ein Jahr später in *Die rote Rakete* abdruckte.[12] Diese zeigen unterhalb des Südgipfels zunächst eine breite Schneeterrasse, die als immer steiler und schmäler werdende Rampe nach Nordwesten in die Diamirseite hinabzieht. Zwischen dieser Terrasse und der Firnmulde unter der Merkl-Scharte liegt ein markanter, rund 150–200 Meter hoher steiler Felsriegel, den die Brüder einer Skizze in *Die rote Rakete* zufolge in seinem Mittelteil durchstiegen.[13] Obwohl das Gelände dort schneedurchsetzter ist und anscheinend den leichtesten Durchstieg vermittelt, dürften die Schwierigkeiten dieses steilen Wandbereichs nicht unerheblich sein (vgl. S. 133f. und die dortigen Schilderungen späterer Begeher) – besonders am Ende eines langen Gipfeltags. Deshalb mutet es seltsam an, dass ein so dominierendes Merkmal des Gipfelaufbaus in Messners Bericht kaum eine Erwähnung findet.

10 Ebd., S. 5
11 *Rote Rakete*, S. 119
12 Ebd., S. 131 u. 132
13 Ebd., S. 165

NOCH KEIN GRUND ZUR SORGE

Nach dem ungeplanten Alleingang Günthers hatte Gerhard Baur noch das Fixseil sortiert und war dann zum Zelt von Lager V zurückgekehrt. Dort rastete er einige Stunden. Als er einige Steine die Merkl-Rinne hinabfallen hörte, dachte er an die Messner-Brüder. In der Hoffnung, etwas von ihnen zu sehen oder zu hören, stieg er nochmals bis zum Beginn der Rinne und in ihr bis hinauf zur ersten Steilstufe. Eine gute Stunde blieb er dort sitzen, bemerkte aber nichts mehr.

„An diesem Nachmittag ist mir erstmals wieder durch den Kopf gegangen, dass Reinhold von der Überschreitung gesprochen hatte. Die Wetterbedingungen waren gut. Deshalb glaubte ich, wenn jetzt jemand zurückkäme, dann wäre es eher Günther."

Obwohl er unter heftigem Durst litt, beschloss Gerhard Baur, noch so lange im Lager V auszuharren, bis die zweite Gipfelseilschaft aus Felix Kuen und Peter Scholz eingetroffen war. Er konnte die beiden schon unter sich im Merkl-Eisfeld ausmachen.

„Als sie im Lager ankamen, habe ich ihnen den Ablauf der Ereignisse vom Morgen erzählt. Sie haben eigentlich nicht viel dazu gesagt, auch nichts Negatives. Keiner war irgendwie sauer. Was ich nur spürte, war eine gewisse Enttäuschung darüber, dass die Rinne noch nicht versichert war."

Anschließend war Gerhard Baur in der Abenddämmerung ins Lager IV abgestiegen, von wo aus er per Funk das Basislager unterrichtete.[14] Noch gab es keinen Grund, sich um die Messner-Brüder ernsthafte Sorgen zu machen.

14 Tagebuch Herrligkoffer, 27. 06. 1970; Abschrift im Archiv des DIAF

KAPITEL 4

28. JUNI 1970: DIE ÜBERSCHREITUNG

Reinhold Messner beugt sich über einen Felsblock am Grat. Seine Kleidung und sein Gesicht sind mit Reif verkrustet. Vor ihm stürzt die Felswand senkrecht in die Tiefe. Weiter unten eine steile Schneerinne. Darin zwei Bergsteiger im Aufstieg. Es sind Felix Kuen und Peter Scholz.
Reinhold (schreiend): „Hallo … Felix … Wir brauchen …"
(Schnitt zu Felix Kuen, die Stimme am Grat ist kaum zu hören)
Felix (schreiend): „Wart … ihr … am … Gipfel?"
Reinhold: „Ja!"
(seine Stimme ist von unten kaum hörbar, es klingt wie „Können nicht runter")
(Schnitt hinauf zu Reinhold, Stimme nun deutlich) „Brauchen … Seil!"
(Schnitt zurück zu Felix Kuen. Er schaut die steile Wand hinauf)
Felix (schreiend): „Zu schwer! Unmöglich! Geht nicht!"
(später) Felix Kuen und Peter Scholz erreichen den Gipfel des Nanga Parbat. Am Gipfel finden sie einen Steinmann und ein gefrorenes Paar Wollhandschuhe.
Peter: „Da … von den Messners."
Felix hebt sie auf, betrachtet sie.
(Der Blick geht vom Gipfel hinab Richtung Merkl-Scharte)
Felix: „Die Messners sind tot, irgendwo da unten. …
Sie sind schon immer ihren eigenen Weg gegangen …
Haben sich von der Gemeinschaft abgetrennt …
Peter … wir sind die Gipfelsieger."
(beide umarmen sich, klopfen sich auf die Schultern, freuen sich)
„Wir sind die Gipfelsieger!"
(Szenen aus *Nanga Parbat* von Joseph Vilsmaier)

In einer Nische unter einem Felszacken warteten Reinhold und Günther Messner die Nacht ab. Zum Schutz vor Erfrierungen wickelten sie Rettungsfolie um ihre Füße und schlüpften so in die Innen- und Mittelschuhe ihrer Dreifachstiefel. Die Außenschuhe nahmen sie als Sitzunterlage. Immer wieder brachten sie sich dazu, die Zehen zu bewegen, um die Blutzirkulation in Gang zu halten. Gegen Morgen begann Günther laut seinem Bruder zu halluzinieren. Er bat Reinhold, ihm eine Decke aufzuheben. Auch griff er selber danach. Doch die Decke war nicht vorhanden.

„Günthers Zustand beunruhigte mich. Deshalb begann ich gegen 6 Uhr morgens von der Scharte aus um Hilfe zu rufen. Die Querung von hier hinein zu unserer Aufstiegsspur war beim Zustand Günthers ohne Seil zu riskant. In der Merkl-Rinne sah ich weit unten Gestalten und rief um ein Seil. Drei Stunden lang ging ich immer wieder von unserem Biwakplatz zu einer Stelle links der Rinne, von wo ich einen guten Einblick in diese hatte und rief um ein Seil.“[1]

DIE SITUATION AN DER MERKL-SCHARTE

Ungefähr um 10 Uhr schließlich erblickte Reinhold zwei Bergsteiger, die in seiner und Günthers Aufstiegsspur über die Rampe aus der Merkl-Rinne ausstiegen. Es waren Felix Kuen und Peter Scholz.

Für die beiden hatte der Tag bereits vor Mitternacht begonnen – und das gleich mit einer Überraschung. Der Nachschubtrupp aus Werner Haim, Gert Mändl und Hans Saler hatte an diesem Tag geplant, Lasten von Lager III nach Lager IV zu transportieren und nach einer Rast auch Lager V noch zu versorgen. Scholz hatte mit seinem Freund Saler gewettet, dass sie es nicht schaffen würden, vor Mitternacht bei ihnen einzutreffen. Gegen 23 Uhr hatten er und Kuen dann vor dem Zelt Schritte und keuchendes Atmen gehört. Auf Scholz' Rufen antwortete Hans Saler – Scholz hatte die Wette verloren!

Nach einem mageren Frühstück waren Kuen und Scholz dann kurz nach Mitternacht aufgebrochen und in die Merkl-Rinne eingestiegen. Sie waren angeseilt gegangen. Lockerer Schnee und die brüchigen, abwärts geschichteten Felsen hatten ihr Vorwärtskommen verlangsamt. Einmal hatten sie sich verstiegen, waren in eine Sackgasse geraten und mussten ein gutes Stück wieder zurücksteigen, bevor eine Rampe den Weiterweg ermöglicht hatte. Scholz' Steigeisen hatten sich ständig gelöst, was im kombinierten Gelände weitere Zeit gekostet hatte. Dann hatte Kuen geglaubt, über sich Hilferufe zu hören. Scholz hatte sie nicht gehört. War es Einbildung gewesen? Doch Kuen hatte

1 „Odyssee“, S. 5f.

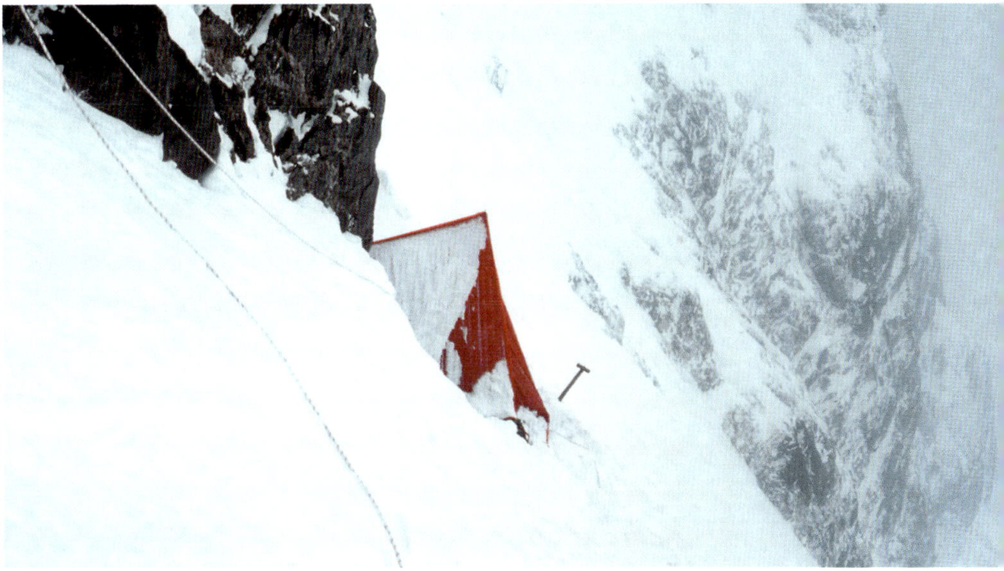

Das einzelne Zelt von Lager V *(© Archiv DIAF/Herrligkoffer-Stiftung)*

sich nicht getäuscht. Noch öfters waren Rufe gekommen. Er meinte auch, zwei unterschiedliche Stimmen gehört zu haben (vgl. S. 54) – obwohl Reinhold später schrieb, nur er habe ab 6 Uhr um Hilfe gerufen (vgl. S. 52). Gert Mändl, der an diesem Morgen gemeinsam mit Werner Haim und Hans Saler die Merkl-Rinne zu versichern begann, äußerte sich anscheinend zweimal, er habe auch die Stimme Günthers ausmachen können.[2] Hans Saler bezweifelt dies heute: Sie hätten zwar Stimmen gehört, es wäre aber unmöglich gewesen, genau zu erkennen, von wem sie waren.[3]
Kuen und Scholz stiegen weiter durch die Rinne auf, bis sie schließlich unbegehbar wurde: Links brach der Fels fast senkrecht ab, der Ausstieg in die Merkl-Scharte war durch eine ausladende Wechte abgeriegelt. So querten sie, wie schon die Messner-Brüder tags zuvor, etwa 100 bis 150 Meter unterhalb der Grathöhe nach rechts auf die bereits genannte Rampe, welche aus der Wand leitete.[4]

2 Tagebuch A. von Hobe, 28. 06. 1970 und Vermerk K. M. Herrligkoffers, undatiert, S. 2., zu Brief des Ersten Staatsanwaltes Landgericht München 1, 12. 05. 1971; Kopien im Archiv des DIAF
3 E-Mail H. Saler an JH, 04. 10. 2009
4 *Auf den Gipfeln der Welt*, 3. Auflage 1981, S. 166

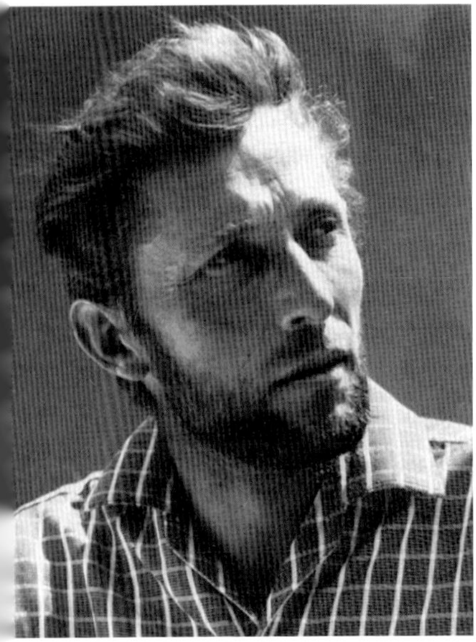

Die zweite Gipfelseilschaft: Felix Kuen (oben) und Peter Scholz (unten)
(© Archiv DIAF/Herrligkoffer-Stiftung)

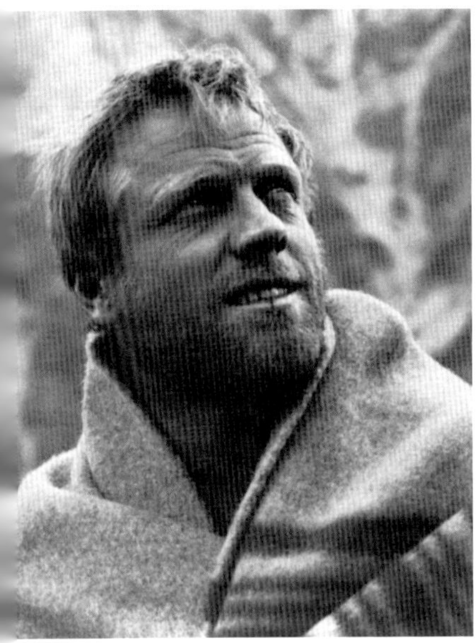

Wieder hörte Kuen undeutliche Stimmen. Aber eindeutig menschliche Stimmen. Plötzlich sah er am Grat zwischen Merkl-Scharte und Südgipfel eine Gestalt. Sie winkte ihm zu. Er winkte zurück, stieg ein Stück höher, rief. Als Kuen noch etwa 100 Meter entfernt war, erkannte er die Gestalt: Es war Reinhold Messner.
Was hielten die drei anwesenden Bergsteiger später in ihren ersten Aufzeichnungen von der nun folgenden Rufverbindung fest?

Reinhold Messner: „*Mit Felix nahm ich Rufverbindung auf. Er verstand mich nicht und ich nicht alle seine Worte. Als mir klar wurde, dass sie beide zum Gipfel wollten, schlug ich ihnen vor, zu uns aufzusteigen und dann über unseren bisherigen Abstiegsweg weiter zum Gipfel zu gehen. Es wäre dies viel schneller gewesen. Als mich Felix fragte, ob alles in Ordnung wäre, bejahte ich dies. Felix begann über unsere Spuren vom Vortag, die hier noch deutlich zu erkennen waren, nach rechts zu steigen. Ich deutete ihm noch an, dass wir in diesem Fall drüben absteigen müssten und ging zu Günther zurück.*“[5]

Felix Kuen: „*Hier nehme ich mit Reinhold Messner kurze Sprechverbindung auf. Seine und Günthers Stimme konnten wir schon seit Morgengrauen vernehmen. Einmal konnte ich in der ca. 500 m langen Merkl-Rinne sogar Hilferufe hören. Als ich aber am Grat von meinem 80 m entfernten Rastplatz* [sic] *um ca. 11 Uhr den Reinhold daitlich* [deutlich] *frage, sagte er mir, es ist alles in Ordnung. Er gab mir bzw. uns die Zeiten, die wir noch brauch*[en] *zum Nanga Parbat* [...]*: Direkt 1 Stun-*

5 „Odyssee“, S. 6

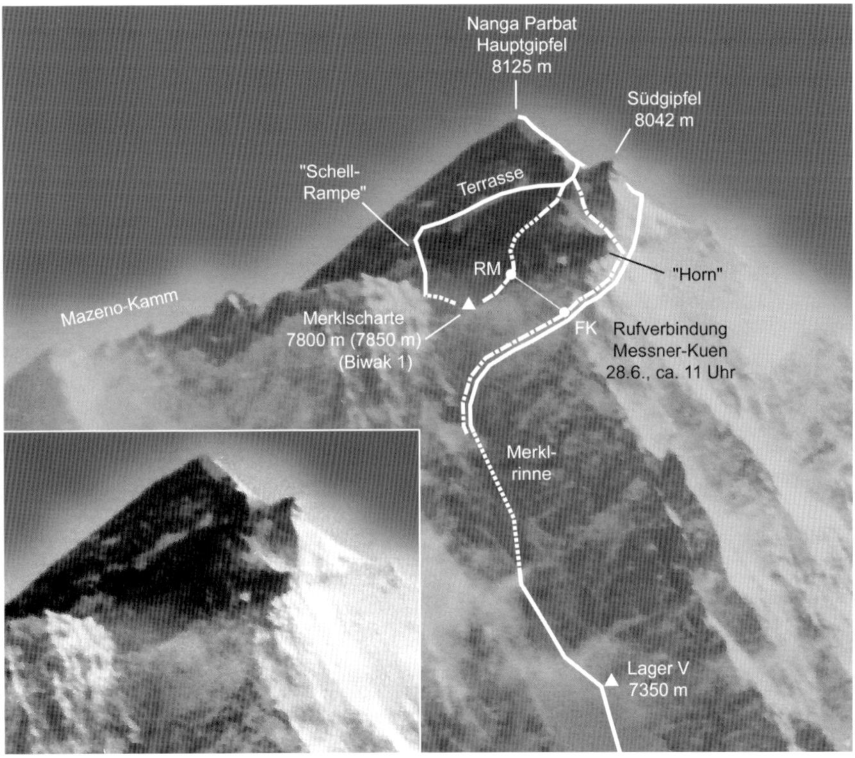

Der Gipfelaufbau des Nanga Parbat von Süden. Durchgezogene Linie: Anstiegsroute der Messner-Brüder rechts vom Südgipfel und Abstieg über die spätere Schell-Route zur Merkl-Scharte; gestrichelte Linie: von Reinhold Messner verschiedentlich angegebener Abstieg über den Grat vom Südgipfel zur Merkl-Scharte; strichpunktierte Linie: Anstieg von Kuen und Scholz links des Südgipfels (© Foto: Archiv DAV/Grafik: J. Hemmleb)

de, hintenherum ca. 3 St. Seine letzten Worte bevor wir uns trennten (ruflich) waren: Ich gehe den westlichen Weg hinunter und komme schon dann sicher zum Basislager! Meine Entgegnung war: Das würde ich nie machen bei so einem gr[oßen] *Berg. Daraufhin sind sie beide* [sic!] *Richtung Westen verschwunden.*"[6]

Peter Scholz: „*Plötzlich hören wir Rufe. Es müssen die Messners sein! ‚Hallo, hallo', wir erwidern und freuen uns auf diese Begrüßung. Die Freude bricht jäh ab, als wir Hilferufe erkennen. Was ist passiert, was ist los?* [...] *In Rufnähe her-*

6 Tagebuch F. Kuen, 29. 06. 70; Kopie und Abschrift im Archiv des DIAF

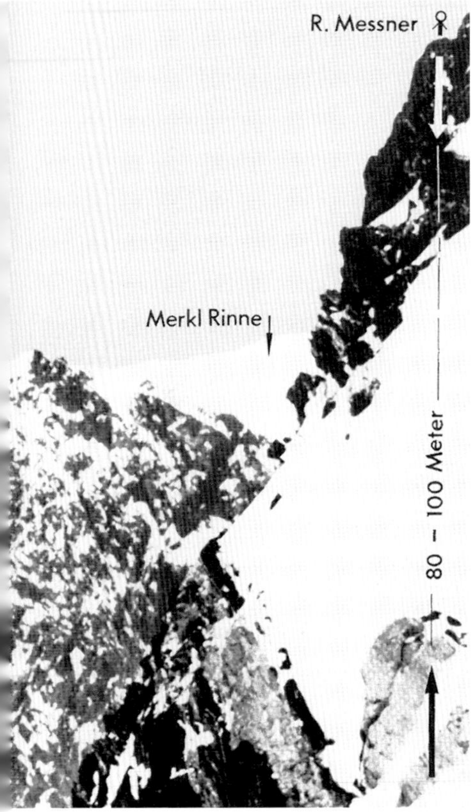

Der Ort der Rufverbindung zwischen Felix Kuen und Reinhold Messner, wie ihn Herrligkoffer nach Informationen von Felix Kuen dokumentierte.
(© Archiv DIAF/Herrligkoffer-Stiftung)

angerückt erfahren wir, dass sie am Gipfel waren und nun vorhätten, auf einem anderen Weg abzusteigen. ‚Komisch'! Wir gingen weiter."[7]

In *Die rote Rakete* ähnelt Messners Aussage den von Kuen festgehaltenen Angaben zur Routenwahl. Von konkreten Zeitangaben auf den verschiedenen Routen ist allerdings keine Rede, nur dass sie rechts um den Südgipfel „dreimal so lang" bräuchten. Auch bestätigt Messner nochmals das „Alles in Ordnung" und erklärt:

„Ich habe seine Frage so aufgefasst, ob wir noch gesund seien und bejahte. Ich hatte drei Stunden lang um Hilfe gerufen und habe angenommen, dass es Felix gehört hätte. Wir hätten nur ein Seil gebraucht. Im Übrigen war alles in Ordnung."[8]

Warum findet sich weder in Messners Erstbericht noch in seinem daraus hervorgegangenen Buch bei der Schilderung der Rufverbindung ein Hinweis auf einen besorgniserregenden Zustand Günthers? Der einzige Grund für die (Hilfe-)Rufe war in diesen Berichten Messners die Notwendigkeit eines Seils – was er aber dann gegenüber Kuen offenbar nicht explizit bzw. zumindest nicht deutlich genug erwähnt hatte. Gleichzeitig wies Messner aber darauf hin, dass zu dieser Zeit nur noch er fähig gewesen wäre, den anderen entgegenzusteigen und Hilfe zu holen. Anfangs hielt er es für möglich, allein in die Merkl-Rinne abzusteigen: *„Abstieg über die Merkl-Rinne. Allein hätte ich es vielleicht geschafft."*[9] Später gab er an,

7 Tagebuch P. Scholz, 28. 06. 1970; Abschrift im Archiv des DIAF
8 *Rote Rakete*, S. 133f.
9 „Odyssee", S. 7

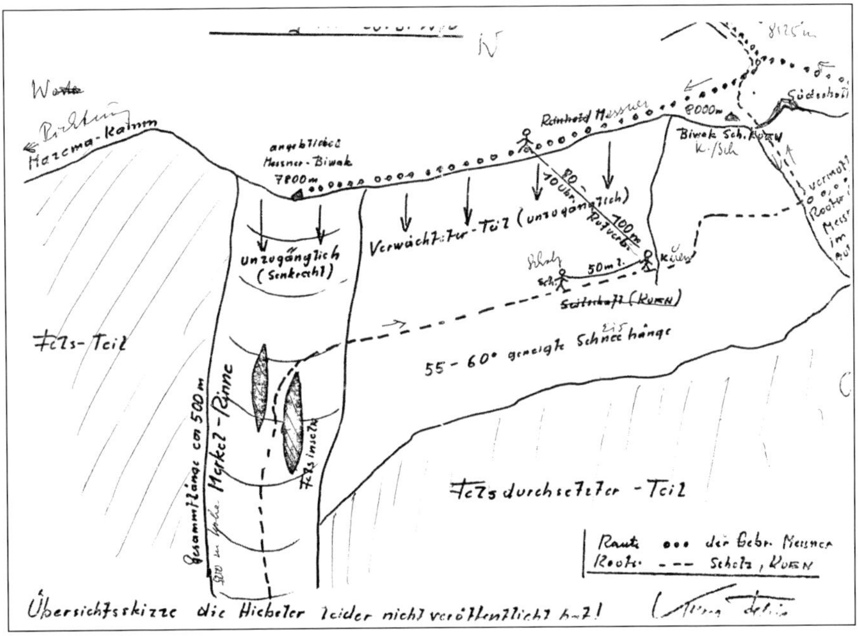

Handskizze von Felix Kuen mit Vermerken Herrligkoffers zur Rufverbindung mit Reinhold Messner (© Archiv DIAF/Herrligkoffer-Stiftung)

ein Aufstieg zurück zum Gipfelgrat wäre die einzige Möglichkeit gewesen: *„Der Abstieg in die Merkl-Rinne kam ohne Seil nicht in Frage. Allein hätte ich es* <u>*über den Gipfel*</u> [sic!] *vielleicht geschafft.“*[10] (Hervorhebung durch JH).

Aber auch in Felix Kuens Berichten blieben wichtige Fragen unbeantwortet. Warum waren er und Scholz nicht näher auf die Hilferufe eingegangen, die sie Stunden zuvor gehört hatten? Auch lieferte Kuen zunächst keine Begründung, warum er die verbleibenden 80 Meter zum Standort Reinhold Messners nahe der Merkl-Scharte nicht geklettert war. Allein auf einer Skizze von Felix Kuen, die er zu einem unbekannten Zeitpunkt nach den Ereignissen anfertigte, findet sich der Vermerk für diese Passage: „verwächteter Teil (unzugänglich)“.[11] Ein später veröffentlichtes, von Felix Kuen aufgenommenes Foto, auf dem der Standort von Reinhold Messner am Grat und die nahe

10 *Rote Rakete*, S. 137
11 Kopie im Archiv des DIAF

Merkl-Scharte zu sehen sind, zeigt für den fraglichen Bereich einen gut 50–55° geneigten felsdurchsetzten Schneehang, der von einer 15–20 Meter hohen senkrechten Felswand abgeschlossen wird.[12]
Felix Kuen und Peter Scholz stiegen dann nach Messners Routenempfehlung über eine direktere Route weiter. Diese führte links am Südgipfel vorbei, jedoch nicht über den Standort Messners nahe der Merkl-Scharte. Für Messner war es ein Missverständnis[13] – für Kuen und Scholz von ihrer Warte aus jedoch anscheinend der offensichtliche, vielleicht gar der einzig mögliche Weg.

DER ABSTIEG ÜBER DIE DIAMIRSEITE

Seinem Bericht nach hatte Reinhold Messner nun das Gefühl, ohne Hilfe mit seinem Bruder auf der Merkl-Scharte abgeschnitten zu sein. Für einige Augenblicke packte ihn die Verzweiflung. Verwirrt und bebend vor Erregung taumelte er über den Hang, brüllte wie ein Tier. Günther schaffte es schließlich, ihn wieder zu beruhigen.
Reinhold gab später an, Günther habe zum Abstieg gedrängt, da er ein zweites Biwak nicht überstünde.[14] Hilfe von Kuen und Scholz sei frühestens am nächsten Vormittag, d. h. nach deren Gipfelgang und Biwak zu erwarten gewesen. Dabei wird jedoch übergangen, dass Kuen und Scholz bei eindeutiger Signalisierung einer Notlage auf den Gipfel verzichten und vom Südgipfel zu den Brüdern hätten absteigen können – über genau jene Route also, über die Reinhold Messner es später für möglich hielt, Hilfe zu holen (vgl. S. 57).[15] Dann wären sie wahrscheinlich am Nachmittag bei Reinhold und Günther gewesen.
Kurz nach 11 Uhr begannen die Brüder mit ihrem Abstieg über die Diamirflanke, deren obere 1600 Meter damals noch unbegangen gewesen waren.[16] Dann würden sie auf die Felsrippe treffen, die der Engländer Mummery bereits Ende des 19. Jahrhunderts versucht hatte (vgl. S. 11f.). Deshalb war es für die Messners auch kein Weg ins völlig Unbekannte, denn sie hatten im Winter zuvor die Topografie und Geschichte des Nanga Parbat im Detail studiert.

12 *Kampf und Sieg*, S. 123
13 *Rote Rakete*, S. 133
14 „Odyssee", S. 7
15 *Rote Rakete*, S. 137
16 Zeitpunkt der Rufverbindung „ca. 11 Uhr" lt. Tagebuch Felix Kuen, 28. 06. 1979; Kopie und Abschrift im Archiv des DIAF

„Ein Bild der Mummery-Route hatte ich im Kopf, wie ich tausend andere Wände und Linien im Kopf habe. Der Versuch war 1895 gewesen. Das müsste uns auch ohne technische Hilfsmittel gelingen.“[17]

Trotzdem bedeutete es einen Abstieg in eine 3000 Meter hohe, im oberen Teil unbegangene Wand, in der es keine Fixseile gab, keine Lager, keine Menschen. Die Brüder hielten sich hart unter den Felsen des Gipfelaufbaus am (im Abstieg gesehen) rechten Rand des Hängegletschers, der von der Merkl-Scharte in die Diamirflanke hinabzieht. Luftaufnahmen der Deutschen Himalaya-Stiftung (DHS), welche ihnen möglicherweise für ihre Expeditionsvorbereitungen zur Verfügung gestanden hatten,[18] zeigen in diesem Bereich weitgehend spaltenarme Schneehänge entlang eines undeutlichen Rückens, der weiter unten in die felsige Mummery-Rippe übergeht.

Messner berichtete weiter: Während er durch weichen Schnee abwärts spurte, brach im Diamirtal unter ihnen ein Gewitter los. Zeitweise reichten die Wolken bis zu ihnen hinauf und hüllten sie ein. Es hagelte. Sobald die Nebel wieder aufrissen, stieg Reinhold weiter voraus und erkundete den Weiterweg. Günther folgte langsam nach. Es galt jetzt vor allem, am unteren Ende des Hängegletschers jenen schmalen Durchschlupf zwischen den Eisabbrüchen zu finden, der den Zugang zur Mummery-Rippe darstellte. Der Schnee ging in Blankeis über, vielleicht 50° steil. Spalten zwangen zu Umwegen.
In dieser Zeit bekam Reinhold Messner das Gefühl, eine dritte Person begleite sie – ein Phänomen, das schon der Engländer Frank Smythe 1933 am Mount Everest erlebt und in seinen Büchern beschrieben hatte. Schließlich fanden die Brüder den Durchschlupf und erreichten am Abend die ersten Felsen. Zum Klettern zogen sie die Handschuhe aus. Günther verlor seinen rechten, Reinhold hatte mehrere Paare dabei und gab ihm einen Ersatz. Im Dunkeln stiegen sie weiter abwärts. Erst gegen Mitternacht ließen sie sich auf einer kleinen Plattform zum zweiten Biwak nieder.

17 „Odyssee“, S. 7f.
18 s. a. *Rote Rakete*, S. 132 u. 165

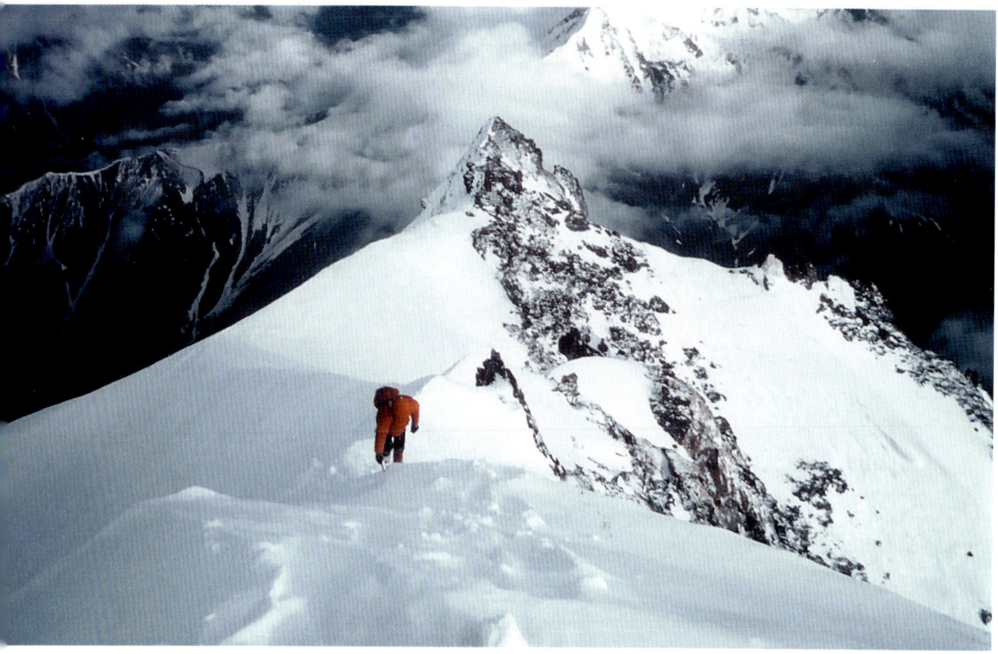

Peter Scholz am Gipfelgrat des Nanga Parbat, hinter ihm der Südgipfel. Die Messner-Brüder umgingen den Südgipfel links, während Kuen und Scholz über den Sattel rechts davon zum Gipfelgrat aufstiegen. Rechts die „Terrassenspitze" am Beginn der Schneeterrasse, welche den Steilabbruch zur Merkl-Scharte nach oben abschließt (vgl. S. 49, 133f., 136 und 143)

(© Archiv DIAF/Herrligkoffer-Stiftung)

DIE ZWEITE SEILSCHAFT AM GIPFEL

Zur gleichen Zeit saßen Felix Kuen und Peter Scholz rund 2000 Meter höher in ihrem Biwaksack und warteten unter dem Südgipfel die Nacht ab. Was war bis dahin geschehen?

Nach der Rufverbindung zwischen Felix Kuen und Reinhold Messner hatten die beiden eine Stunde gerastet und waren dann links des Südgipfels aufgestiegen. Das Wetter verschlechterte sich, es begann zu schneien. Felix Kuen fühlte sich schwach. Er nahm eine Tablette des Aufputschmittels Pervitin, das auch schon 1953 Hermann Buhl bei dessen sensationellem Alleingang zum Gipfel zu Kräften verholfen hatte. Vom Grat nahe dem Südgipfel warfen Kuen und Scholz einen Blick über die Flanke hinab in Richtung Merkl-Scharte. Doch sie sahen oder hörten von den Messner-Brüdern nichts mehr. Der letzte Anstieg zum Hauptgipfel zog sich endlos. Peter Scholz fiel zurück.

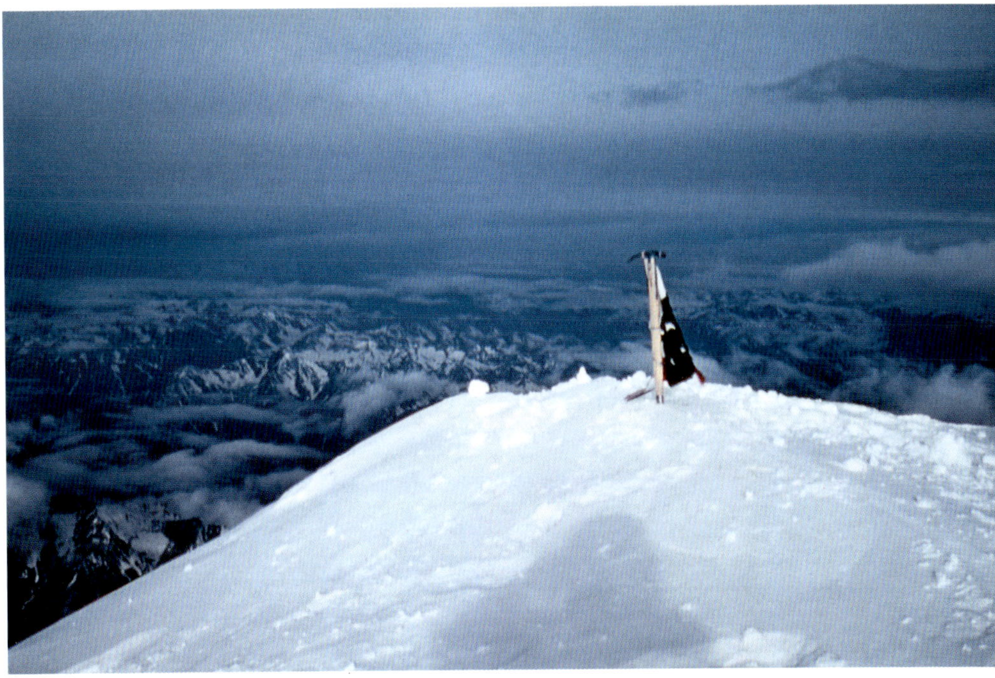

Felix Kuen fotografiert sein Eisbeil mit der Tiroler und der pakistanischen Flagge am Gipfel des Nanga Parbat. *(© Archiv DIAF/Herrligkoffer-Stiftung)*

Auch für Felix Kuen ging es an die Grenze. Sechs mühsam langsame Schritte, Pause, atmen, atmen, atmen. Dann wieder sechs Schritte … Um 16 Uhr hatte die Quälerei für Kuen ein Ende: Er stand auf dem Gipfel des Nanga Parbat. Nachdem das erste Hochgefühl verflogen war, lief er am Gipfel umher und fotografierte die Ausblicke in alle Himmelsrichtungen: nach Westen hinab zur Merkl-Scharte und zum Mazenokamm, nach Norden und Osten zum Silberplateau und der Aufstiegsroute von Hermann Buhl und den Grat zur Südspitze entlang, über den sich Peter Scholz die letzten Meter emporschleppte. Kuen fand am Gipfel auch einen gefrorenen Filzklumpen – die Handschuhe Reinhold Messners, die er in diesem Moment aber nicht als diese erkannte. Um 17:30 Uhr stand Scholz schließlich neben ihm.[19] Wortlos drückten sie sich die Hände.

19 Zeiten laut Tagebuch F. Kuen, 28. 06. 1970; Kopie und Abschrift im Archiv des DIAF

Nach einer weiteren halben Stunde gemeinsam am Gipfel machten sich Kuen und Scholz an den Abstieg.
Obwohl die zweite Seilschaft zu etwa der gleichen Tageszeit wie die Messner-Brüder – gegen 18 Uhr – den höchsten Punkt verlassen hatte, bewältigten sie an diesem Abend nur noch die rund 100 Höhenmeter bis hinab zu einem Platz, der knapp unterhalb des Südgipfels und bereits ein kurzes Stück in der Diamirseite lag. Dort richteten sie im Schutz eines großen Felsens ihr Biwak ein. Für die Freinacht in 8000 Meter Höhe waren Kuen und Scholz besser vorbereitet als die Messner-Brüder: Neben Rettungsdecken hatten sie Luftkissen als Sitzunterlage, einen Zwei-Mann-Biwaksack zum Hineinkriechen und Frostschutzsalbe. So wurden sie die ersten Besteiger des Nanga Parbat, die nach einem Biwak in der Gipfelregion ohne Erfrierungen zurückkehrten.

DIE MERKL-RINNE IST VERSICHERT

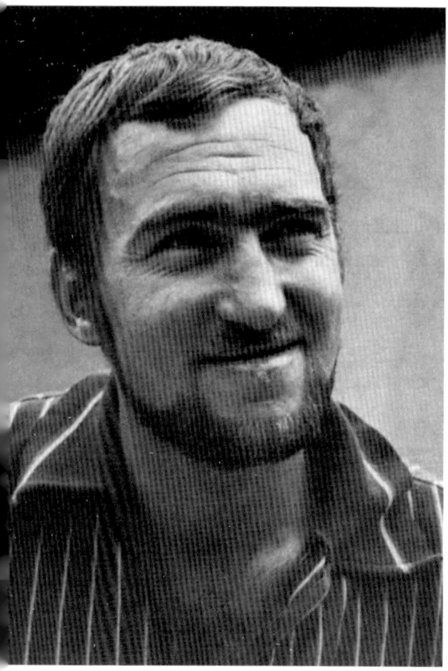

Werner Haim
(© Archiv DIAF/Herrligkoffer-Stiftung)

Der weitere Abstieg von Kuen und Scholz am folgenden Tag sollte wesentlich erleichtert sein, da es Werner Haim, Gert Mändl und Hans Saler in der Zwischenzeit gelungen war, die Merkl-Rinne mit 300 Metern Fixseil zu versichern.
Nach dem Aufbruch von Kuen und Scholz hatten die drei einige Stunden im engen Zelt von Lager V auszuruhen versucht und gegen 6 Uhr mit der Arbeit begonnen. Abwechselnd führten sie die einzelnen Seillängen. Der Voraussteigende setzte die Fels- und Eishaken, an denen die Seile befestigt wurden, während die Nachsteigenden das Seilmaterial trugen. Laut Werner Haim kamen sie so bis auf eine Höhe von ca. 7600 Meter.[20] Dort waren ihre Seile aufgebraucht. Zudem hatte sich das Wetter verschlechtert. Schneetreiben setzte ein, die Lawinen- und Steinschlaggefahr im Sammeltrichter der Rinne nahm zu. Hans Saler schreibt heute,

20 Tagebuch W. Haim, 27./28. 06. 1970; Abschrift im Archiv des DIAF

dass sie offensichtlich an jener Sperrstelle umgekehrt waren, die Reinhold Messner rechts umgangen hatte (vgl. S. 44ff.). Während des Aufstiegs hatten sie Stimmen gehört. *„Später stellte sich heraus: Wir hörten da Teile aus dem Dialog zwischen Reinhold und Felix“*, meint Saler heute.[21] Haim notierte damals: *„Zum letzten Mal wurden sie* [die beiden Messners; sic] *am Ausstieg der Merkl-Rinne* [...] *von uns gehört.“*[22] Gert Mändl gab anscheinend später an, auch Günthers Stimme vernommen zu haben (vgl. S. 53). Und Alice von Hobe schrieb in ihrem Tagebucheintrag zum 28. Juni, die Versorgungsmannschaft habe berichtet, Stimmen beider Messner-Brüder gehört zu haben – die von Günther anscheinend sogar deutlicher als die von Reinhold![23]

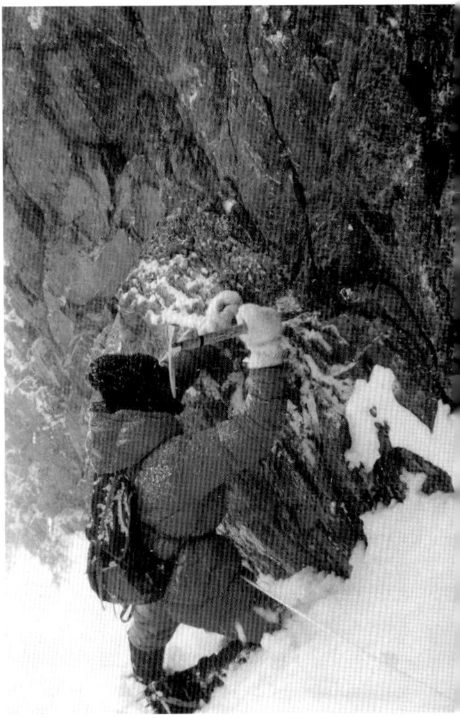

Werner Haim beim Versichern der Merkl-Rinne

(© Archiv DIAF/Herrligkoffer-Stiftung)

RÄTSELRATEN

Gerhard Baur war an diesem Tag in Lager IV geblieben, hatte sich ausgeruht und für vorbeikommende Bergsteiger gekocht. Zunächst waren am Vormittag Hochträger Hidayat Shah, genannt „Sepp“, und Hermann Kühn eingetroffen, die beide eine Sauerstoffflasche aus Lager III hinaufgetragen hatten. Kühn schrieb über die Zeit bei Gerhard Baur: *„Ich sitze 1½ Std bei ihm, er erzählt mir von L5 und dem Start der Messners. Wir spekulieren herum über den Ausgang der Sache. Merkwürdig vor allem, dass die Messners noch nicht da sind.“*[24]

„Langsam machte sich unter uns eine Anspannung breit“, weiß Gerhard Baur zu berichten. „Beim Gedanken an die Überschreitung habe ich inner-

21 *Zwischen Licht und Schatten*, 4. Auflage 2009, S. 138
22 Tagebuch W. Haim, 27./28. 06. 1970; Abschrift im Archiv des DIAF
23 Tagebuch A. von Hobe, 28. 06. 1970; Abschrift im Archiv der DIAF
24 Tagebuch H. Kühn, 28. 06. 1970

lich gehofft, dass niemand auf die andere Seite geht und dass am Ende beide Messners wieder zurückkommen – einfach damit alles gut abläuft. Andererseits war ich beruhigt, weil jetzt da oben so viele Leute unterwegs waren – zum Gipfel, beim Versichern usw."

Am Nachmittag kamen Haim, Mändl und Saler aus der Merkl-Rinne zurück.

„Die waren ganz schön fertig. Da ich wusste, dass sie wieder ins Lager IV kommen würden, habe ich viel für sie gekocht. Wir haben dann gar nicht mehr so viel über die ganze Situation geredet. Sie haben von den Stimmen erzählt, aber relativ undramatisch. Wir haben nicht mehr groß darüber nachgegrübelt, weil ja die Möglichkeit bestand, dass die Messners inzwischen zurückgekommen waren und sich in Lager V aufhielten. Unsere einzige Sorge war zu diesem Zeitpunkt, dass sie mit so wenig Ausrüstung losgegangen waren."

In Lager III hatte Hermann Kühn die stündlichen Funksprüche von oben mitgehört. Er bestätigte, dass die Versorgungsmannschaft berichtet hatte, *„Stimmen von den Messners"* gehört zu haben. Und er teilte die beginnende Besorgnis:

„Wenn Messners heute Abend nicht herunterkommen, müssen sie das 2. Biwak beziehen. Rätselraten."[25]

25 Tagebuch H. Kühn, 28. 06. 1970

KAPITEL 5

29. JUNI 1970: ABSTIEG INS UNGEWISSE

Ein einzelner Bergsteiger schwankt wie in Zeitlupe einen Schneehang hinab. Es ist Günther. Ein Rauschen lässt ihn aufschauen. Er dreht sich um, blickt nach oben. Hoch über ihm: Von einem Eisabbruch lösen sich einzelne Stücke, zerplatzen in der Rinne unterhalb.
Günther strauchelt, fällt rücklings in den Schnee. Seine Augen starren ins Leere. Der Strom der zerberstenden Eisstücke wird größer. In immer breiteren, schnelleren Bahnen schießt er durch die Rinnen der Wand hinab.
(Die Kamera zoomt heran) Günthers Augen starren ins Leere
Die Lawine wächst zu einem reißenden Sturzbach an.
(Nahaufnahme) Günthers Augen starren ins Leere.
Wolken aus Eisstaub quellen aus den Rinnen, überspülen die Felspfeiler.
(Nahaufnahme) Günthers Augen starren ins Leere.
Wie ein Inferno bricht die Lawine über den Kessel am Fuß der Diamirwand herein. Eine tosende Kaskade. Unübersehbar, unüberhörbar. Sie füllt das ganze Bild aus. Es ist das Ende.
(Szene aus *Nanga Parbat* von Joseph Vilsmaier)

Das zweite Biwak der Brüder an der Mummery-Rippe glich laut Reinhold Messner mehr einer längeren Rast als einer Übernachtung. Bereits nach drei Stunden, als der Mond in die Flanke zu scheinen begann, setzten sie ihren Abstieg fort. Zwei schwarze Figuren in der nachtgrauen Wand. Auch jetzt ging Reinhold voraus, um den besten Weg auszukundschaften. Blockgelände, Felsstufen und Rinnen – etwa III. Schwierigkeitsgrad. Dazwischen immer wieder Absätze, auf denen sie kurz rasten konnten. Bei Tagesanbruch lag das Felsgelände hinter ihnen.[1] Nun trennten sie nur noch leichte, apere Firnhänge vom Wandfuß, dann hätten sie den Abstieg überstanden. Die Spalten wa-

1 „Odyssee", S. 8

ren offen und sichtbar. Jeder wählte jetzt seinen eigenen Weg, Reinhold noch immer vorneweg. An einem flachen Gletscherplateau wählte er einen sanft geneigten Lawinenkegel, der in einem weiten Linksbogen nach unten zog.[2]
Günther war zurückgefallen. Die Sonne kam, die Wand wurde lebendig. Die ersten Lawinen donnerten herab, überall auf dem grauen Eis begannen Rinnsale zu fließen. Immer wieder beugte sich Reinhold hinab und trank. Er litt unter entsetzlichem Durst. Zwischendurch schaute er den Gletscher hinauf. Eine Bodenwelle verdeckte die Sicht auf den oberen Gletscherboden. Es war jetzt etwa 10 Uhr vormittags. Günther kam nicht. Reinhold vermutete, dass er am Gletscherboden nach rechts abgebogen war – dorthin, wo die Kinshofer-Route von 1962 abzweigte und von wo aus man zum alten Diamir-Basislager gelangen konnte. Er wähnte den Bruder in Sicherheit.
Müde schleppte sich Reinhold über den Gletscher abwärts. Er begann zu halluzinieren. Erst sah er Menschen, ein paar Kühe, ein Pferd. Doch es waren bloß Risse im Eis, Steine, Felsblöcke im Schnee. Dann hörte er murmelnde Stimmen – auch die des Bruders. Doch Günther kam noch immer nicht.
Schließlich verließ Reinhold den Gletscher, mühte sich über den rutschigen Geröllhang aufwärts und gelangte auf die Randmoräne. Oberhalb der Moräne stieg er talabwärts. Um die Mittagszeit erreichte er schließlich eine grüne Ebene. Im Gras lagen einige alte Konservendosen – es war das alte Basislager von 1962. Auch eine Quelle gab es dort. Aber auch hier fand sich keine Spur von Günther.
Etwa eine Stunde rastete Reinhold auf dem Wiesenplatz, wusch sich und trank das frische Wasser. Immer wieder. Dann trieb ihn die Sorge um den Bruder zurück Richtung Gletscher. An jedem Gletscherbach, jeder Quelle schaute er. Nichts. Ratlos kehrte er wieder um, lief sogar über den Lagerplatz hinaus talabwärts. Aber auch dort: nichts. Also nochmals zurück zum Gletscher.
Inzwischen war es später Nachmittag, vielleicht 17 Uhr.[3] Die Oberfläche des Eisstroms war zu einem einzigen Sumpf aufgeweicht. Bisweilen versank Reinhold bis zu den Knien im breiigen Matsch. Doch die Müdigkeit war wie weggeblasen. Wo war Günther? Mühsam schleppte er sich den Lawinenkegel hinauf zum oberen Gletscherboden, wo er den Bruder zum letzten Mal gesehen hatte. War er in eine versteckte Spalte gefallen? Er suchte die Schnee-

2 „Odyssee“, S. 9
3 Zeiten aus Brief R. Messner an K. M. Herrligkoffer, 22. 07. 1970; Archiv des DIAF

fläche nach verräterischen Löchern ab, sah jedoch keine. Er rief, doch es blieb still. Als die Sonne untergegangen war, beschloss Reinhold, nach rechts Richtung Einstieg der Kinshofer-Route zu queren. Diesen Weg musste Günther genommen haben. *„Geh'n wir zwischen den Brüchen durch?“*, hatte er als Letztes gefragt.[4]
Plötzlich stand Reinhold vor den Trümmern einer gewaltigen Eislawine ...

„Ich konnte es nicht glauben. Es konnte nicht wahr sein, dass Günther genau in jenen wenigen Sekunden dort vorbeigegangen war.“[5]

Wie betäubt stieg er durch die schuttübersäte Mulde ab, die Richtung Basislagerplatz zog. Er rief, schaute in Spalten, wollte es nicht wahrhaben. Wieder hörte er die Stimme des Bruders oder Schritte. Doch da war nur das Rauschen des Windes, das Knacken des Eises und das Geräusch fallender Steine. Planlos irrte er in der Dunkelheit über den Gletscher, stieg erneut aufwärts. Wieder stand er vor den Lawinentrümmern.
Seinem Bericht nach suchte er fast die ganze Nacht: Mit den Händen schob er Eisblöcke beiseite, stieß mit den Füßen in die gefrorenen Splitter. Dazwischen immer wieder Rufe nach dem Bruder. Ein letztes Aufbäumen gegen das Unfassbare. Auf einem Eisklotz kauernd schlief er schließlich ein.

WO SIND DIE BRÜDER MESSNER?

Felix Kuen und Peter Scholz konnten nicht wissen, was sich im Diamirkessel unter ihnen abspielte. Beide hatten das Biwak überstanden, obwohl die Nacht laut Kuen zu seinen härtesten gezählt hatte.[6] Nachdem sie die lähmende Kälte aus ihren Gliedern geschüttelt hatten, machten sie sich langsam an den Abstieg.
Nach den Felsen des Südgipfels standen sie im obersten Schneefeld der Rupalwand. Unter ihnen bodenloser Abgrund – ein Fehltritt wäre hier das Ende. Vorsichtig setzten sie jeden Schritt. Besonders Peter Scholz war sehr müde. Trotzdem lehnte er Kuens Aufforderung ab, Pervitin zu nehmen. An ihrem Rastplatz vom Vortag legten sie eine Pause ein. Ihre Gedanken waren bei den

4 *Rote Rakete*, S. 152
5 Ebd., S. 157
6 *Auf den Gipfeln der Welt*, 3. Auflage 1981, S. 171

Messners … Sie nahmen ihr deponiertes Seil wieder auf und sicherten sich die vier Seillängen zur Merkl-Rinne hinab, wo sie auf die Fixseile trafen, welche die anderen tags zuvor angebracht hatten. Jetzt war auch Kuen am Ende seiner Kräfte angelangt. Er begann zu halluzinieren, glaubte plötzlich Hunderte Japaner unter sich im Aufstieg zu sehen. Um 15 Uhr waren er und Scholz zurück im Lager V, von wo aus sie nach neuerlicher Rast noch am gleichen Nachmittag ins Lager IV abstiegen. Mit dem Ruf „Hallo Boys!" kündigte Kuen ihr Kommen an. Die Überraschung bei Werner Haim, Gert Mändl, Hans Saler und Gerhard Baur war groß – sie hatten eigentlich die Messner-Brüder erwartet.

„Wir hatten schon Getränke und Essen vorbereitet, da wir fest davon ausgingen, dass an diesem Tag jemand von oben herabkäme. Und dann tauchte als Erster Felix Kuen auf. Obwohl er fix und fertig war, habe ich gespürt, er war glücklich, dass er oben gewesen war.
Schnell kam das Gespräch auf die Messners. Kuen berichtete gleich von der Rufverbindung mit Reinhold und davon, dass sie auf der anderen Seite absteigen. Das ist ihm sehr nah gegangen.
Er hat sofort sehr detailliert die Zurufe Reinholds geschildert: Dass sie auf dem Gipfel waren, dass er und Scholz links vom Südgipfel vorbeigehen sollten, dass sie [die Messners] auf der anderen Seite absteigen würden und schon irgendwie ins Basislager zurückkämen. Das habe ich alles von Kuen bereits in Lager IV gehört. Auch meine ich mich daran zu erinnern, dass er Reinholds Zuruf ‚Alles in Ordnung!' erwähnte."
In seinem Tagebuch hielt Felix Kuen das „Alles in Ordnung!" ebenfalls fest, ebenso wie die Zurufe über die Routen und Anstiegszeiten bis zum Gipfel sowie den Abstieg zur anderen Seite. Einen Austausch darüber, dass die Messners am Gipfel waren, erwähnte Kuen in seinem Tagebuch nicht (vgl. S. 54f.). Kuens recht ausführlicher (12 Seiten) Tagebucheintrag über die Gipfeltage 28./29. Juni trägt den Vermerk *„Lager IV, am 29. 6. 1970 Uhr 2115"*. Es ist allerdings seltsam, dass Kuen bereits zu diesem Zeitpunkt schrieb: *„Eines steht heute schon fest, dass Dr. Karl Herrligkoffer nicht die geringste Schuld an diesem unalpinen Unternehmen der 2 Messner trifft."*[7] Hatte Kuen eine so gute Nase für die Spannungen zwischen Messner und Herrligkoffer? Oder hatte er sein

7 Tagebuch F. Kuen, 28./29. 06. 1970; Kopie und Abschrift im Archiv des DIAF

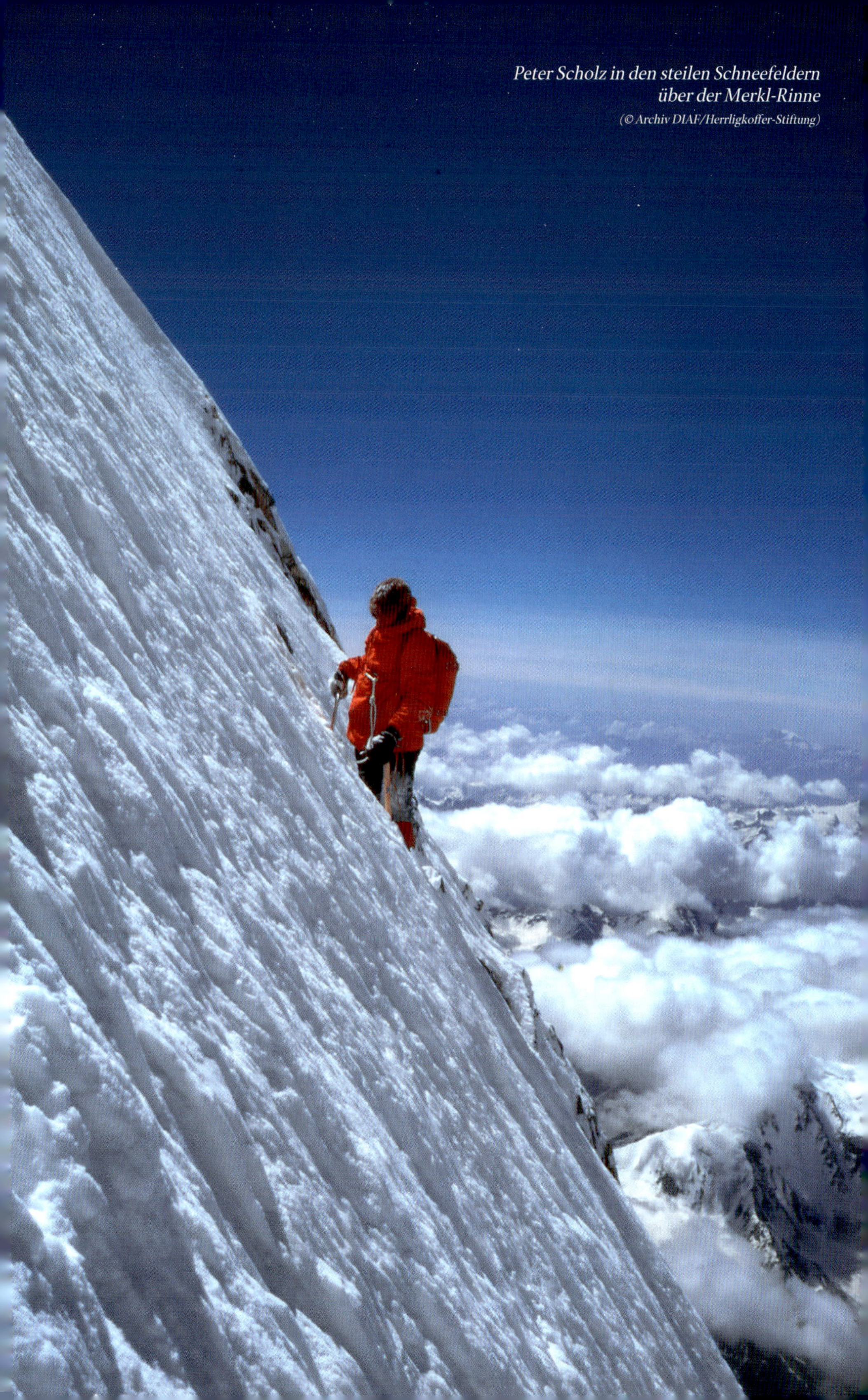

Peter Scholz in den steilen Schneefeldern über der Merkl-Rinne

(© Archiv DIAF/Herrligkoffer-Stiftung)

Tagebuch erst später unter dem Einfluss der nachfolgenden Ereignisse geschrieben (vgl. S. 38)?

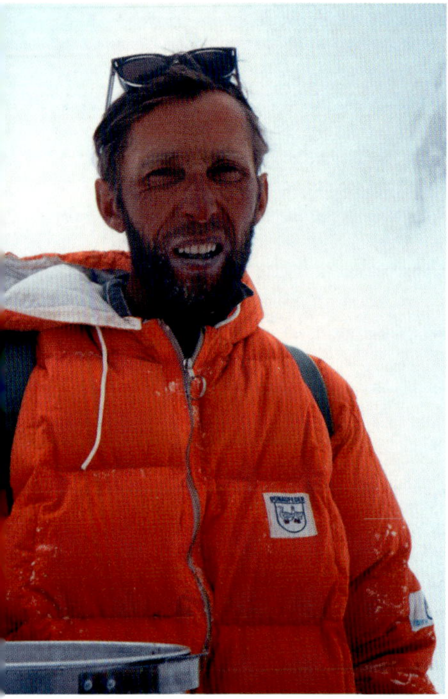

Erschöpfter Gipfelbesteiger: Felix Kuen
(© G. Baur Archiv DIAF/Herrligkoffer-Stiftung)

Auch Hermann Kühn machte sich Notizen, möglicherweise nach den Funkgesprächen zwischen Lager IV und dem Basislager, die er in Lager III mitgehört hatte. In einem Tagebucheintrag *„28. 6. (später erfahren)"* bestätigte er zunächst, dass Kuen im Aufstieg Hilferufe gehört hatte, von denen er vermutete, sie seien von Günther gekommen (*„hört Hilferufe (von Günther M.?)"*). Von Kuens Bericht über die Rufverbindung mit Reinhold Messner hielt Kühn fest: *„Spricht mit ihm über den Weiterweg (‚gerade hinauf 1 Std., rechts herum 3 Std. zum Gipfel'). Messner sagt, sie seien auf dem Gipfel gewesen u. wollten jetzt die Diamirflanke absteigen, dort sei es flacher und leichter. Kuen rät ihm dringend ab."*[8]

Herrligkoffer notierte in seinem Tagebuch nur: „[Kuen und Scholz] *haben gestern 10:30 Uhr mit Messner auf Rufweite gesprochen – R.M. sagte einen anderen Abstieg zu wählen – auf dem Gipfel haben sie eine Spur gesehen – vermutlich jene von R.M."*[9]

Gerhard Baur schildert die Grundstimmung unter den Bergsteigern in Lager IV nach dem Bericht von Felix Kuen:

„Entscheidend war, dass von einer Notlage überhaupt nicht gesprochen wurde, in keiner Weise. Mir selbst kam nur der Gedanke: Hoppla, jetzt macht Reinhold die Überschreitung doch wahr und Günther ist mitgegangen. Hoffentlich geht das gut! Felix Kuen schüttelte mehrmals den Kopf, sprach von ‚Lausbubenstreich' oder so ähnlich. Nicht aus Neid über eine noch größere Leistung – er und alle anderen waren einfach nur besorgt darüber, dass jetzt

8 Tagebuch H. Kühn, 28. 06. 1970

9 Tagebuch K. M. Herrligkoffer, 29./30. 06. 1970; Abschrift im Archiv des DIAF

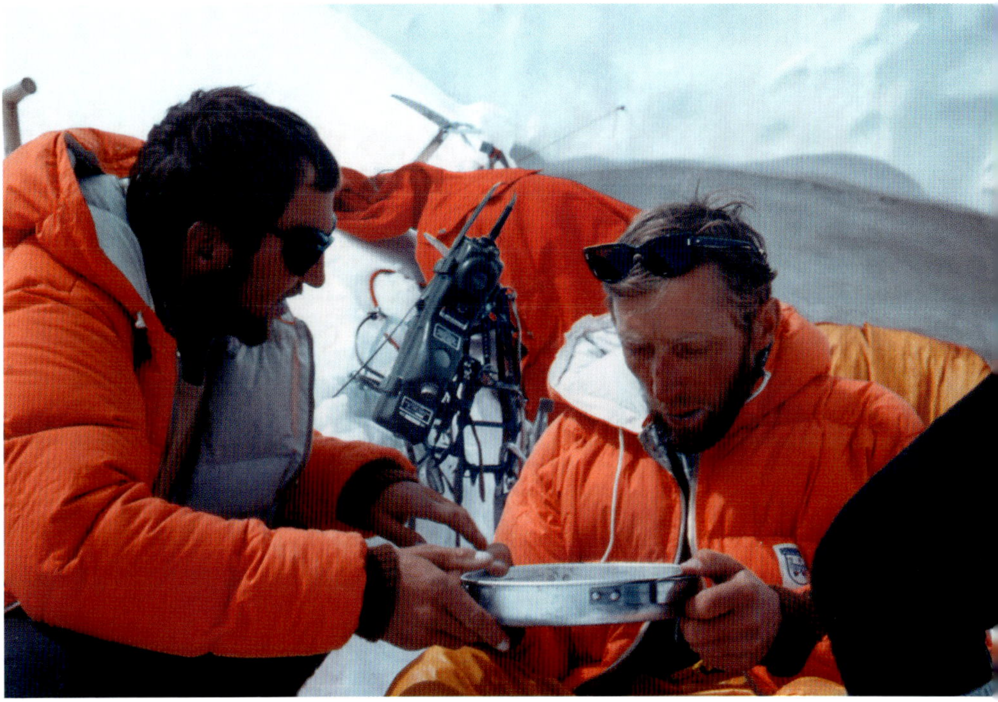

Werner Haim versorgt Felix Kuen in Lager IV und hört seinen ersten Bericht.
(© Archiv DIAF/Herrligkoffer-Stiftung)

eine Situation existierte, in der etwas passieren konnte und keiner mehr die Möglichkeit hatte, einzugreifen. Wir gingen davon aus, dass die beiden aus freien Stücken auf der anderen Seite des Berges abstiegen. Ich persönlich war überzeugt davon, dass Reinhold bei diesen optimalen Wetterbedingungen die Chance zur Überschreitung ergriffen hatte. Aber andererseits machten wir uns natürlich Sorgen, dass es auch gut ginge."

Kuen zeigte sich in seinem Tagebuch bei aller Hoffnung eher pessimistisch, was das Überleben der Messner-Brüder betraf: *„Lieber Allermächtigste, bringe uns die 2 Buben gesund und glücklich zu unserem Basiscamp* […]. *Es bestehen noch Chancen, aber nur geringe, da sie nicht einmal westalpenmäßig ausgerüstet sind."*[10]

10 Tagebuch F. Kuen, 28./29. 06. 1970; Kopie und Abschrift im Archiv des DIAF

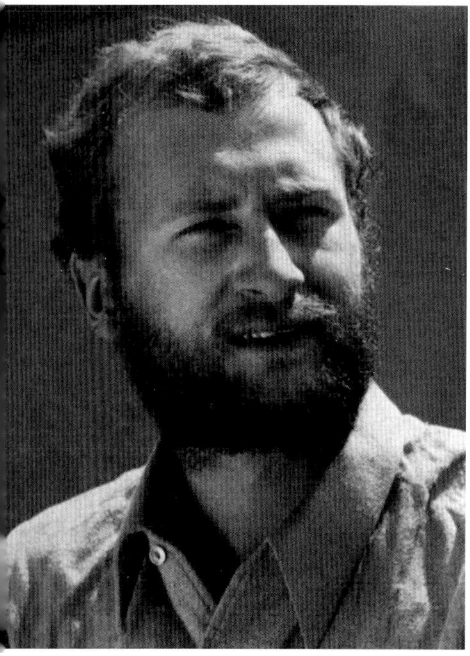

Blieben noch länger in der Wand: Hans Saler und Gert Mändl (rechts)
(© Archiv DIAF/Herrligkoffer-Stiftung)

Im Basislager war man nach den Funksprüchen aus Lager IV unentschlossen, auf welchem Weg die beiden abgestiegen waren. Zwei Routen schienen in Frage zu kommen: der Südwestgrat hinab zum „Westsattel", von dem aus man ins Rupaltal absteigen konnte. Dieser Weg war 1963 von einer Herrligkoffer-Expedition erkundet worden (vgl. S. 18).
Herrligkoffer favorisierte diese Möglichkeit. Als Alternative kam der Abstieg über die West- oder Diamirflanke ins gleichnamige Tal auf der Nordwestseite des Nanga Parbat in Betracht. Gegenüber Gerhard Baur hatte Reinhold Messner ebenfalls beide Möglichkeiten erwähnt, hielt aber die Westsattel-Route für sehr fragwürdig, weil man nur sehr wenig darüber wusste. „Es war für mich sehr deutlich, dass Reinhold innerlich die Mummeryrippe favorisierte", meint Gerhard Baur. „Sie war die klarere Linie und auch bereits bis zu einer bestimmten Höhe bekannt."

„Ich bin mir heute nicht sicher, ob ich schon in Lager IV den anderen davon erzählt habe, dass Reinhold mit mir über die Überschreitung geredet hatte. Ich denke aber ja. Und ich meine sogar, dass Gert Mändl damals sagte, er habe ebenfalls gehört, wie über die Überschreitung gesprochen worden sei."

Mändl und Hans Saler hatten beabsichtigt, an diesem Nachmittag ins Lager V aufzusteigen und am nächsten Tag als dritte Seilschaft zum Gipfel zu gehen. Doch Herrligkoffer lehnte dies jetzt ab. Er wollte kein weiteres Risiko mehr eingehen. Am nächsten Tag sollte die Expedition abgebrochen und die Lager geräumt werden, wobei „für alle Fälle" in jedem Lager ein Zelt mit Kocher und Verpflegung verbleiben sollte.[11] Hans Saler hingegen sah noch eine

11 Tagebuch A. von Hobe, 29. 06. 1970; Abschrift im Archiv des DIAF

minimale Chance, dass die Messners vielleicht doch noch in die Rupalwand zurückkehrten. Er widersetzte sich der Anordnung Herrligkoffers und entschied, einen weiteren Tag in Lager IV zu verbleiben, um mit Mändl nochmals in die Merkl-Rinne aufzusteigen. Herrligkoffers Antwort lautete sinngemäß, eine solche Aktion sei ihre Sache und er werde die Lager wie geplant abbrechen lassen. Werner Haim und Gerhard Baur stiegen an diesem Nachmittag von Lager IV noch bis ins Basislager ab.

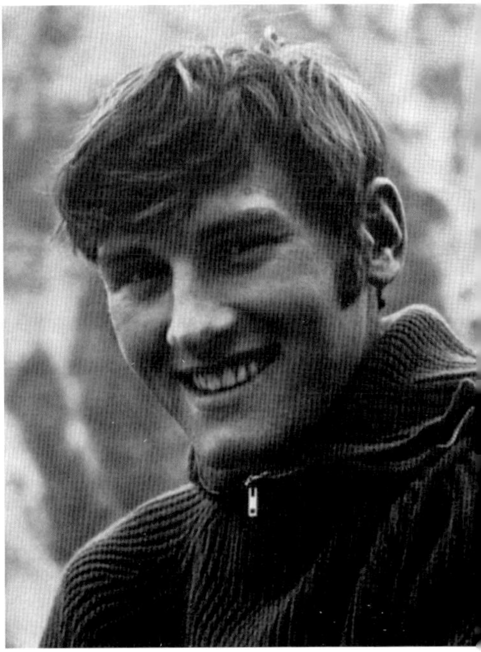

„Ich kam im Dämmerlicht über die Hänge vor dem Basislager hinunter und sah, dass mir Herrligkoffer die letzten 20 Minuten der Strecke entgegenkam", erzählt Baur. „Er wollte gleich alles wissen, auch noch mal den Tag von Reinholds Aufbruch. Er hat dazu keine weiteren Kommentare abgegeben. Mir war vor allem wichtig, ihm jetzt von Reinholds Überschreitungsgedanken zu berichten – denn meiner Meinung nach mussten wir jetzt schnellstmöglich in Erfahrung bringen, was auf der anderen Seite des Berges los ist. Daraufhin antwortete mir Herrligkoffer, er wisse bereits, dass Reinhold auch über die Diamirseite gesprochen habe. Und er erzählte mir, dass sich Reinhold bei ihm – Herrligkoffer – über den Mazenokamm [„Westsattel-Route"; Anm. JH] erkundigt hatte.
Ich sagte Herrligkoffer gleich, wir müssten schauen, dass so schnell wie möglich das Diamirtal verständigt wird. Ich weiß, dass ich ihn darauf ansprach, ob man dorthin gehen könne oder was sonst möglich sei. Er sagte mir, dass er und der Begleitoffizier bereits etwas unternommen hätten. Bei einer späteren Nachfrage bestätigte er mir, dass zur Absicherung zwei Nachrichten abgesendet worden waren."

Die Abschriften von Herrligkoffers Tagebuch im Archiv des DIAF vermitteln den Eindruck, dass er nach dem Gespräch mit Gerhard Baur noch immer von einem Abstieg der Messners über die Westsattel-Route überzeugt war:

„Wir besprechen die Situation und sind uns mit Felix einig, dass Gebr. Messner allenfalls westwärts gegangen sind – sie scheuten das Abseilen am oberen Teil der Rinne [sic] *und gingen Richtung Westsattel.*"[12]
Später schrieb Herrligkoffer in seinem Expeditionsbuch, dass an diesem Abend mit dem Verbindungsoffizier der Expedition, Captain Saqi, beschlossen worden war, anderntags einen berittenen Boten nach Astor zu schicken, um den dortigen obersten Verwaltungsbeamten (Assistant Political Agent, APA) über das Verschwinden zweier Bergsteiger zu informieren. Dieser solle seinerseits die Information an die Behörden in Chilas weitergeben, mit der Bitte, im Diamirtal zu suchen. Chilas im Industal war als Verwaltungssitz für die Diamirseite zuständig.[13]
In Herrligkoffers Tagebuch, dessen Abschriften bei meinen Recherchen 2004 bis zum 30. Juni 1970 vorlagen, finden sich keine Hinweise auf die Benachrichtigung der Behörden.[14] Das Tagebuch bestätigt nur, dass Herrligkoffer veranlasst hatte, die Westsattel-Route mit Ferngläsern zu beobachten.

Im Interview betont Gerhard Baur heute nochmals:
„Niemand hat von einer Notlage berichtet. Das ist ungeheuer wichtig. Was berichtet wurde, bedeutete für uns nur, dass die Überschreitung, von der Reinhold mehrmals gesprochen hatte, jetzt von Reinhold und wahrscheinlich auch von Günther durchgeführt wurde. Wir hofften, dass es gut ginge und wir bald eine Nachricht erhielten."

Doch Hoffnung gab es an diesem Abend des 29. Juni 1970 anscheinend nur noch für einen.

12 Tagebuch K. M. Herrligkoffer, 29./30. 06. 1970; Abschrift im Archiv des DIAF
13 *Kampf und Sieg*, S. 108
14 Bei meinen Recherchen 2004 lagen *zwei* maschinenschriftliche Abschriften des Tagebuchs von Herrligkoffer vor. In Version 1 umfasste der Zeitraum 21. 06. bis 30. 06. die Seiten 6–9, in Version 2 die Seiten 2–5. In Version 2 fehlte zum Zeitpunkt meiner Recherchen Seite 7 (24. 06. –27. 06. , rote Rakete!). Sie war in Version 2 vorhanden, scheint dort aber 4 Zeilen länger als in Version 1 zu sein.

KAPITEL 6

30. JUNI BIS 4. JULI 1970: EINSAME ODYSSEE

Luftaufnahme: Eine Mondlandschaft aus braunem Schutt und grauem Eis – der Diamirgletscher. Ein einzelner Mensch taumelt zwischen den Felsblöcken hindurch. Es ist Reinhold.
(Schnitt) Aufregung im Basislager auf der Rupalseite. Felix Kuen und Peter Scholz sind vom Berg zurück! Die anderen Bergsteiger laufen zu ihnen. „Sie sind da!" Auch Herrligkoffer kommt aus seinem Zelt.
(Schnitt) Reinhold nähert sich einem steilen Abhang. An der Kante bricht der Schutt unter seinen Füßen weg. Er rutscht das raue Eis hinab, schreiend.
(Schnitt) Jubelszenen im Basislager. Felix und Peter inmitten der anderen Bergsteiger. Schulterklopfen, Gratulationen.
(Schnitt) Reinhold liegt mit schmerzverzerrtem Gesicht zwischen den Felsblöcken, stöhnt. Seine Füße sind blutig.
(Schnitt) Weitere Jubelszenen im Basislager. Herrligkoffer legt seine Arme um die Schultern von Felix und Peter, lässt sich mit den Gipfelsiegern fotografieren.
(später) Ein Militärjeep fährt eine Schotterpiste entlang. Auf der Rückbank liegt Reinhold Messner. Seine lange Unterhose und die Strümpfe sind zerrissen, die Zehen schwarzgefärbt und blutig.
Jeepfahrer: „I've heard that two men died at Nanga Parbat."
Reinhold: „I am one of them."
(später) Reinhold liegt auf einer Decke am Straßenrand. Herrligkoffer ist bei ihm
Herrligkoffer: „Gott sei Dank, dass du da bist. Komm zu mir. Ich bin's!"
Reinhold: „Wo seid ihr gewesen?"
Herrligkoffer: „Ganz ruhig! Das ist jetzt im Moment alles nicht wichtig, Reinhold. Wichtig ist nur, dass du an dich selbst denkst!"
Reinhold: „Ich kann doch nicht ohne ihn nach Hause kommen ..."
(Szenen aus *Nanga Parbat* von Joseph Vilsmaier)

Der 30. Juni 1970 war für Reinhold Messner Tag null, Ende und Anfang. Der Bruder war verschwunden. Seine Zehen waren erfroren. Nachdem er in der Nacht noch mehrmals aufgewacht war und vergeblich nach Günther gerufen

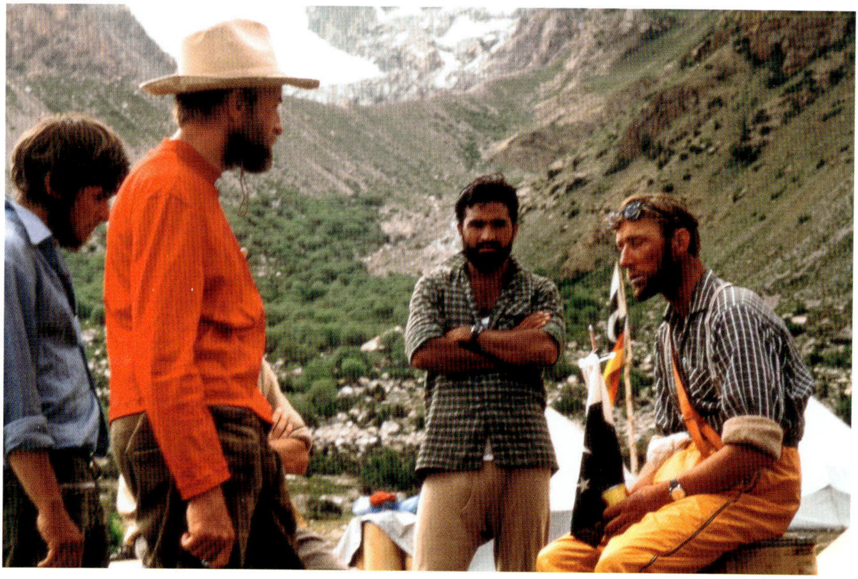

Felix Kuen kehrt aus der Wand zurück und berichtet Gerhard Baur, Max von Kienlin und Captain Saqi, dem Begleitoffizier, vom Rufkontakt mit Reinhold Messner.
(© Archiv DIAF/Herrligkoffer-Stiftung)

hatte, schleppte er sich am Mittag apathisch zum alten Diamir-Basislagerplatz von 1962 zurück. Bei einem großen Felsblock richtete er sich ein Nachtlager ein.

„Bald müssten sie kommen, dachte ich, die vom Basislager. Als es Abend wurde, war ich noch immer allein.“[1]

Doch diese Hoffnung war genauso illusorisch wie das Bild von den passiv agierenden, zu Gehorsam verpflichteten und besorgt um ein Lagerfeuer sitzenden Kameraden, das Messner später als Kontrast zu seinem eigenen verzweifelten Überlebenskampf in seinen Büchern zeichnen sollte.[2] Alle anderen Bergsteiger befanden sich bis zum 29. Juni in der Wand, die meisten waren über eine Woche am Berg gewesen. Die letzten sollten erst am 1. Juli ins Basislager zurückkehren.[3]

1 *Rote Rakete*, S. 162
2 *Rote Rakete*, S. 162; *Der nackte Berg*, S. 232; *Die weiße Einsamkeit*, S. 47
3 Rückkehr ins Basislager am 29. 06. abends (19–21 Uhr): Haim, von Kienlin, Baur; am 30. 06.: Kuen, Winkler, Kroh; am 01. 07.: Scholz, Kühn, Vogler, Raab, Saler, Mändl (Quellen: Tagebücher H. Kühn, A. von Hobe)

RUPAL, 30. JUNI 1970

Vom Basislager aus waren an diesem Morgen Michl Anderl und Wolf Bitterling gemeinsam mit dem Hunza-Obmann Isha Khan nach Shagiri im Rupaltal gegangen – etwa fünf Kilometer taleinwärts vom Basislager –, um von dort aus die Westsattel-Route abzusuchen. Bis zum Abend ohne Erfolg.

Hermann Kühn, der an diesem Tag gemeinsam mit Peter Scholz bis ins Lager I abstieg, bestätigte die Beobachtung der Westsattel-Route und schrieb darüber hinaus: *„Einheimische Läufer werden in die Täler nördlich des N. P. geschickt (Diamir), um nach Messners zu fahnden."*[4] Anscheinend hatte Herrligkoffer den Informationen über einen möglichen Abstieg auf der Diamirseite doch Glauben geschenkt.

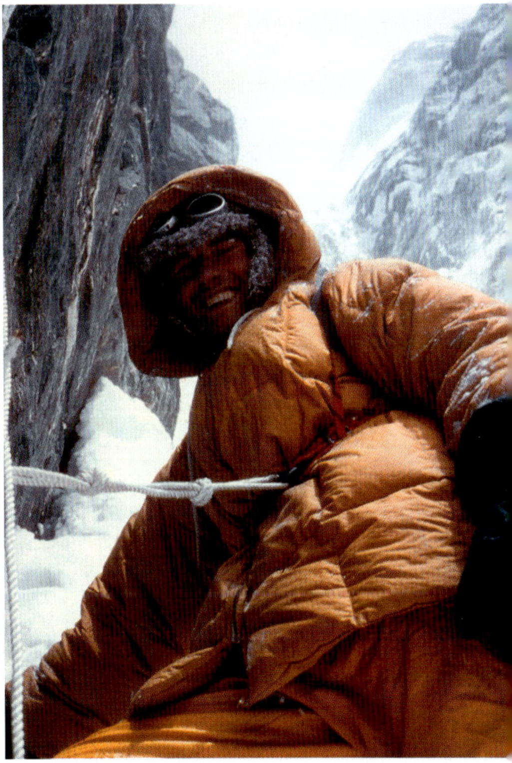

Vergebliche Mühen: Gert Mändl in der Merkl-Rinne

(© Archiv DIAF/Herrligkoffer-Stiftung)

Hans Saler und Gert Mändl waren über Nacht in Lager IV geblieben und beim ersten Tageslicht aufgestiegen. Sie waren komplett auf sich allein gestellt und von den unteren Lagern abgeschnitten, da am Vorabend die Batterie ihres Funkgerätes den Geist aufgegeben hatte.[5] Gegen Mittag lehnte Herrligkoffer endgültig alle weiteren Gipfelvorstöße ab – ohne zu wissen, dass Saler und Mändl Lager IV bereits Richtung Merkl-Rinne verlassen hatten.

„Schade", kommentierte Hermann Kühn die Anordnung, welche er als höchster Funker in Lager III entgegengenommen hatte. *„Denn ursprünglich war vorgesehen, dass nach dem ersten Gipfelsieg auch die Hilfsmannschaften, die Lust und Kondition haben, eine Chance auf den Gipfel*

4 Tagebuch H. Kühn, 30. 06. 1970
5 *Zwischen Licht und Schatten*, 4. Auflage 2009, S. 162

kriegen sollen. Mändl, Haim, Saler, Baur, ich, evtl. Winkler und Sepp hätten reelle Chancen, doch nun ist es nichts damit."[6]
In der Merkl-Rinne war der Schnee aufgeweicht, Saler und Mändl lösten immer wieder kleinere Lawinen aus. Trotz der Fixseile sicherten sie sich gegenseitig. Sie riefen nach Reinhold und Günther. Doch die Rufe verhallten im Nebel, der über ihnen zwischen den grauschwarzen Schluchtwänden klebte. Es antwortete nur das Zischen vereinzelter Schneerutsche. Im Schutz eines Überhangs warteten Saler und Mändl noch eine Zeit lang, riefen und hämmerten – vergeblich. Wo waren die Messners? Und wo wären sie selbst jetzt, wenn alles nach Plan gelaufen wäre? Vielleicht ganz oben. Gemischte Gefühle ... Dann traten sie erschöpft den Abstieg an. Zur Gewichtsersparnis ließen sie in Lager V ihr Seil zurück. Bis zu den Knien versanken sie im Schnee. Alle zehn Meter mussten sie sich beim Spuren abwechseln. Für die letzten 100 Höhenmeter hinab zu Lager IV brauchten sie drei Stunden. Längst hatte sie die Dunkelheit eingeholt.

DIAMIR, 1. JULI 1970

Am 1. Juli begann für Reinhold Messner der Rückweg ins Leben. Es fiel ihm schwer, der Diamirwand den Rücken zu kehren. Auf einem Felsen am Basislagerplatz befestigte er eine seiner roten Gamaschen als Signal für den erhofften Suchtrupp oder Hubschrauber. Dann machte er sich mit schwankenden, unsicheren Schritten an den langen Weg talabwärts. Die erfrorenen Zehen waren angeschwollen und brannten wie Feuer. Im kalten Bachwasser suchte er Linderung für seine Schmerzen und den quälenden Durst. Durch die Senke zwischen Randmoräne und Bergflanke taumelte er weiter abwärts. Schließlich traf er auf erste Spuren von Menschen: einige Hütten unter einer Felswand. Doch sie waren verlassen, die meisten Gebäude durch eine Steinlawine zerstört. Er musste weiter. Ein steiler Felspfeiler zwang ihn, auf den geröllbedeckten unteren Diamirgletscher auszuweichen. Eine verwirrende, trostlose Mondlandschaft. Der Untergrund aus losen Steinen war rutschig, immer wieder fiel er hin, rappelte sich hoch, schleppte sich weiter. Dann sah er hinter der jenseitigen Randmoräne eine grasbewachsene Hochfläche, wie eine Alm. Hoffnung kam in ihm auf. Vielleicht waren dort Menschen? Der

6 Tagebuch H. Kühn, 30. 06. 1970

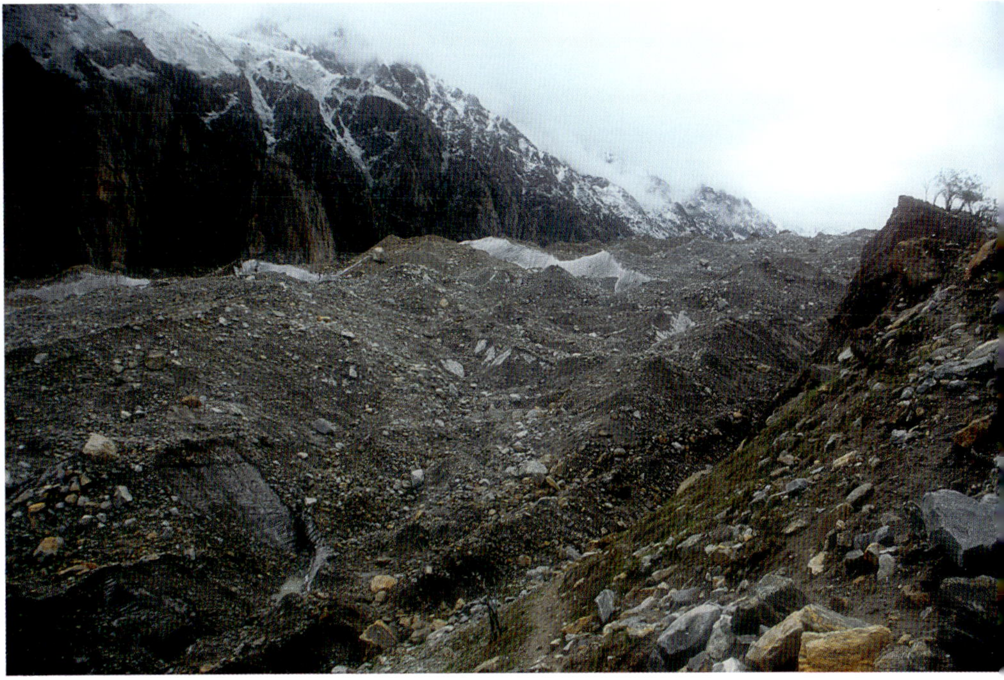

Die Schuttwüste des unteren Diamirgletschers (© J. Hemmleb)

Aufstieg über den steilen, instabilen Schutthang raubte ihm die letzte Kraft. Oben auf dem Moränenkamm angekommen verlor er das Bewusstsein. Als er nach Stunden wieder zu sich kam, war es später Nachmittag. Durch Dickicht schlug er sich bis zu einer Lichtung durch, auf der drei Männer beim Holzfällen waren. Sie starrten ihn an, als käme er aus einer anderen Welt. Nach einiger Zeit gelang es Messner, ihnen mittels Zeichensprache verständlich zu machen, dass er Hunger habe. Die Holzfäller gaben ihm etwas Brot – seine erste Mahlzeit nach drei Tagen. Später führten sie ihn hinab zu einer kleineren Hüttensiedlung. Unter einem Baum richteten sie ihm ein Lager her. Neugierig betrachteten ihn die Anwohner. Sie brachten ihm saure Milch und Chapattis (Teigfladen). Mittels Steinen und Zeichen, die er in den staubigen Boden ritzte, fragte er die Männer, wie lange man zwischen hier und dem Basislager auf der Rupalseite benötigte. „Zwei Tage", signalisierten sie – doch dann deutete einer auf Messners blau verfärbte Zehen und schüttelte den Kopf. Es blieb nur der Weg weiter talabwärts nach Bunar im Industal.

RUPAL, 1. JULI 1970

Im Archiv des DIAF bezeugt die Abschrift eines Telegramms, dass der APA in Astor an diesem Tag zwei schriftliche Anweisungen des Verbindungsoffiziers über eine Suche im Diamirtal erhalten hatte. Eine davon war auf den 30. Juni 1970 datiert, die andere undatiert. Die Abschrift bestätigt, dass der APA in Astor die Anweisungen postwendend an die Distrikthauptstadt der Northern Areas von Pakistan, Gilgit, weitergeleitet hatte. Dabei ist offen, ob in einem solchen Notfall dem offiziellen Behördenweg über die Distrikthauptstadt gefolgt werden musste, oder ob eine direkte Übermittlung nach Chilas damals einfach nicht möglich war. Die Nachricht lautete:

„Vom APA ASTORE
An P.A. GILGIT
NO.MC-43/_____(.) U/C (.) DEUTSCHE EXPEDITION war erfolgreich bei der Eroberung des Gipfels (.) Zwei Teilnehmer, welche am frühen Morgen des 28. Juni den Gipfel erobert haben [sic], *wurden als vermisst gemeldet (.) Andere Teilnehmer sind optimistisch wegen ihnen und glauben, dass sie in das Dorf DIAMIROI* [sic] *CHILAS gegangen sind. Sie bitten um Kontakt mit APA Chilas wegen sofortiger Suchaktion und Meldung ihrer Anwesenheit dort oder sonstiges so bald wie möglich.*
Das Programm der Expedition wurde auch etwas geändert entsprechend welchem zwei Plätze am 3. Juli reserviert werden sollen im Falle der Verfügbarkeit eines Hubschraubers und 17/19 Plätze mit Gepäck am 4. nachmittags oder 5. morgens.
N.T.S., 1. Juli 1970 *Assistant Political Agent, Astore“*[7]

Es waren also einige Teilnehmer „optimistisch“ gewesen, dass die Messner-Brüder ins Diamirtal abgestiegen waren und zur dortigen Ortschaft Diamiroi (Diamirai) gelangen würden. Deshalb sollte der APA in Chilas kontaktiert und eine sofortige Suche eingeleitet werden. Sobald etwas über den Aufenthalt der Messner-Brüder oder sonstige Informationen bekannt würde, wäre dies baldmöglichst mitzuteilen.

7 Abschrift des Originaltextes (englisch) und Übersetzung im Archiv des DIAF

Der angeforderte Hubschrauber sollte ursprünglich Herrligkoffer ausfliegen, da dieser an einer Lungenentzündung erkrankt war. Nun sollte er für den 3. Juli – also zwei Tage später – bereitgehalten werden, um die beiden Messners auszufliegen, falls diese doch noch auf die Rupalseite zurückgelangen sollten.

Über den weiteren Gang der Nachricht ist Folgendes bekannt: Laut der Abschrift wurde sie *„by post"*, also anscheinend auf dem Postweg, an den Political Agent sowie den Polizeichef von Gilgit weitergeleitet. Später ergab eine gerichtliche Untersuchung, *„der APA in Astor* [...] *veranlasste den APA in Chilas telefonisch, noch am 30. 6. 1970 den Polizeiinspektor zum Diamir-Gletscher zu entsenden"*.[8]

Auf der Rupalseite waren an diesem Abend Gert Mändl und Hans Saler als Letzte aus der Wand zurückgekehrt. Ihr Abstieg aus Lager IV bis hinab ins Basislager – über 3000 Höhenmeter – hatte dabei mehr einer Flucht geglichen. Im Schneesturm war die Sicht auf unter 30 Meter gesunken, ständig hatte Flugschnee die Gläser ihrer Gletscherbrillen verklebt. Ohne Seil und halb blind hatten sie sich so die Route hinabgewühlt. Als sie im 800 Meter tiefer gelegenen Lager III angekommen waren, war es bereits Mittag gewesen – *„ein neuer Langsamkeitsrekord"*, kommentierte Hans Saler später lakonisch.[9] Unterhalb von Lager II war die Sicht zwar besser geworden, der Schnee blieb aber knietief. Zur Gewichtsersparnis hatten sie ihre Schlafsäcke zurückgelassen. Allerdings war ihnen dadurch die Möglichkeit genommen, in Lager I zu übernachten, welches zuvor von der übrigen Mannschaft komplett geräumt worden war. So waren Saler und Mändl gezwungen, trotz völliger Erschöpfung weiter abzusteigen. Alle Ausrüstung, die sie nicht mehr benötigten, warfen sie jetzt weg, selbst die Rucksäcke. Bloß noch runter vom Berg! Zu guter Letzt stürzte Mändl in eine Eis-

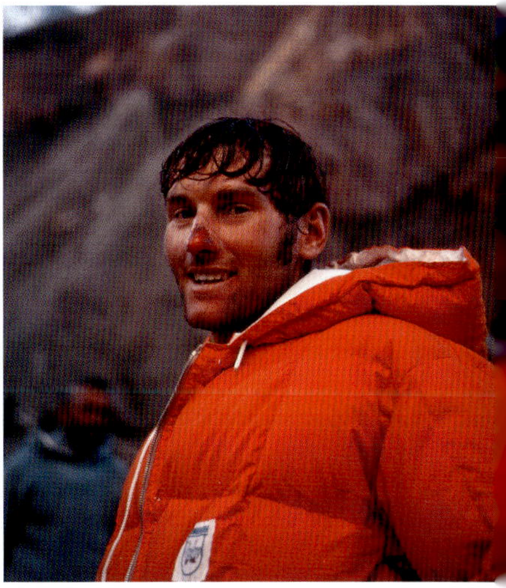

Mit letzter Kraft: Gert Mändl kommt zurück.

(© Archiv DIAF/Herrligkoffer-Stiftung)

8 Bescheid der Staatsanwaltschaft beim Landgericht München I, 14. 03. 1972, S. 13; Archiv des DIAF

9 *Zwischen Licht und Schatten*, 4. Auflage 2009, S. 172

kluft, schaffte es aber mit letzter Kraft, wieder aus dem Schlund herauszuklettern. Am Ende waren beide so fertig, dass sie noch zehn Minuten vor dem Basislager eine Rast einlegen mussten.

Nach der Expedition kritisierte Saler in einem „Liebesbrief aus Indien“ Herrligkoffer und dessen Leitungsstil heftig, weil dieser die Lager hatte räumen lassen, obwohl er, Saler, und Mändl noch am Berg gewesen waren.[10] Auch dieser Streit landete vor Gericht.

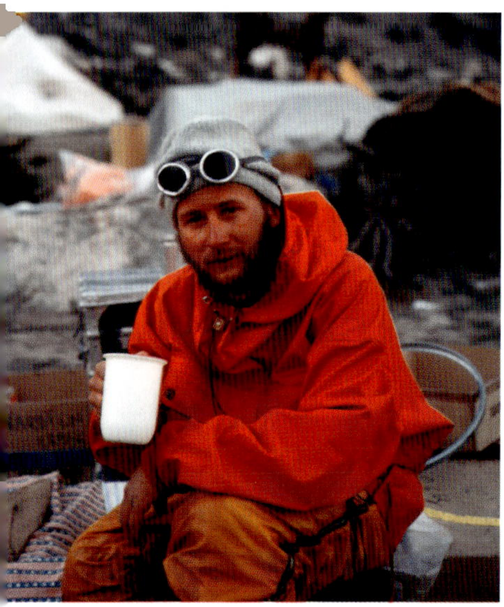

Erschöpft: Hans Saler nach der Rückkehr ins Basislager
(© Archiv DIAF/Herrligkoffer-Stiftung)

DIAMIR, 2. JULI 1970

Begleitet von einem Träger machte sich Reinhold Messner am 2. Juli auf den Abstieg nach „Diamir“, wie er damals die Gruppe von Siedlungen im Mittelteil des Tals nannte (gemeint war das heutige Dorf Ser). Er konnte nur noch schwer gehen. Inzwischen war jedes Stück seiner wenigen Habseligkeiten „Währung“, die er zum Sichern seines Überlebens einsetzen musste: Für die Begleitung bezahlte er mit einem Paar Handschuhe und seiner Stirnlampe, später in Ser tauschte er seine gelbe Perlon-Überhose gegen fünf Eier, Chapattis und Tee. Schließlich bot er seine gesamte restliche Kleidung und Ausrüstung an, um einige der jungen Männer dazu zu bewegen, ihn die weitere Strecke zu tragen.

„Zum ersten Mal in meinem Leben war ich unbehütet, fremden Menschen ausgeliefert, hilflos. Nicht einmal laufen konnte ich mehr. Und sie wussten das, und sie ließen mich spüren, dass sie es wussten.“[11]

Als selbst das letzte Hemd nicht genug war, die Männer zu überzeugen, platzte Messner der Kragen. Wutentbrannt riss er sich hoch, kam schwankend zum Stehen – und humpelte, gestützt auf seinen Eispickel und einen Stock,

10 *Alpinismus*, 12/1970, S. 6
11 *Rote Rakete*, S. 190

aus dem Dorf. Zwei Männer folgten ihm. Später, als das Tal steiler und felsiger wurde, trugen sie ihn schließlich zeitweise. Über die schwierigsten Stellen kletterte und kroch er selbst. In seinem Buch *Die rote Rakete* zeigt er sich zerrissen zwischen der Frage, warum die anderen ihm nicht zu Hilfe kamen, und der Erkenntnis, dass die anderen nicht wissen konnten, ob und wo er in Not war:

„Ich war verwundert, dass keiner von unserer Expedition da war, und fürchtete schon, unser Leader könnte uns vergessen haben."[12]

„Die im Basislager taten mir leid. Keine Nachricht von uns seit mehr als vier Tagen."[13]

„Wir können uns nicht verfehlt haben."[14]

„Es war meine Pflicht, so schnell wie möglich die anderen zu verständigen."[15]

RUPAL, 2. JULI 1970

Im Basislager auf der Rupalseite hatte man für diesen Tag eigentlich den Abmarsch geplant, die Träger aus den Dörfern weiter unten im Tal waren schon unterwegs. Doch noch hegte die Mannschaft einen letzten Funken Hoffnung, dass die Messner-Brüder vielleicht auf der Route über den Westsattel im Abstieg waren. Herrligkoffer verschob die Abreise um einen Tag. Nochmals suchte man die Rupalwand mit Ferngläsern ab – nichts.

Viel später einmal skizzierte Messner die Stimmung im Basislager, indem er Herrligkoffer zitierte: *„Entsprechend ihrem Einsatz erhalten die Träger aus meiner Hand Gold-, Silber- und Bronzemedaillen. Nach Landessitte hängt unser Begleitoffizier Felix Kuen und Peter Scholz Blumenkränze um. Die Hochträger hatten sie für die Gipfelsieger gefertigt."*[16]

Was Messner jedoch nicht zitiert, ist, wie Herrligkoffer in seinem Buch fortfährt:

„Das Schicksal der Vermissten lastet wie ein Alpdruck auf uns und lässt auch während der traditionellen Ehrung unserer tüchtigen Hunza-Hochträger keine Freude aufkommen."[17]

---

12 Ebd., S. 186
13 Ebd., S. 195
14 *Rote Rakete*, S. 196
15 Ebd., S. 197
16 zitiert in *Der nackte Berg*, S. 280
17 *Kampf und Sieg*, S. 110

„Ich empfand diesen einen weiteren Tag im Basislager als gerechtfertigt, um sicherzugehen, dass an der Westsattel-Route wirklich niemand mehr im Abstieg war", meint Gerhard Baur heute. „Denn wenn dies der Fall gewesen wäre, hätten wir vom Rupal-Basislager in diese Richtung aufsteigen müssen. Meinem Gefühl nach waren wir im Zeitplan, gerade auch, weil laut Herrligkoffer schon zweimal Nachrichten wegen der Suche im Diamirtal rausgegangen und die meisten Bergsteiger ja erst tags zuvor aus der Wand zurückgekommen waren.
Was viele heute vergessen, ist, wie abhängig wir damals von den pakistanischen Behörden waren und wie wenig wir ohne deren Zustimmung machen konnten. So durften wir 1970 auf dem Hinweg durch das Industal auf einem Teilstück nicht die Straße benutzen, sondern mussten den alten Karawanenweg nehmen, weil die Behörden nicht wollten, dass man die Arbeiten der Chinesen [am heutigen Karakorum Highway; Anm. JH] dort sieht oder fotografiert. Und als beim Anmarsch einmal Reinhold Messner und Max von Kienlin ein Stück vorausgegangen waren, hatte der Begleitoffizier mit Abbruch der Expedition gedroht! Das beweist ja, wie wenig die Möglichkeit bestand, ohne Genehmigung irgendwohin loszulaufen. …
Deshalb ist es absolut hirnrissig, wenn heute behauptet wird, wir hätten nichts getan und wären einfach abgereist! Zusammenpacken und nach Gilgit zu fahren war unsere einzige und schnellste Möglichkeit, etwas zu unternehmen. Natürlich bestand die Möglichkeit, dass die Messners inzwischen im Tal angekommen waren und auf uns warteten. Ich habe aber mehrfach gedacht, wenn wir sie nicht anträfen, dann müssten wir selbst hinauf ins Diamirtal. Doch dazu mussten wir vorher alles mit den Behörden managen. Damals ist ja teilweise selbst das einheimische Militär nicht mehr ins Diamirtal gegangen, so unruhig war die Gegend."

DIAMIR, 3. JULI 1970

Reinhold Messner befand sich seinen Aussagen nach an diesem Morgen in Diamirai, dem Dorf am Ausgang der Diamir-Schlucht kurz vor ihrem Zusammenfluss mit dem Bunartal.[18] Beim mühseligen Abstieg durch den zerklüfteten Canyon tags zuvor hatte er einen seiner Begleiter vorausgeschickt,

18 „Odyssee", S. 14

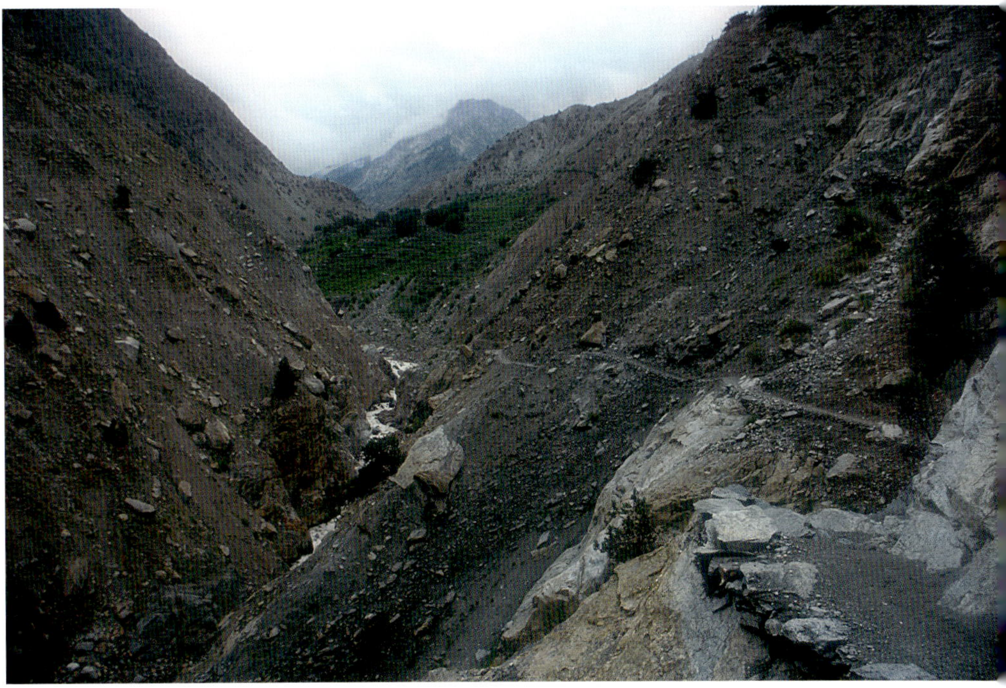

Die Diamir-Schlucht im Jahr 2004. Der Weg wurde seit 1970 ausgebaut. (© J. Hemmleb)

um Unterstützung zu holen. Diese Männer trugen Messner schließlich das letzte Stück des Weges hinab in den Ort. Er bewunderte, mit welcher Sicherheit sich die Einheimischen dabei über die Felsen bewegten – nur mit Streifen von Fell als Fußbekleidung, manche sogar barfuß. Stellenweise war es Kletterei im II. Schwierigkeitsgrad gewesen.

In der Nacht hatte Messner unter starkem Fieber gelitten, sein ganzer Körper schmerzte vom langen Transport auf dem Rücken der Träger.[19] Er konnte nicht mehr stehen. Schon am Vortag hatte er geahnt, dass er höchstens noch ein oder zwei Tage durchhalten würde. Auf einen Zettel hatte er einen Hilferuf an den Assistant Political Agent (APA) in Chilas geschrieben, dem Verwaltungssitz für die Diamirseite.

Dieser erhielt den Zettel jedoch nie – eine Einheimische in Diamirai übergab ihn ein Jahr später an Messners Lebensgefährtin Uschi, als das Paar gemein-

19 „Odyssee“, S. 14

sam das Diamirtal besuchte. Ein Foto der Nachricht wurde erst 33 Jahre später von Messner veröffentlicht.[20]

Am Morgen versuchte Messner die Bauern in Diamir dazu zu bringen, eine Bahre zu bauen, um ihn so bis nach Bunar transportieren zu können. Als sie ihn nicht verstanden, baute er sie selbst aus Holzstangen und Seil zusammen. Dann machten sich sechs Männer mit Messner auf den Weg.[21] Paarweise wechselten sie sich beim Tragen ab. Die Sonne brannte in der staubtrocknen Schlucht. Apathisch lag Messner auf der schwankenden Pritsche, welche die Träger vorsichtig den schmalen Pfad entlangbalancierten. Tief unter ihnen toste der Fluss. Gegen Mittag trafen sie im Industal ein.

Nach einigen Stunden passierte sie ein Jeep. Er fuhr nicht in die Distrikthauptstadt Gilgit, sondern in die *„entgegengesetzte Richtung"* – also nach Chilas.[22] Messner war enttäuscht. Doch dann kehrte der Jeep zurück und hielt an. Zwei Militärs, ein Offizier und sein Fahrer, stiegen aus und nahmen Messner auf. Er war gerettet.

NUR ZUFALL?

War das Auffinden Messners durch die Militärs reiner Zufall? Messner deutete es in seinem Erstbericht an[23] und führte es in *Die rote Rakete* genauer aus. Darin beschreibt er die Verwunderung des Offiziers, als er diesem erklärte, woher er gekommen war.[24] Abschließend schildert er, wie er Soldaten fragte, ob diese vom Verschwinden zweier Bergsteiger am Nanga Parbat gehört hätten. Nein, sie hätten keine Notiz davon gehabt.[25]

„Auch der Offizier wusste nicht, dass wir verschollen waren. Keine Notiz in der Zeitung [sic!]. *Unser Leiter hatte damit gewartet, bis alle Hoffnungen geschwunden waren. Man kann doch keine Vermisstenanzeige in die Welt setzen, ohne dass ein Suchtrupp unterwegs ist."*[26]

---

20 *Die weiße Einsamkeit*, S. 61f.
21 vier laut „Odyssee", S. 14
22 *Rote Rakete*, S. 203
23 „Odyssee", S. 15
24 *Rote Rakete*, S. 204ff.
25 *Rote Rakete*, S. 208
26 Ebd., S. 209

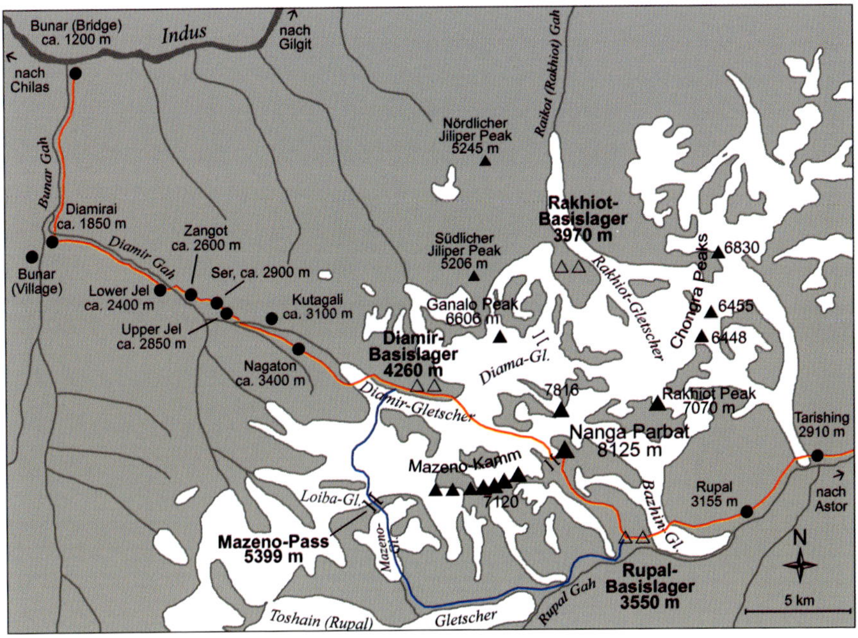

Übersichtskarte Rupaltal – Mazenopass – Diamirtal: rot die Route Reinhold Messners, blau der Übergang vom Rupal- ins Diamirtal über den Mazenopass (© J. Hemmleb)

Herrligkoffer hingegen präsentierte gut ein halbes Jahr später eine schriftliche Aussage von Huamar Beg, dem damaligen Assistant Political Agent in Chilas.

„APA Chilas – Huamar Beg sagte heute (3. 9. 1971) wörtlich zu uns:
(Reinhold) ‚Messner was hungry, thirsty and very exhausted – my people found him 20 miles from Bunarbridge in Bunar Village completely out of senses.‘
(Ich fragte daraufhin, ob er unter Bunar village Diamirai meine, was er bejahte)
Dies bezeugen eidesstattlich:
Gilgit, 3. 9. 71 Karl M. Herrligkoffer, Alice von Hobe, Wolf Bitterling“[27]

Die Militärs hatten Messner nahe der Bunar-Brücke („Bunarbridge“) aufgesammelt. Somit können mit „meine Leute“ („my people“) nur die Dorfbewohner von Bunar bzw. Diamirai gemeint sein, zumal es damals keine Jeep-Piste in das Bunartal gab, von dem bei der Halaley-Brücke das Diamirtal

27 Handschriftliche Notiz K. M. Herrligkoffer, 03. 09. 1971; Archiv des DIAF

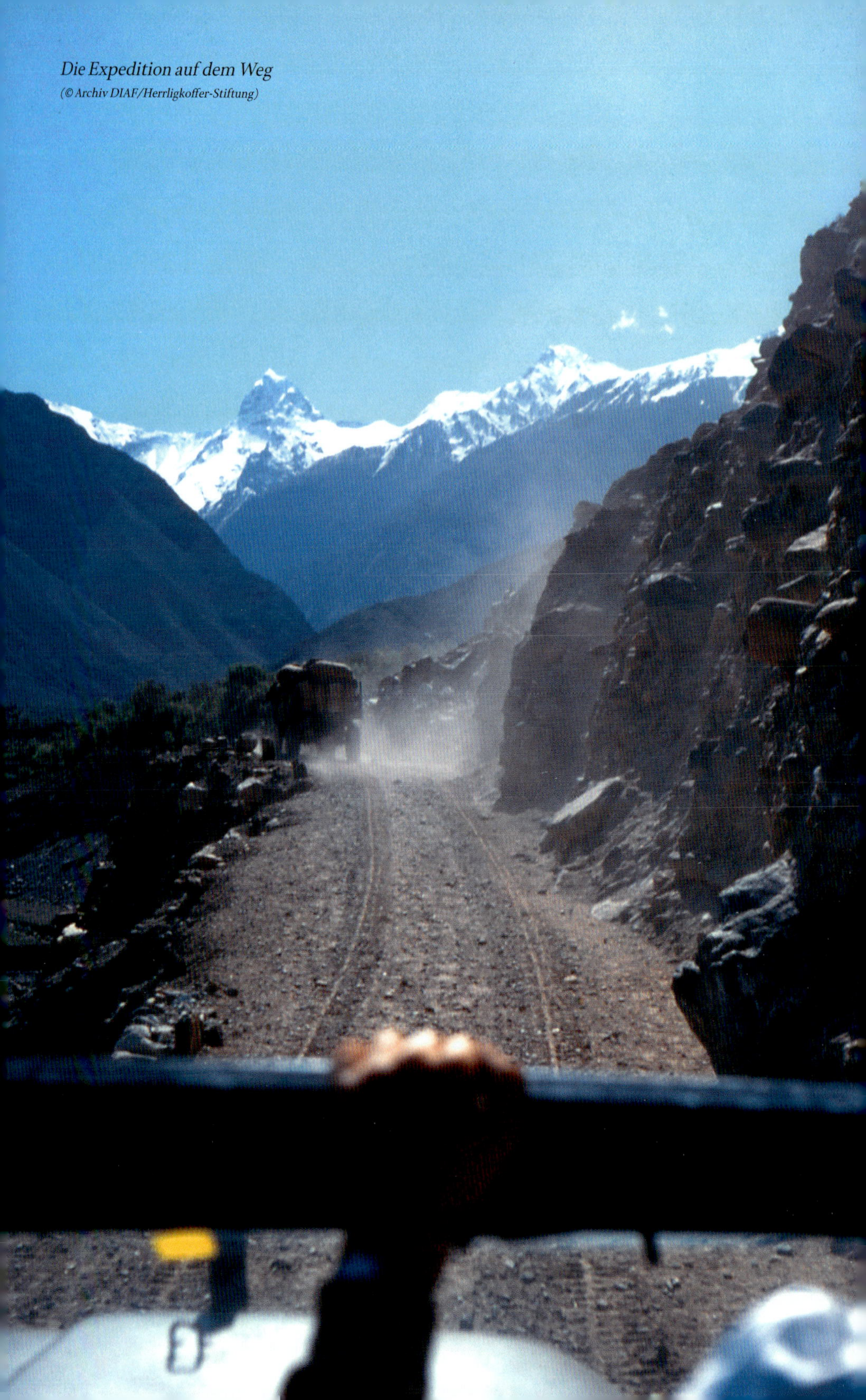

Die Expedition auf dem Weg
(© Archiv DIAF/Herrligkoffer-Stiftung)

abzweigt. Heutige Karten bezeichnen mit „Bunar" das Nachbardorf von Diamirai im Bunartal nahe der Halaley-Bridge.[28]
Waren es wirklich nur die von Messner vorausgeschickten Träger gewesen, durch die die Dorfbewohner im untersten Diamirtal von seinem Aufenthaltsort und seiner Notlage erfahren hatten? Oder war die Vermisstenmeldung inzwischen doch nach Chilas durchgedrungen?
Was hatte den Militärjeep, der ursprünglich Richtung Chilas unterwegs gewesen war, dazu veranlasst, wieder umzukehren und an der Bunar-Brücke anzuhalten?

RÜCKKEHR

Die Militärs brachten Reinhold Messner zunächst zur Kaserne des Offiziers. Dort konnte sich Messner waschen und bekam etwas zu essen.[29] In *Die rote Rakete* schreibt er, dies wäre im Haus des Offiziers gewesen, welches sie nach kurzem Halt bei der Kaserne einige Stunden später erreicht hätten, irgendwo nahe der Rakhiot-Brücke 20 Meilen talaufwärts Richtung Gilgit. Neugierigen Offiziersschülern zeigte Messner dort auf einer Karte, woher er gekommen war.[30] Messner berichtete hingegen nicht, ob er selbst versucht hatte, seine Expedition benachrichtigen zu lassen. Schließlich beauftragte der Offizier seinen Fahrer, Messner nach Gilgit ins Hospital zu bringen. Es war bereits dunkel, als sie 16 Meilen vor Gilgit durch einen Felssturz aufgehalten wurden, welcher die Straße verschüttet hatte.[31] Messner schreibt, dass der Fahrer von einem nahegelegenen Haus aus telefoniert habe und dass der Offizier befohlen habe, die Straße freizulegen. Anschließend warteten Messner und der Fahrer gemeinsam mit einigen Soldaten in einem Rasthaus darauf, dass die Strecke wieder passierbar gemacht wurde. Keiner der anwesenden Soldaten habe gewusst, dass zwei Bergsteiger einer Nanga-Parbat-Expedition im Diamirtal vermisst wären.[32]

28 siehe z. B. *Northern Area Pakistan 1:500,000*, 1995/2004
29 „Odyssee", S. 15
30 *Rote Rakete*, S. 205ff.
31 „Odyssee", S. 15
32 *Rote Rakete*, S. 208f.

Zu etwa der gleichen Zeit befand sich die übrige Expeditionsmannschaft in Bunji, dem letzten Ort an der Straße von Astor vor ihrer Einmündung in die Hauptstraße durch das Industal. Gegen 5:30 Uhr hatten sie an diesem Morgen das Basislager auf der Tap-Alpe verlassen. Während die meisten Teilnehmer über den üblichen Weg entlang der nördlichen Talflanke ins Dorf Rupal abgestiegen waren, hatte eine kleine Gruppe – Max von Kienlin, Hermann Kühn, Gert Mändl, Hans Saler, Peter Scholz und ein Hunza-Träger – eine landschaftlich reizvolle Alternative auf der Südseite genommen. Grüne Wiesen, blühende Rosen, duftende Wacholdersträuche und schüttere Wälder waren eine Wohltat für die Sinne nach den Wochen in Schnee, Eis und Fels. Gemeinsam war es dann via Tarishing nach Rampur gegangen, wo die Jeeps warteten. Gegen 15 Uhr machte sich der Konvoi aus einem Dutzend Fahrzeugen auf die abenteuerliche Fahrt durch das Astortal. Der Empfang im Hauptort war nur kurz. Der dortige Assistant Political Agent hatte keinerlei Nachrichten von seinem Kollegen aus Chilas über die vermissten Messner-Brüder.[33] Weiterfahrt gegen 17:30 Uhr. Herrligkoffer wollte schnellstmöglich nach Gilgit, um die weitere Abreise zu organisieren und weitere Erkundigungen einzuholen. Nach Anbruch der Dunkelheit erreichte das Team Bunji und kehrte in einem Rasthaus auf ein schnelles Abendessen ein.

Alice von Hobe berichtete, was dann geschah:
„Plötzlich wird ganz aufgeregt ein Einheimischer zu uns gebracht, der kurz zuvor ein Telefongespräch von Gilgit nach Astor [sic] *mit angehört hat. Ein Verletzter, ein Fremder sei aus dem Diamir-Tal kommend mit einem Jeep auf dem Weg ins Hospital nach Gilgit – Ein Fremder, ein Bergsteiger, nicht zwei, und verletzt sei er! Das konnte für uns nur einer der beiden Messners sein.“*[34]

Laut Hermann Kühns Tagebuch war die Auskunft über das Schicksal des zweiten Bergsteigers konkreter:
„Gerüchte, dass <u>einer der Messners</u> hier aufgetaucht sei. Der Wirt erzählt: Laut Telefonanruf vom Militär sei er im Diamirtal aufgekreuzt, von Einheimischen weitergeleitet worden, dann von Militärjeep nach Gilgit ins Krankenhaus transportiert worden; nur einer, der zweite sei tot.“[35]

---

33 *Kampf und Sieg*, S. 111
34 zitiert in *Kampf und Sieg*, S. 111
35 Tagebuch H. Kühn, 03. 07. 1970

Was hatte Reinhold Messner den Militärs gesagt? Gab es noch Hoffnung, dass Günther vielleicht am Leben war und sich im obersten Diamirtal befand? War sein Tod für Reinhold bereits eine feststehende Tatsache? Oder wusste er einfach nicht, was mit seinem Bruder geschehen war?
Nach dieser Nachricht machte sich die Mannschaft sofort auf den Weiterweg. Während einige aus dem Konvoi auf eine Nebenstraße nach Gilgit auswichen, nahm der Jeep Herrligkoffers und von Hobes die Hauptstraße. Bald kamen sie an die Unterbrechungsstelle. Ein Pakistani wies sie zum nahen Rasthaus. Wenig später fanden sie Reinhold Messner, der auf einer Pritsche lag – allein.

„EIN WAHNSINNIG TRAURIGER MOMENT"

In Herrligkoffers Jeep fuhren sie mit Reinhold Richtung Gilgit. Noch vor dem Ort trafen sie mit anderen Expeditionsmitgliedern zusammen. Jahrzehnte später schilderte Max von Kienlin das dramatische Wiedersehen mit seinem damaligen Freund:

„Er sieht mich, halb scheint er mir vom Wagen herab entgegenzufallen. Wir umarmen uns. Er schaut mich mit weit aufgerissenen Augen an, scheint zu schluchzen und schreit mir entgegen: ‚Wo ist Günther?' *Ich bin entsetzt, presse ihn an mich, wie? Günther ist nicht dabei?"*[36]

War diese Frage Reinholds, die auch von anderen, wie zum Beispiel Werner Haim, überliefert wurde,[37] wirklich wörtlich zu verstehen? Wusste er tatsächlich nicht, wo sein Bruder geblieben war, und hatte er womöglich gehofft, ihn beim übrigen Team zu finden? Oder war die Frage nur ein Ausdruck eines letzten Klammerns an das Unmögliche, ein nochmaliges Aufflackern der „Präsenz" des Bruders, die Reinhold während des Abstiegs durch das Diamirtal so lange gespürt hatte?
Als Gerhard Baur mit einem anderen Jeep am Gästehaus von Gilgit eintraf, hatte das Wort vom Tod Günthers bereits die Runde gemacht.

36 *Die Überschreitung*, 3. Auflage 2003, S. 137
37 *Mein Leben als Bergsteiger*, S. 55

„Ich habe noch das Bild vor Augen: der Raum, in dem Reinhold lag. Max war da, Herrligkoffer und Alice von Hobe, vielleicht auch noch andere. Ich bin zu Reinhold hin, fasste ihn an den Schultern und umarmte ihn halb. Er hat nichts gesagt, höchstens vielleicht ‚Gerhard'. Keiner hat etwas gesagt oder gefragt. Wir wussten einfach, dass etwas verdammt schief gelaufen war, und es gingen einem alle möglichen Gedanken wild durch den Kopf. Es war ein wahnsinnig trauriger Moment. …
Später habe ich mich mehrmals gefragt, warum ich damals nicht direkt nach Günther gefragt habe. Doch wenn du schon vorher gehört hast, dass Günther tot ist … Das war ein Tiefschlag. Und da war so ein Mitgefühl und so eine Traurigkeit in mir, dass es mich in diesem Moment gar nicht mehr interessiert hat, wie er umgekommen ist. Günther war jemand, den wir gern mochten – und nun war er nicht mehr da.
Ich erinnere mich noch, wie sich Herrligkoffer oder Alice um die Zehen von Reinhold kümmerten. Es war eine Stimmung von Hilflosigkeit. Einerseits wollte ich etwas tun. Andererseits konnte ich nichts tun."

Am nächsten Morgen setzten Herrligkoffer und von Hobe die Behandlung von Messners Erfrierungen fort. Sie gaben Injektionen von Ronicol und Penicillin, badeten seine Füße in Kochsalzlösung und versorgten die Wunden, die das Entfernen des abgestorbenen Gewebes hinterlassen hatte. Zwischen den Behandlungen kümmerte sich Max von Kienlin unentwegt um den Verletzten. Zwischen dem weltmännischen, etwas exzentrischen Adligen und dem jungen, aufstrebenden Bergsteigerstar hatte sich während der Expedition eine enge Freundschaft entwickelt. Messner vertraute ihm. Zurückgezogen auf ein Zimmer sprachen sie über die Geschehnisse am Berg. Später gab es noch weitere Gespräche mit anderen Expeditionsmitgliedern und mit Herrligkoffer.

DIE NOTIZEN DES BARONS

Max von Kienlin veröffentlichte 2003 Aufzeichnungen, die seinen Angaben nach von der privaten Unterhaltung mit Reinhold Messner am 4. Juli 1970 stammten.[38] Ihre weitere Verbreitung ist mittlerweile jedoch gerichtlich ver-

38 *Die Überschreitung*, 1. Auflage 2003, S. 139f. und hinterer Vorsatz

boten, da nicht zweifelsfrei belegt werden konnte, dass sie vor dem Zerwürfnis mit Reinhold Messner 1971 entstanden waren – von Kienlins damalige Ehefrau war im Jahr nach der Nanga-Parbat-Tragödie eine Liebesbeziehung mit Messner eingegangen. Falls die Notizen aber wirklich in den ersten Tagen nach dem vertraulichen Gespräch zwischen Messner und von Kienlin niedergeschrieben wurden, dürften sie neben Messners Zettel, den er am 2. Juli im Diamirtal geschrieben hatte (vgl. S. 85f. und 181), als eines der zeitnahesten Dokumente der damaligen Ereignisse gelten.

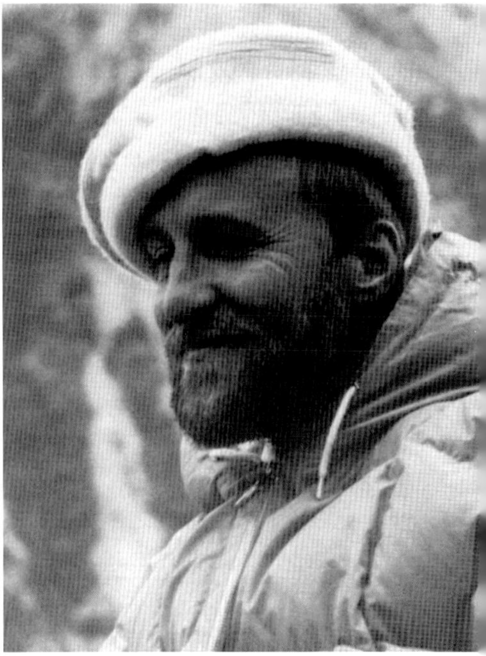

Max von Kienlin
(© Archiv DIAF/Herrligkoffer-Stiftung)

Inhaltlich decken sich die fraglichen Notizen teilweise mit den späteren Aussagen Reinhold Messners. Dass er – so wie ihn die Notizen zitieren – an der Merkl-Scharte „allein" war und Felix Kuen von dort aus einen besseren, weil direkteren Anstieg gewiesen hatte, entspricht zum Beispiel Messners Erstbericht „Odyssee am Nanga Parbat" und auch den Aussagen in seinem späteren Buch *Die rote Rakete*.

Dort schrieb Messner jedoch, dass Kuen ihn hinsichtlich des direkteren Wegs missverstanden habe:

„Reinhold: Ihr könnt auch von uns aus zum Gipfel gehen, direkter, links um die Südschulter herum, dort wo wir abgestiegen sind. [...] Aber er hat es anders verstanden, wie sich später herausstellte. Er ging wohl links um die Südschulter herum, aber direkt, nicht über die Scharte, auf der ich stand."[39]

Mit fast den gleichen Worten wiederholte Messner dies 31 Jahre später in seinem Buch *Der nackte Berg.*[40] Wenn also die Routenwahl links der „Südschulter" (d. h. des Südgipfels) auf einem Missverständnis seitens Kuen beruhte,

39 *Rote Rakete*, S. 133
40 *Der nackte Berg*, S. 211

warum musste Messner dann im Jahr des Erscheinens von Max von Kienlins Tagebuchaufzeichnungen komplett und sogar unter Eid abstreiten, Kuen einen Weg links des Südgipfels gewiesen zu haben?
„Nein, ich empfehle Felix keine Route links in die Südschulter. Wie auch? Ich kenne sie nicht."[41]
„Ich habe Kuen jedenfalls nicht zugerufen, nicht – wie wir – rechts um den Südgipfel zu gehen, sondern links, weil dies kürzer und leichter sei. Ich habe mich auch nicht sinngemäß geäußert."[42]

Die fraglichen Tagebuchseiten Max von Kienlins bezeichnete Messner 2004 als Fälschung:
„Das Tagebuch [...] gibt es im Original nicht und die angeblich eingefügte Seite, in der Reinhold Messner als Kronzeuge gegen sich selbst zitiert wird, ist nicht am 4. 7. 1970, sondern viel später, vermutlich 2002/03, niedergeschrieben worden. Der Text ist frei erfunden, falsch datiert und in seiner Böswilligkeit unverzeihlich."[43]

Dabei bezieht sich Messner offenbar auf die Tatsache, dass die brisanten Notizen Max von Kienlins vom 4. Juli 1970 nicht Teil eines zusammenhängenden Tagebuchs sind, sondern auf losem Briefpapier des Hotels „Midway House" am Flughafen von Karachi geschrieben wurden.
Allerdings schien schon früh in einigen Kreisen bekannt zu sein, dass Max von Kienlin um eine Geschichte hinter der Geschichte vom Nanga Parbat 1970 wusste. Er selbst zitierte 2006 aus einem Brief des Innsbrucker Bergsteigers Hannes Gasser aus dem Jahr 1972, in dem dieser ihn bat, ihm zu berichten, *„wie es am Nanga Parbat wirklich war"*.[44]
Zuvor hatte Max von Kienlin im März 2004 ein Schriftgutachten zur Altersbestimmung der fraglichen Tagebuchseiten anfertigen lassen. Dies kam zu dem Schluss:
„Die als strittig untersuchten, unpräzise auf den ‚4. 7.' usw. datierten Tagebuchaufzeichnungen, sind von der Vergleichsperson, Herrn Max-Engelhard VON

41 *Weiße Einsamkeit*, S. 39
42 Eidesstattliche Versicherung R. Messner vom 27. 06. 2003 (im Rahmen der Anträge auf Einstweilige Verfügung R. Messner ./. Hans Saler und A1 Verlag; R. Messner ./. Max von Kienlin und F. A. Herbig Verlagsbuchhandlung)
43 Eintrag auf www.reinhold-messner.de, abgerufen am 16. 05. 2004
44 *Der einsame Tod*, S. 218

KIENLIN mit an Sicherheit grenzender Wahrscheinlichkeit [d. h. zu ≥99,99 %; Anm.] *nicht erst in jüngster Zeit* [...], *aus 2002 bis 2004, angefertigt worden. Die strittigen Tagebuchaufzeichnungen lassen sich vom grafomotorischen Schriftbild her zwanglos den Kalendereintragungen aus 1970 zuordnen. Daher stammen sie* mit leicht überwiegender Wahrscheinlichkeit [d. h. zu ~75 %] *auch aus dieser Zeit.*"[45]

Ein zweites, vom Hamburger Landesgericht in Auftrag gegebenes Gutachten kam laut Max von Kienlin zu dem gleichen Ergebnis, d. h. dass die Aufzeichnungen höchstwahrscheinlich nicht erst nach 2001 angefertigt wurden.[46] Eine auf ein einzelnes Jahr oder sogar Monate genaue Datierung ist anhand graphologischer Gutachten nicht möglich, sodass nicht entschieden werden konnte, ob die Aufzeichnungen aus dem Juli 1970 stammen oder aus der unmittelbaren Zeit nach dem Zerwürfnis zwischen Messner und von Kienlin 1971.
Trotz dieser Gutachten behauptet das offizielle Buch zum Film von Joseph Vilsmaier pauschal:
„Ein Tagebuch, Bekenntnisse enthaltend, die Messner nach dem Unglück einem Expeditionsteilnehmer erzählt haben soll, stellte sich als Fälschung heraus."[47]

ENTWICKLUNG EINER GESCHICHTE?

Die in den vergangenen Kapiteln wiedergegebene Schilderung des Auf- und Abstiegs von Reinhold und Günther Messner basiert auf Reinhold Messners 15-seitigem Erstbericht „Odyssee am Nanga Parbat", den er in den ersten beiden Wochen nach der Rückkehr im Innsbrucker Krankenhaus angefertigt hatte. Ergänzt wird sie durch Messners Buch *Die rote Rakete am Nanga Parbat*, welches auf diesem Erstbericht aufbaut.
Laut Max von Kienlin war aber bereits der Erstbericht eine „geschönte" Version der Ereignisse. Er habe damals beim Vier-Augen-Gespräch in Gilgit am 4. Juli Reinhold davor gewarnt, Herrligkoffer Dinge zu erzählen, die für ihn, Messner, belastend sein könnten. So sei es zur Version von Günthers Tod in einer Eislawine am Wandfuß gekommen.[48]

45 K. Weiß, Schriftsachverständiger, München, Gutachten vom 20. 04. 2004
46 E-Mail M. von Kienlin an JH, 12. 01. 2010
47 *Die Messner-Brüder am Nanga Parbat*, S. 43
48 *Die Überschreitung*, 3. Auflage 2003, S. 142

Dadurch stellt sich die Frage, ob, und wenn ja wie viel, von dem, was die Expeditionsmannschaft in den Tagen zwischen dem Auffinden von Reinhold Messner (3. 7.) und der Rückkehr nach Deutschland (8./9. 7.) über die Ereignisse während der Überschreitung erfuhr, bereits „geschönt" war.
Leider notierte Max von Kienlin anscheinend keine detaillierte Chronologie, sondern hielt in seinem Tagebuch nur die umstrittene Situation zwischen Gipfelgrat und Merkl-Scharte fest. Hermann Kühn hingegen fasste in seinem nachträglichen Eintrag zum 3. Juli die frühen Aussagen Reinhold Messners zu den Tagen der Überschreitung zusammen – und diese weisen einige signifikante Unterschiede zu Messners Erstbericht und Buch auf:
Demnach hatten die Brüder am 27. Juni den Gipfel erst um 18 Uhr erreicht – nicht um 17 Uhr, wie später von Messner angegeben.[49]
Das Biwak sei in 8000 Meter Höhe gewesen – während es laut Messners Erstbericht nahe der Merkl-Scharte auf etwa 7800 Meter war.[50] Gerhard Baur bestätigt heute, dass 1970 die Höhen topografischer Schlüsselpunkte am Nanga Parbat so weit bekannt waren, dass mit „8000 Meter" stets die Region um den Südgipfel (8042 m) gemeint war.
Günther habe sich erst am nächsten Morgen (28. 6.) nicht mehr zugetraut, ohne Seil durch die Merkl-Rinne abzusteigen, weil er höhenkrank war – und nicht schon am Vorabend beim Abstieg über den Gipfelgrat.[51] Über den weiteren Ablauf der Ereignisse notierte Kühn: *„Sie verlieren Zeit mit Suchen und Überlegen, Günthers Zustand wird schlechter. Reinhold muss ihn unbedingt bald tiefer bringen. Gegen 11 Uhr vormittags treffen sie auf Kuen und Scholz."*[52] Dies klingt, als hätte die Rufverbindung stattgefunden, als sich die Messners *im Abstieg* vom ersten Biwak befanden.
An Messners Schilderung der umstrittenen Rufverbindung nahe der Merkl-Scharte fielen Kühn bereits die Widersprüche zu den Aussagen Kuens auf. So behauptete Messner, er habe Kuen um Seilhilfe gebeten. *„Angeblich habe ihn Kuen aber bei dem Sturm nicht verstehen können, sei mit Scholz weiter aufgestiegen. <u>Erst danach</u> sei ihnen die Idee mit der Diamirflanke gekommen. [...] Die Aussage widerspricht der von Kuen, dass Reinhold ihm gleich beim Zusammen-*

49 *Rote Rakete*, S. 125
50 „Odyssee", S. 5
51 „Odyssee", S. 5
52 Tagebuch H. Kühn, 03. 07. 1970

treffen von seinem Plan der Diamirflanke erzählt und nicht um Hilfe gebeten habe" (Hervorhebung durch Kühn).[53]

Unter den Begründungen für den Abstieg über die Diamirseite gab Messner laut Kühn auch an, ein *„Warten auf Haim, Mändl und Saler, die die Rinne versicherten, wäre zu riskant, wer weiß, ob sie so hoch hinaufkommen"*[54] – also wusste Reinhold Messner anscheinend, dass andere die Merkl-Rinne versichern würden. Später verneinte Messner dies, gab gleichzeitig aber an, dass es sein Bruder gewusst habe.[55]

Als letzten Unterschied notierte Kühn, Reinhold Messner habe am 30. Juni ein Dorf erreicht – während Messner später angab, dies sei erst am 1. Juli geschehen, nachdem er zuvor eine lange Zeit am Fuß der Diamirwand nach Günther gesucht hatte.[56]

Die übrigen Argumente und zeitlichen Abläufe, die Kühn festhielt, entsprechen den Aussagen in Messners Erstbericht und Buch. Auch hatte Kühn zum Zeitpunkt seiner Notizen offensichtlich bereits die Version gehört, dass Günther am 29. Juni in einer Eislawine am Fuß der Diamirwand ums Leben gekommen war. [57]

Sind die Unterschiede zwischen den Tagebuchaufzeichnungen der Expeditionskollegen und dem Erstbericht Reinhold Messners dadurch zu erklären, dass Messner in den ersten Tagen nach seinem Auffinden noch unter Schock stand und seine Gedanken verwirrt waren? Oder zeichnen Max von Kienlins Aussagen, die Notizen Hermann Kühns und der Erstbericht Reinhold Messners die ersten Schritte in der Entwicklung einer „offiziellen" Version der Ereignisse nach?

NOTFALL ODER MISSLUNGENES VORHABEN?

Trotz aller offenen Fragen zu den Geschehnissen am Nanga Parbat hatte Gerhard Baur bei der Rückkehr der Expedition eine klare Meinung, hinter der er bis heute steht:

53 Ebd.
54 Ebd.
55 *Rote Rakete*, S. 118
56 „Odyssee", S.12
57 Tagebuch H. Kühn, 03. 07. 1970

„Ich habe Reinhold damals wegen der Ereignisse am Berg in keiner Weise einen Vorwurf gemacht – und tue dies auch jetzt nicht. Ich wusste ja durch mein eigenes Erleben, dass Günther in völliger Eigenverantwortung losgegangen war. Auch war ich davon überzeugt, dass Reinhold dort oben nichts in böser Absicht getan hatte. Seine Erzählung, dass es Günther schlecht gegangen war, war für mich schon nachvollziehbar – nur nicht, dass dies der Grund dafür gewesen war, auf der anderen Seite abzusteigen!
Für mich hatten sie die Überschreitung selbst zu verantworten."

Der Film neigt sich dem Ende zu. Wir sehen das Innere der Kirche von Vilnöss, dem Heimatort der Familie Messner. Es ist die Trauerfeier für Günther. Wir hören die Predigt des Pfarrers.

„Viele Wege führen zu Gott. Einer mag über die Berge führen. Für die, die zurückkehren. Und für die, die für immer dort bleiben.

Wo immer wir hingehen, was immer wir tun, wir tragen Verantwortung.
Verantwortung für uns – und für andere.
Wer aber Verantwortung übernimmt, lädt oft Leid auf sich. Auch Schuld.
Und mit der Schuld kommt die Angst.
Wo aber die Angst übermächtig wird, kommt Rettung auch …"
(Szene aus *Nanga Parbat* von Joseph Vilsmaier)

Eine Geschichte ist erzählt. Oder vielleicht hat sie damit erst begonnen.

KAPITEL 7

DIE EINE UND DIE ANDERE WAHRHEIT

Der österreichische Achttausender-Veteran Kurt Diemberger schrieb einmal sinngemäß: Ein Berg gehört dir erst, wenn du wieder unten bist. Vorher gehörst du ihm.

Mit einer erlebten Geschichte am Berg verhält es sich bisweilen umgekehrt: Am Berg gehört sie dir. Wenn du wieder unten bist, gehört sie auch anderen – den Beobachtern, Kommentatoren und Kritikern.

Gleich nach der Rückkehr der Expedition am 8. und 9. Juli 1970 begannen diverse Zeitungen und Magazine über die Tragödie am Nanga Parbat zu berichten. Die ersten Reportagen, z. B. in der *Süddeutschen Zeitung* vom 10. Juli 1970, schilderten die Ereignisse noch neutral, basierend auf ersten Interviews mit Herrligkoffer.

In der folgenden Woche jedoch äußerte Felix Kuen erstmals Kritik. Gegenüber der *Tiroler Tageszeitung* vom 15. Juli 1970 bezeichnete der Heeresbergführer den Entschluss der Brüder Messner, über die andere Seite des Berges abzusteigen, als *„alpinistischen Leichtsinn"*, da die beiden dafür nicht ausreichend ausgerüstet gewesen seien. Auch hätten sie sich nicht an die ursprüngliche Abmachung gehalten, gemeinsam mit ihm – Kuen – und Peter Scholz zum Gipfel zu steigen. Die umstrittenen Raketensignale, mit denen der Wetterbericht an die Messner-Brüder und Gerhard Baur in Lager V übermittelt werden sollte, wurden folgendermaßen beschrieben (vgl. S. 40):

„Rot: Schlechtwetter in Aussicht und daher eventuell Gipfelblitzangriff durch Reinhold Messner als Alleingänger. Blau: Gutes Wetter weiterhin in Aussicht, daher weitere stufenweise Präparierung der Schwierigkeiten oberhalb Lager V für den Gipfelangriff. Blau und rot: Wetter unsicher, Entscheidung liegt bei Spitzenmannschaft."[1]

---

1 *Tiroler Tageszeitung*, 15. 07. 1970

Laut *Tiroler Tageszeitung* wurden ihr die Details über den Auf- und Abstieg der Messner-Brüder vom Innsbrucker Bergsteiger Otti Wiedmann übermittelt, der mit Reinhold Messner im Krankenhaus gesprochen hatte. Die Schilderung des Auf- und Abstiegs der Brüder stimmte mit Reinhold Messners Erstbericht überein.
Zur kontroversen Rufverbindung mit Reinhold Messner an der Merkl-Scharte wird Kuen mit folgenden Worten zitiert:

„Die Entfernung zu ihm – dazwischen lag eine steile Eiswand – betrug zwischen 70 und 100 Metern. Da ich beim Aufstieg durch die Merkl-Rinne, etwa um 9 Uhr, Hilferufe vernommen hatte, war meine erste Frage, ob alles in Ordnung sei. Ja, es ist alles in Ordnung, rief mir Reinhold Messner zu und gab mir auch Tipps für den weiteren Aufstieg. Er sagte auch, dass er am Gipfel war, dass er aber auf der Rückseite des Nanga Parbat absteigen wolle. Bei den Anstrengungen und bei der Höhe ließ ich mich auf keine weiteren Rufe ein, und wir zogen dann nach einer Stunde Rast weiter. […] *Zu diesem Zeitpunkt hörten wir, dass unsere Kameraden in der unter uns liegenden Merkl-Rinne dabei waren, die Seilverankerung zu errichten, was auch Reinhold wahrgenommen haben muss. Seinen Bruder Günther sah ich nicht. Ich war der Meinung, dass er sich in dem mit einer Weltraumfahrerdecke erstellten Notbiwak befand.* […] *Hätten wir gewusst, dass Günther Messner auf dem Abstieg total erschöpft war, hätten wir ihm und seinem Bruder leicht Hilfe leisten können, allerdings vorher auf den Gipfel* [sic] *aufsteigen müssen.* […] *Aber – wie gesagt – ich war nach der ‚Rufunterhaltung' mit Reinhold der Meinung, dass alles in Ordnung sei und musste es auch.“*[2]

Die *Abendzeitung (AZ)* vom 17. Juli 1970 gab dem Seilsalat, der Günthers spontanem Alleingang vorausging, die Schuld an dessen Tod. Indirekt beschuldigte der Reporter auch Reinhold, da dieser die Entscheidung zum Abstieg auf der anderen Seite getroffen habe und ihm der Bruder *„widerspruchslos“* gefolgt sei. Günthers Aufstieg wurde als Leichtsinn bezeichnet. Zum Beleg zitiert der Artikel Kuen: *„Günther vertrug die Höhenluft nicht so gut.“* Anschließend beschrieb Kuen kurz die Rufverbindung an der Merkl-Scharte, wobei die Schilderung ihres Endes neu war. Kuen in der AZ:

2 *Tiroler Tageszeitung*, 15. 07. 1970

„*Er* [Reinhold] *drehte sich einfach um, nahm seinen Bruder am Arm und sagte: ‚Ade, wir gehen jetzt!'*"[3]
Waren dies wirklich die Worte Kuens oder waren sie eher eine fantasiereiche Interpretation eines Journalisten?
Die Wiener Zeitung *Die Presse* ergriff am darauffolgenden Wochenende dagegen einseitig für Reinhold Messner Partei und übte Kritik an Herrligkoffer. Die Streitigkeiten mit Buhl 1953 wurden aufgegriffen, Zweifel an Herrligkoffers medizinischer Qualifikation geäußert – unter anderem seien die erfrorenen Füße von Reinhold zehn Tage nur mangelhaft versorgt worden, weil Herrligkoffer keine geeigneten Medikamente dabeigehabt habe. Herrligkoffer ginge nie mit auf den Berg, habe keine Ahnung vom Bergsteigen und sei nur ein „Organisator". Der Artikel basierte anscheinend auf einem Interview mit Messner im Krankenhaus von Innsbruck. Ein Widerspruch in Messners Bericht blieb ungeklärt: „*Es ging darum, möglichst rasch tiefer zu kommen. Wir beschlossen, über die Diamir-Flanke abzusteigen. Wir stiegen um elf Uhr Vormittag in die Wand ein.*"[4] Wenn es wirklich darum gegangen war, möglichst rasch tiefer zu kommen, warum waren sie dann erst am späten Vormittag in die Wand eingestiegen? Hatten sie, was in dieser Höhe nicht untypisch gewesen wäre, das Zeitgefühl verloren?
Herrligkoffers Gegendarstellung, die im August 1970 ebenfalls in *Die Presse* erschien[5], war sachlich gehalten. Er erklärte, eingebunden in die Historie seiner Expeditionen, seine jeweiligen medizinischen Vorgehensweisen und schilderte seine bergsteigerischen Erfahrungen (6200 m am Nanga Parbat 1953, 6700 m am Broad Peak 1954). Versteckt übte er Kritik an den Messner-Brüdern, die sich um die Trägerarbeit gedrückt hätten. Und er hinterfragte die Entscheidung Reinholds, auf der Diamirseite abzusteigen, da auf dem Aufstiegsweg andere Bergsteiger unterwegs gewesen seien, die Hilfe hätten leisten können.
So waren, dank tatkräftiger Mithilfe der Presse, bereits weniger als zwei Wochen nach der Rückkehr der Expedition die Fronten errichtet. Das öffentliche Tauziehen im Kräftedreieck Messner-Kuen-Herrligkoffer begann.

3 *Abendzeitung (AZ)*, 17. 07. 1970
4 Die Presse, 18./19. 7. 1970
5 Handschriftliche Notiz „*erschienen in ‚Die Presse' Wien August 70*" auf Originalartikel im Archiv des DIAF

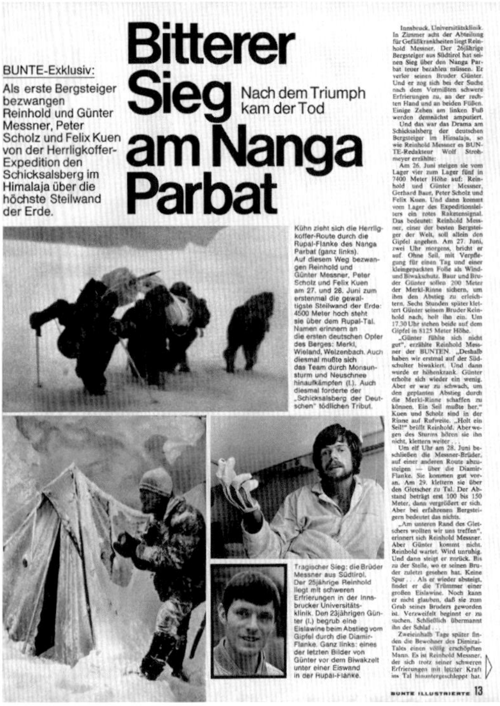

BUNTE-Exklusiv:

Als erste Bergsteiger bezwangen Reinhold und Günter Messner, Peter Scholz und Felix Kuen von der Herrligkoffer-Expedition den Schicksalsberg im Himalaja über die höchste Steilwand der Erde.

Bitterer Sieg am Nanga Parbat

Nach dem Triumph kam der Tod

Kühn zieht sich die Herrligkoffer-Route durch die Rupal-Flanke des Nanga Parbat (ganz links). Auf diesem Weg bezwangen Reinhold und Günter Messner, Peter Scholz und Felix Kuen am 27. und 28. Juni zum erstenmal die gewaltigste Steilwand der Erde: 4500 Meter hoch steht sie über dem Rupal-Tal. Namen erinnern an die ersten deutschen Opfer des Berges: Merkl, Wieland, Welzenbach. Auch diesmal mußte sich das Team durch Monsunsturm und Neuschnee hinaufkämpfen (l.). Auch diesmal forderte der „Schicksalsberg der Deutschen" tödlichen Tribut.

Tragischer Sieg: die Brüder Messner aus Südtirol. Der 25jährige Reinhold liegt mit schweren Erfrierungen in der Innsbrucker Universitätsklinik. Den 23jährigen Günter (l.) begrub eine Eislawine beim Abstieg vom Gipfel durch die Diamir-Flanke. Ganz links: eines der letzten Bilder von Günter vor dem Biwakzelt unter einer Eiswand in der Rupal-Flanke.

Innsbruck, Universitätsklinik. In Zimmer acht der Abteilung für Gefäßkrankheiten liegt Reinhold Messner. Der 26jährige Bergsteiger aus Südtirol hat seinen Sieg über den Nanga Parbat teuer bezahlen müssen. Er verlor seinen Bruder Günter. Und er zog sich bei der Suche nach dem Vermißten schwere Erfrierungen zu, an der rechten Hand und an beiden Füßen. Einige Zehen am linken Fuß werden demnächst amputiert.

Und das war das Drama am Schicksalsberg der deutschen Bergsteiger im Himalaja, so wie Reinhold Messner es BUNTE-Redakteur Wolf Strohmeyer erzählte:

Am 26. Juni steigen sie vom Lager vier zum Lager fünf in 7400 Meter Höhe auf: Reinhold und Günter Messner, Gerhard Baur, Peter Scholz und Felix Kuen. Und dann kommt vom Lager des Expeditionsleiters ein rotes Raketensignal. Das bedeutet: Reinhold Messner, einer der besten Bergsteiger der Welt, soll allein den Gipfel angehen. Am 27. Juni, zwei Uhr morgens, bricht er auf. Ohne Seil, mit Verpflegung für einen Tag und einer kleingepackten Folie als Wind- und Biwakschutz. Baur und Bruder Günter sollen 200 Meter der Merkl-Rinne sichern, um ihm den Abstieg zu erleichtern. Sechs Stunden später klettert Günter seinem Bruder Reinhold nach, holt ihn ein. Um 17.30 Uhr stehen beide auf dem Gipfel in 8125 Meter Höhe.

„Günter fühlte sich nicht gut", erzählte Reinhold Messner der BUNTEN. „Deshalb haben wir erstmal auf der Südschulter biwakiert. Und dann wurde er höhenkrank. Günter erholte sich wieder ein wenig. Aber er war zu schwach, um den geplanten Abstieg durch die Merkl-Rinne schaffen zu können. Ein Seil mußte her." Kuen und Scholz sind in der Rinne auf Rufweite. „Holt ein Seil!" brüllt Reinhold. Aber wegen des Sturms hören sie ihn nicht, klettern weiter …

Um elf Uhr am 28. Juni beschließen die Messner-Brüder, auf einer anderen Route abzusteigen — über die Diamir-Flanke. Sie kommen gut voran. Am 29. klettern sie über den Gletscher zu Tal. Der Abstand beträgt erst 100 bis 150 Meter, dann vergrößert er sich. Aber bei erfahrenen Bergsteigern bedeutet das nichts.

„Am unteren Rand des Gletschers wollten wir uns treffen", erinnert sich Reinhold Messner. Aber Günter kommt nicht. Reinhold wartet. Wird unruhig. Und dann steigt er zurück. Bis zu der Stelle, wo er seinen Bruder zuletzt gesehen hat. Keine Spur … Als er wieder absteigt, findet er die Trümmer einer großen Eislawine. Noch kann er nicht glauben, daß sie zum Grab seines Bruders geworden ist. Verzweifelt beginnt er zu suchen. Schließlich übermannt ihn der Schlaf …

Zweieinhalb Tage später finden die Bewohner des Dimirai-Tales einen völlig erschöpften Mann. Es ist Reinhold Messner, der sich trotz seiner schweren Erfrierungen mit letzter Kraft ins Tal hinuntergeschleppt hat.

BUNTE ILLUSTRIERTE 13

Der mediale Zweikampf um die Deutungshoheit beginnt: Berichte in „Bunte" über Reinhold Messner …

Bis Mitte August schaukelte sich die Situation weiter hoch. Zunächst erschienen in zwei aufeinanderfolgenden Ausgaben der Illustrierten *Bunte* Berichte über die Expedition: Zuerst am 21. Juli eine Einführung von Franz Burda, dann am 28. Juli der Expeditionsbericht von Herrligkoffer. In wenigen Zeilen beschreibt er darin den Alleingang Reinholds und den nachfolgenden Aufstieg Günthers, wobei er die Einschätzung vertrat, *„Günther Messner erschien uns allen für den Gipfel zu schwach."*[6] Das falsche Raketensignal verschwieg er.

Bei der Schilderung des Gipfelanstiegs ließ Herrligkoffer es dann so aussehen, als überließe er Felix Kuen das Wort. Im Bericht von Felix Kuen fand sich daraufhin eine Aussage über die Rufverbindung mit Reinhold Messner an der Merkl-Scharte, auf deren Problematik später nochmals eingegangen wird:

„[Reinhold sagt] *mir, dass sie zwischen 6 und 9 Uhr um Hilfe gerufen hätten, da Günther stark höhenkrank sei und sich den Abstieg zur versicherten Merkl-Rinne nicht mehr zutraue. Reinhold bittet uns um ein Seil. Dieses haben wir aber bereits auf unserem Rastplatz oberhalb der Rinne deponiert. Ich schlage ihm vor, auf uns zu warten, bis wir zurückkommen.*" (Hervorhebung durch JH)[7]

6 *Bunte*, Nr. 31, 28. 07. 1970, S. 41
7 Ebd., S. 54

Dabei hatte selbst Messner in seinem Erstbericht geschrieben, dass Kuen und Scholz ein Seil hatten, als es zur Rufverbindung kam.[8] Hingegen erwähnte er nicht, dass er Kuen über Günthers Höhenkrankheit informiert hätte.

Das umstrittene „Alles in Ordnung" Messners und dessen Hinweise auf eine direktere Route erwähnt Kuen entsprechend seinem Tagebuch (vgl. S. 54ff.).

Am 7. August erschien dann in der *Münchner Stadtzeitung* ein Artikel Reinhold Messners mit dem Titel „Rote Rakete am Nanga Parbat" – ein Vorabdruck eines längeren Berichtes für die Septemberausgabe der Bergsteigerzeitschrift *Alpinismus*. Demnach habe Herrligkoffer bei der Absprache der Raketensignale gesagt, sie hätten im Basislager nur rote und blaue Raketen gehabt. Auf eine spätere Frage, warum Herrligkoffers Stellvertreter Michl Anderl angesichts des falschen Signals keine blauen Raketen nachgeschossen hätte, hätte dieser aber dann behauptet, es seien keine blauen Raketen vorhanden gewesen.

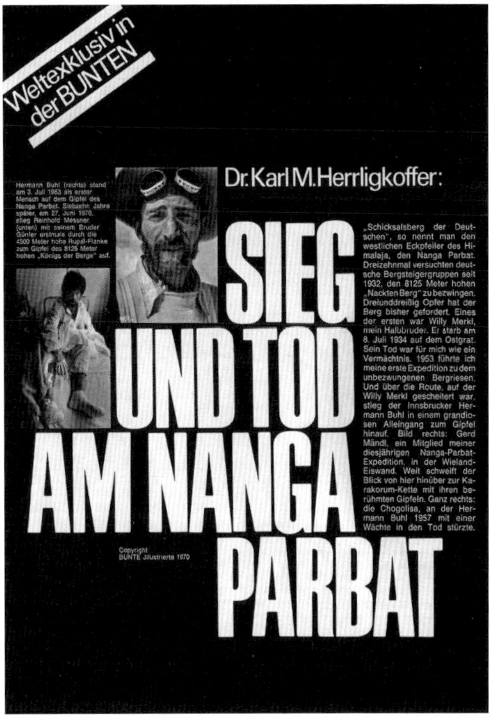
Weltexklusiv in der BUNTEN

Dr. Karl M. Herrligkoffer:

SIEG UND TOD AM NANGA PARBAT

Hermann Buhl (rechts) stand am 3. Juli 1953 als erster Mensch auf dem Gipfel des Nanga Parbat. Siebzehn Jahre später, am 27. Juni 1970, stieg Reinhold Messner (unten) mit seinem Bruder Günter erstmals durch die 4500 Meter hohe Rupal-Flanke zum Gipfel des 8126 Meter hohen „Königs der Berge" auf.

„Schicksalsberg der Deutschen", so nennt man den westlichen Eckpfeiler des Himalaja, den Nanga Parbat. Dreizehnmal versuchten deutsche Bergsteigergruppen seit 1932, den 8125 Meter hohen „Nackten Berg" zu bezwingen. Dreiunddreißig Opfer hat der Berg bisher gefordert. Eines der ersten war Willy Merkl, mein Halbbruder. Er starb am 8. Juli 1934 auf dem Ostgrat. Sein Tod war für mich wie ein Vermächtnis. 1953 führte ich meine erste Expedition zu dem unbezwungenen Bergriesen. Und über die Route, auf der Willy Merkl gescheitert war, stieg der Innsbrucker Hermann Buhl in einem grandiosen Alleingang zum Gipfel hinauf. Bild rechts: Gerd Mändl, ein Mitglied meiner diesjährigen Nanga-Parbat-Expedition, in der Wieland-Eiswand. Weit schweift der Blick von hier hinüber zur Karakorum-Kette mit ihren berühmten Gipfeln. Ganz rechts: die Chogolisa, an der Hermann Buhl 1957 mit einer Wächte in den Tod stürzte.

Copyright BUNTE Jllustrierte 1970

... und von Karl Herrligkoffer

(© Archiv G. Baur)

„Diese Raketengeschichte erfuhr ich natürlich erst später in Gilgit, nach den tragischen und schrecklichen Tagen, die praktisch durch die rote Rakete ausgelöst worden waren. Und ich verstehe nicht, dass Dr. Herrligkoffer den entscheidendsten Moment der Expedition in seinem Bericht in der ‚Bunten Illustrierten' (Nr. 31, 28. Juli 1970) [s. o.] *einfach verschweigt."*[9]

Damit wurde die rote Rakete erstmals mit der späteren Tragödie in Verbindung gebracht und war als Streitthema auf dem Tisch.

8 *„Sie hatten ein Seil, ich sah es, obwohl wir 100–120 m voneinander entfernt waren"*, „Odyssee", S. 6
9 *Münchner Stadtzeitung*, 07. 08. 1970

Am darauffolgenden Tag, dem 8. August 1970, griff Reinhold Messner Felix Kuen aufgrund dessen kritischer Äußerungen in einem persönlichen Brief scharf an:

„Ich verstehe Dich – seit ich von Hiebeler und Herrligkoffer informiert worden bin – überhaupt nicht mehr. Die Lügen (Vermutungen), die Du in die Welt gesetzt hast, hätte ich Dir nie zugetraut. [...] *Ich habe ursprünglich keinen Prozess angestrebt, weil ich moralisch nicht auf der Höhe war. Wenn jetzt alles aufgerollt wird, ist es nur zu meinem Vorteil und ich weiß nicht, wie Du die vielen Widersprüche (z. B. AZ, Bunte, TT usw.), die Du geäußert hast, und die jeder in den Zeitungen nachlesen kann (ein Rechtsanwalt ist nicht so leicht zu betrügen wie die Masse), verteidigen kannst."*[10]

Außerdem warf Messner Kuen vor, dieser habe den Inhalt des Funkgesprächs vom 26. Juni über die Bedeutung der Raketensignale falsch wiedergegeben. Kuen hatte allerdings schon vor Messners Brief dessen Version in der *Tiroler Tageszeitung* bestätigt (s. o.).
In diesen Tagen begann Herrligkoffer, seine Version in einem Rundbrief unter den Expeditionsteilnehmern zu zirkulieren, die diese mittels Unterschrift bestätigen sollten. Dieser Rundbrief war zum Zeitpunkt meiner Recherchen im Archiv des DIAF 2004 nicht mehr vorhanden, nur noch die Reaktionen verschiedener Teilnehmer.
So bestätigte Kuen in seinem Antwortschreiben an Herrligkoffer vom 11. August nochmals die Version Messners. Vermutlich mit Bezug auf die Auseinandersetzungen zwischen Herrligkoffer und Buhl nach der Expedition von 1953 warnte er vor einem neuerlichen Gerichtsprozess und bemühte sich um Schlichtung:

„Folgende Fehler in diesem Brief möchte ich berichtigen: [...]
2.) <u>*Zeile 16*</u>
<u>*bei roter Rakete*</u> *versuche Reinhold den Gipfelangriff eventuell alleine, weil dies die einzige Chance noch gewesen wäre. (Monsun) Diesen Vorschlag hat Reinhold am Schluss des Gespräches gemacht. Was Du ihm darauf geantwortet hast, habe ich nicht gehört.* [...]

10 Brief R. Messner an F. Kuen, 08. 08. 1970; Original und Abschrift im Archiv des DIAF

4.) Zeile 38
Am Teleport ist auch noch erwähnt worden, dass Reinhold so lange seinen Weg fortsetzt, dass er noch ohne Biwak wieder zu Lager V zurückkehren kann. Ich glaube, dass dieses Gespräch mehrere mitgehört bezw. erfahren haben, denn Werner kann sich an diese Version auch noch erinnern.
5. Zeile 5
das Gespräch wurde von Scholz, Baur, Günther und mir mitgehört, außerdem noch von anderen Lagern
Also Karl, Du siehst, dass bei meinem genaueren Studium doch einige Fehler in diesem Brief vorhanden sind, ansonsten entspricht alles der Wahrheit. Reinhold lässt alles ruhen, wenn Du ihn nicht wegen der roten Rakete angreifst und nichts mehr veröffentlichst. Ein Prozess schadet jedem. Reinhold sagt ja selbst, dass Günther selbst schuld an seinem Tod ist. Es geht ihm um nichts anderes als um die Wahrheit. Er will auch der Rakete keine Schuld zuschieben."[11]

Zwei Tage später wandte sich Herrligkoffer in einem Brief direkt an Messner und entgegnete darin dem Artikel in der *Münchner Stadtzeitung* bzw. *Alpinismus.*
Herrligkoffer bestritt die Richtigkeit von Messners Version. Dazu betonte er, dass selbst bei einem Zutreffen von Messners Version dieser die Abmachung von einem Alleingang gebrochen hätte, als er mit Günther gemeinsam zum Gipfel weiterging.

„*Dieser angeblichen Abmachung* [eines Alleingangs] *aber hätte es eher entsprochen, wenn Du den Alleingang abgebrochen und Deinen Bruder zurück ins Lager V begleitet hättest, falls er von Dir nicht zur Umkehr zu bewegen war. Immerhin war ‚schlechtes Wetter' signalisiert und keiner von Euch hatte die richtige Biwakausrüstung dabei.*
Statt dessen hattest Du Dich entschlossen, die angebliche Abmachung über Deinen Alleingang bei ‚rot' zu durchbrechen und Günther mit auf den Gipfel zu nehmen. Dieser Entschluss wäre also die einzige Ursache dafür, dass Günther nach Eurem gemeinsamen Gipfelsieg körperlich abbaute, so dass er den oberen Einstieg in die Merkl-Rinne nicht mehr wagen konnte, Ihr vielmehr zur Diamirflanke abstiegt und Günther schließlich im Diamirgletscher den Tod fand. Dieser

11 Brief F. Kuen an K. M. Herrligkoffer, 11. 08. 1970; Archiv des DIAF

von der angeblichen Absprache abweichende Entschluss war also das auslösende Moment für die nachfolgenden ,tragischen und schrecklichen Tage' – nicht aber die rote Rakete, der durch das technische Versagen falsch signalisierte Wetterbericht oder gar eine damit ausgedrückte Anweisung der Expeditionsleitung. [...]
In Wirklichkeit müsste ein sachkundiger, kritischer Leser aus Deinem eigenen Bericht folgern, die Höhenkrankheit und schließlich der Lawinentod von Günther sei zumindest von Dir nicht verhindert worden, obwohl dies nach den Umständen möglich gewesen wäre.
Der flüchtige, sachunkundige Leser aber versteht Deine Ausführungen so, als habe die von uns gezündete rote Rakete Euren gefahrvollen Abstieg in die Diamirflanke und den Tod von Günther ausgelöst. Gleich danach liest man nämlich, das sei der ,entscheidende Moment der ganzen Expedition' gewesen."[12]

Herrligkoffers Version zu der tatsächlichen Bedeutung der Signale lautete:

„Tatsächlich aber hatten wir ausgemacht, dass bei schlechtem Wetterbericht (= rote Rakete) <u>*kein*</u> *Gipfelvorstoß gewagt werden sollte.*
In aller Welt bedeutet ein rotes Signal ,Halt', so auch hier.
Du unterstellst mir, dass ich ausgerechnet bei einer Schlechtwetter-Ankündigung das ungeheure Risiko eines ungesicherten Alleingangs mit Dir abgesprochen hätte. Das ist im wahrsten Sinne des Wortes unglaublich.
Wir hatten ausgemacht, dass bei zweifelhaftem Wetter die Besatzung von L5, d. h. Du und Baur, denn nur Ihr beiden habt zur 1. Garnitur für den Gipfelvorstoß gehört, einen Gipfelangriff versuchen solltet; das wollten wir mit dem gleichzeitigen Abschuss einer blauen und einer roten Rakete ankündigen.
Möglicherweise hast Du das blau-rote Signal mit dem roten Signal verwechselt, wenngleich ich die Abmachung während des Teleport-Gesprächs mehrmals wiederholt hatte."[13]

Herrligkoffers abschließende Meinung war:

„In jedem Falle konnte und sollte es sich bei den Teleport-Durchsagen und bei den Raketen-Signalen lediglich um die Bekanntgabe eines über Rundfunk emp-

12 Brief K. M. Herrligkoffer an R. Messner, 13. 08. 1970, S. 2f.; Archiv des DIAF
13 Ebd., S. 3f.; Archiv des DIAF

fangenen Wetterberichts handeln. Jeder Expeditionsteilnehmer weiß, dass ein solcher Wetterbericht zutreffen kann oder auch nicht, dass er also nur Anhaltspunkte liefert. Er kann und darf niemals die eigene Beobachtung der Wetterlage in den Hochlagern ersetzen.
Du hast durchaus richtig gehandelt, als Du nach eigener Prüfung der Wetterlage feststelltest, dass das Wetter einen Gipfelangriff erlaubte, die rote Rakete also entweder ein Versager war oder der Beweis für einen falschen Wetterbericht.
In jedem Falle war die Rakete nicht mehr und nicht weniger als ein kleines Hilfsmittel für die Wetterbeurteilung, das funktionieren kann aber nicht muss.
Hieraus eine Affäre zu machen, die Angelegenheit also zum Grundsatzproblem aufzubauschen, ist unsinnig."[14]

Reinhold Messners Antwort an Herrligkoffer, diesmal mit deutlich juristischem Unterton, folgte am 26. August 1970. Darin fasste er anscheinend Herrligkoffers Kritik, er, Reinhold, habe Günthers Höhenkrankheit und Tod nicht verhindert, obwohl es möglich gewesen wäre, als Vorwurf der fahrlässigen Tötung auf:

„*Deine Darstellungen in Deinem Brief vom 13.VIII.70 entsprechen nicht der Wahrheit.*
Zudem muss ich Dich bitten, den Vorwurf auf fahrlässige Tötung (Seite 3, Absatz 2) zurückzunehmen. Ich erwarte das bis in spätestens zehn Tagen.
Auch hoffe ich, dass Du die vielen Verleumdungen, die Du in der Presse und mittels Rundschreiben über Günther und mich verbreitet hast, dementieren wirst.
Ich hatte in keiner Weise vor, über die Geschehnisse am Nanga Parbat in Zeitschriften und Zeitungen zu berichten. Auf Grund Deiner fehlerhaften und tendenziösen Berichterstattung bin ich gezwungen, Stellung zu nehmen. Ich bin das meinem Bruder Günther schuldig. Auch werde ich mich dafür einsetzen, dass endlich die volle Wahrheit vom Nanga Parbat in die Öffentlichkeit kommt.
Du hast die Tatsachen vom Nanga Parbat falsch dargestellt oder verdreht, und deshalb kann mich auch der Vertrag nicht daran hindern, mich zu verteidigen. Wir sind zum Glück nicht mehr im Mittelalter.
Dein Brief vom 13.VIII. hat mich gekränkt. Nach den vielen fehlerhaften Darstellungen Deinerseits hätte ich mir eine Entschuldigung erwartet und nicht ein ,Ul-

14 Brief K. M. Herrligkoffer an R. Messner, 13. 08. 1970, S. 4.; Archiv des DIAF

timatum' Ich habe jetzt den Eindruck, dass Du meine ‚Lähmung' durch den Tod von Günther und meinen Aufenthalt im Krankenhaus ausnützt und unser Handeln einfach als Unsinn hinstellst.
Ich liege noch im Bett und kann mich nicht rechtfertigen. Nach unserem Zusammentreffen vor Gilgit hätte ich mir das von Dir nicht erwartet. Ich bin sehr traurig, dass alles so enden muss. Du wirst aber verstehen, dass ich auch eine Persönlichkeit bin und nicht einfach jede Verleumdung hinnehmen kann. Was Du über Günther Falsches schreibst, kann ich Dir nie mehr verzeihen. Du nützt seinen Tod dabei aus."[15]

Im Archiv des DIAF findet sich die Kopie eines *Konzepts* einer Antwort von Herrligkoffer:

„*Deine Drohbriefe, die Du da und dort hinschickst, zeigen mir, dass Du Deinen ‚Prozess' willst. Was Du Dir allerdings davon versprichst, weiß ich nicht.*
Du sprichst von ‚Lähmung'! Wenn die so aussieht, dass Du in Ruhe mehrere Zeitungen seitenweise mit Deinen subjektiven Ansichten beliefern kannst und gleichzeitig ein großes Buch redigierst und an der ‚wahren' Geschichte der Nanga-Parbat-Expedition 1970 arbeitest, dann kann doch die ‚Lähmung' nicht so groß sein. [...]
Wenn Du mir ‚Verleumdung und fehlerhafte und tendenziöse Berichterstattung' vorwirfst, dann bitte ich umgehend um eine präzise Stellungnahme, denn zu derartigen allgemein gehaltenen Vorwürfen hast Du Dich im Detail zu äußern.
Was ich Dir aber vorhalte, ist eine Gemeinheit und zwar die, dass Du der Presse gegenüber äußerst, ich sei nicht zu den Feierlichkeiten für Deinen Bruder Günther nach Villnöss gekommen und Du weißt ganz genau, dass Du weder mich noch die Tiroler davon vorher in Kenntnis gesetzt hast. [...]
Was Du über die Bewunderung hinaus – die ohnehin jeder Deiner Leistung zollen wird – noch willst, weiß ich nicht. [...]
Du hast es Dir gut ausgedacht: Du hetzt gegen mich – ich stelle richtig – Du hetzt in anderen Blättern weiter – aber ich berichte, fehlerhaft und tendenziös."[16]

15 Brief R. Messner an K. M. Herrligkoffer, 26. 08. 1970; Original und Abschrift im Archiv des DIAF

16 2-seitiges „Konzept zu einem Brief an R. Messner" von K. M. Herrligkoffer, undatiert; Archiv des DIAF

Über 30 Jahre später sollte Reinhold Messner schreiben: „*Sind Karl und ich so verschieden? Beide haben wir am Nanga Parbat unseren Bruder verloren, beide sind wir Einzelgänger. Warum gibt es keine Gesprächsbasis zwischen uns? Sind wir zwei Autisten, die ein ähnliches Schicksal, aber keine gemeinsamen Erinnerungen haben?*“[17]
Und in einem anderen Buch: „*Nein, es geht bei diesem Streit nicht mehr um die Wahrheitsfindung. Es geht um Rechthaberei, Verurteilung, Rache. Rache aber wofür?*“[18]
40 Jahre später lässt der Spielfilm von Joseph Vilsmaier Reinhold Messner wiederholen: „*Weder Karl noch Felix sind zur Trauerfeier erschienen.*“

EIN FALL VON ÖFFENTLICHEM INTERESSE

In Südtirol wurde der Fall derweil, Mitte August 1970, zu einem Politikum. Am 15. August berichtete die italienischsprachige Zeitung *Alto Adige*, Abgeordnete des italienischen Parlaments hätten beim Außenministerium eine offizielle Untersuchung des Todes von Günther Messner beantragt. Grundlage waren offensichtlich jene „13 Punkte zum Nachdenken“, in denen Messner seine Kritik an Herrligkoffer zusammengefasst und an die Presse weitergegeben hatte.[19] Die offizielle Untersuchung sollte feststellen:

„*1) ob die pakistanischen Behörden, in deren Bereich die Expedition vonstatten ging, Nachforschungen angestellt haben, um eventuelle Verantwortlichkeiten bei der Expedition festzustellen, die Günther Messner das Leben kosteten und seinem Bruder Reinhold, der bei dem alleine durchgeführten, übermenschlichen Versuch, die Leiche seines Bruders aufzufinden, Erfrierungen erlitt, schwerste Verletzungen beibrachte,*
2) Insbesondere, ob die pakistanischen Behörden den Eindruck haben, dass die Expedition mit ausreichender Vorbereitung und Sicherheit für die Beteiligten organisiert war.
3) Warum der Leiter der Expedition, Dr. Herrligkoffer, sich nicht über das Ausbleiben der beiden Brüder zum Lager nach der festgesetzten Zeit gesorgt hat und

17 *Der nackte Berg*, S. 298
18 *Weiße Einsamkeit*, S. 230
19 *Der Bergkamerad*, 10. 08. 1970. Eine Kopie dieser 13 Punkte lag zum Zeitpunkt meiner Recherchen im Archiv des DIAF nicht vor.

nicht nur keine Hilfsexpedition organisiert hat, wie es seine Pflicht gewesen wäre, sondern die beiden Alpinisten völlig sich selbst überlassen hat, indem er das Hauptlager abbrach und sich auf den Rückweg machte, auf dessen Verlauf er dann bei einem verlängerten Zwangsaufenthalt, hervorgerufen durch einen Erdrutsch, von dem überlebenden Alpinisten eingeholt wurde, dem seinerseits in der Zwischenzeit von Eingeborenen geholfen worden war.[20]
4) Warum der Arzt der Expedition nicht mit dem normalen Anti-Erfrierungspräparationen versehen war, wie z. B. ‚Aceticolina-Ampullen', die die Glieder des überlebt habenden Alpinisten vor Gangränen hätten retten können.
5) Warum die Mitglieder der Expedition nicht gegen die Schäden versichert waren, die sie im Falle eines Unfalls bei einem so fordernden und risikoreichen Unternehmen, wie dem, an dem sie beteiligt waren, hätten davontragen können.
6) Ob bei der Rückkehr der Expeditionsteilnehmer nach Deutschland die deutschen Behörden eine Untersuchung eingeleitet haben, und falls nicht, ob der Außenminister nicht auf diplomatischem Wege darum ersuchen könne."[21]

Auch in anderer Hinsicht kochte in Südtirol das Blut. Die deutschsprachige Bozener Zeitung *Die Dolomiten* hatte am 11. August Reinhold Messners Erstbericht „Odyssee am Nanga Parbat" abgedruckt und durch die Redaktion entsprechend der zusätzlichen Kritikpunkte Messners ausgiebig kommentieren lassen. Nach einer Gegendarstellung Herrligkoffers empörte sich der Redakteur der Bergsteigerseite – der bekannte Journalist, Autor und Heimatkundler Josef Rampold (1925–2007) – über die Berichterstattung in den „Drecksillustrierten":

„Die gesamte Südtiroler Öffentlichkeit [ist] *empört über Ihren Bericht in der ‚Bunten'; man mag uns überm Brenner ruhig als ein wenig rückständig und dergleichen betrachten – aber man soll wissen, dass wir es auf keinen Fall dulden werden, dass man durch billige Dreh's die Zweitbegeher der Rupalflanke groß herausstreicht, die nur auf Grund des selbstlosen Einsatzes der Brüder Messner und in deren Spuren den Gipfel erreichten.* […] *Und nicht genug damit: da die wahren Sieger der Expedition 70 unbequem wurden, versuchte man sie als Despera-*

20 Hier kehrt der Artikel die tatsächlichen Zeitabläufe um: Nicht Messner hatte die Expedition eingeholt, sondern die Expedition holte Messner ein, als dieser sich bereits auf dem Weg nach Gilgit befand. Für eine detaillierte Abhandlung dieses Aspektes siehe Kapitel 11 und 16.
21 *Alto Adige*, 15. 08. 1970; Abschrift und Übersetzung im Archiv des DIAF

dos und dergleichen hinzustellen. Hier die Wahrheit klarzustellen, werden wir nicht müde werden – und in diesem Sinne, sehr geehrter Herr Dr. Herrligkoffer, haben Sie einiges richtigzustellen. Die Bergsteiger Südtirols warten darauf!“[22]

Starke, patriotische Worte – und interessant, wenn man das Verhältnis Messners zu Südtirol, der Zeitung *Die Dolomiten* und ihrem Herausgeber, dem Medienunternehmen Athesia, in den folgenden Jahrzehnten betrachtet.

LEUCHTRAKETE ODER BLENDGRANATE?

Mit Erscheinen von Messners Artikel „Nanga Parbat 70 – Die Sache mit den Raketen“ in der Septemberausgabe von *Alpinismus* dehnte sich der Konflikt zwischen ihm und Herrligkoffer auf die gesamte Expeditionsmannschaft aus. Denn als Herrligkoffer im Oktoberheft eine Gegendarstellung veröffentlichte, meldeten sich sechs Mitglieder mit einer „Stellungnahme zur Gegendarstellung“ zu Wort. Darin stützten sie Messners Version von der Bedeutung der Raketensignale:

„In späteren Gesprächen waren sich die Mitglieder der Expedition stets einig darüber, dass die rote Rakete absprachegemäß den Aufbruch Reinholds zum Gipfel veranlasst hatte. Bis zum Ende der Expedition in München hat auch Dr. Karl Herrligkoffer nie eine andere Version behauptet. Er hat sich auch nie erstaunt über Reinholds Aufbruch gezeigt.
Über ein ‚Motiv' oder Grund für die ‚rote Rakete' waren die Mitglieder geteilter Meinung. Eine Behauptung darüber will keiner von uns postulieren.“[23]

Betont wurde auch, dass Günther Messners Aufstieg zum Gipfel *nicht* den Abmachungen entsprochen habe. Unterschrieben hatten die Stellungnahme Max von Kienlin, Dr. Hermann Kühn, Günther Kroh, Elmar Raab, Peter Vogler und Gerhard Baur.
Gerhard Baur steht heute weiterhin zu seiner damaligen Position (vgl. S. 40), merkt aber auch an, wie unangenehm die Situation für sie als eigentlich Unbeteiligte an der Kontroverse zu werden begann:

22 Brief J. Rampold an K. M. Herrligkoffer, 04. 09. 1970; Archiv des DIAF
23 *Alpinismus*, 10/1970, S. 11 u. 42

„Ich konnte ja immer bestätigen, dass Reinhold damals gesagt hat, er wolle den Aufstieg ‚soweit wie möglich' erkunden. Das Wort ‚Gipfel' ist in diesem Zusammenhang meines Erachtens nicht gefallen. Dadurch waren beide in einer Position, in der sie zu einem gewissen Punkt Recht hatten. Herrligkoffer, weil nicht konkret über eine Gipfelbesteigung geredet worden ist; Reinhold, weil er Herrligkoffer gesagt hatte, bei angekündigtem Schlechtwetter zu versuchen, alleine so weit wie möglich zu gehen. … Mir war klar, wenn er dabei die Chance hätte, zum Gipfel zu kommen, würde er sie auch nutzen. Aber so war es natürlich leicht, in der Debatte schnell auf die eine oder andere Seite gezogen zu werden. Da schlug es mir langsam auf den Magen, dass man mehr und mehr gezwungen wurde, sich zu positionieren – für oder gegen jemanden …"

Unterschiedliche Ansichten über die Bedeutung der Raketensignale, dazu Herrligkoffers Behauptung, es seien keine blauen Raketen zum Nachschießen dagewesen – mit der er seiner eigenen Aussage zu widersprechen schien, wonach es rote und blaue Raketen gab. Schließlich eine späte Erklärung, dass es stattdessen Raketen mit roter und blauer *Banderole* gegeben hatte, *„aus denen wir entsprechend den heutzutage wohl weltweit gebräuchlichen optischen Markierungszeichen blaue und rote Raketenfarben gefolgert haben"* und man erst hinterher die millimetergroßen Aufschriften mit den tatsächlichen Farben erkannt habe.[24] Durch derartige Missverständnisse oder mehrdeutige Aussagen schwebte bei der Schilderung dieses Ereignisses irgendwann das von Max von Kienlin et al. angedeutete ‚Motiv' – eine gezielte Absicht hinter der roten Rakete, eine ‚Intrige' – wie ein Gespenst im Hintergrund.

Und es schwebte auch 40 Jahre später noch: Im Spielfilm von Joseph Vilsmaier diktiert Herrligkoffer den Expeditionsbericht zur Situation mit den Raketen: *„Eilige Nachschau ergibt, dass die Rakete falsch gekennzeichnet war"* – woraufhin Alice von Hobe hinter der Schreibmaschine zögert und ihn fragend anschaut, bevor er sie zum Weiterschreiben auffordert. Eine Filmkritik griff diese Suggestion auf:

24 *Kampf und Sieg*, S. 91

„Oder sollte es gar ein absichtlicher Fehlgriff gewesen sein, eine kleine Manipulation, um den einzelgängerischen Reinhold Messner bei seinem Gipfelsturm auszubremsen?“[25]

Dabei war die rote Rakete für Reinhold Messner eher sogar ein Vorteil: Sie war der Startschuss zu dem von Reinhold Messner selbst vorgeschlagenen schnellen Alleinversuch, der unter den gegebenen und angenommenen Umständen (Schlechtwetter) die besten Chancen auf einen Gipfelerfolg bot. Nicht mehr und nicht weniger. Und wie es Max von Kienlin und die anderen, die damals auf Reinhold Messners Seite standen, damals schon schrieben: Günthers Aufstieg war gegen die an die rote Rakete gekoppelte Abmachung. Er erfolgte *trotz* der roten Rakete. Nicht wegen ihr.

ZWISCHEN DEN FRONTEN – FELIX KUEN UND PETER SCHOLZ

Im gleichen Monat, September 1970, brachte ein Artikel Herrligkoffers in den *Mitteilungen des Deutschen Alpenvereins* einen anderen Streitpunkt erneut auf den Tisch: die umstrittene Rufverbindung zwischen Reinhold Messner und Felix Kuen an der Merkl-Scharte.

In dem Artikel zitiert Herrligkoffer Felix Kuen – und wiederholt dabei jene problematische Aussage aus *Bunte* vom 28. Juli (vgl. S. 102), wonach Kuen gesagt haben soll, Reinhold habe ihn und Scholz während des Wortwechsels um ein Seil gebeten. Weder in Messners Erstbericht noch in Kuens Tagebuch findet sich ein entsprechender Hinweis (vgl. S. 54f.).

So geisterte nun auch hier ein Gespenst im Hintergrund: Wenn nämlich Messner während der Rufverbindung Kuen tatsächlich um ein Seil gebeten hätte, könnte daraus möglicherweise der Vorwurf unterlassener Hilfeleistung abgeleitet werden, da Kuen und Scholz nach Messners Aussage (und entgegen der Behauptung Herrligkoffers) zum Zeitpunkt der Rufverbindung am Seil gegangen waren.

Drei Monate später, am 12. Dezember 1970, sprachen sich Reinhold Messner und Felix Kuen auf einer Alpinismustagung im württembergischen Bad Urach über die Geschehnisse am Nanga Parbat aus und einigten sich in Bezug

25 „Unerbittlicher Aufstieg“, http://www.sueddeutsche.de/kultur/661/499933/text/; 12. 01. 2010

auf den Ablauf der Rufverbindung an der Merkl-Scharte auf eine gemeinsame Darstellung:

„Reinhold schlägt vor, seine Abstiegsroute im oberen Teil zum Aufstieg zu benutzen, kürzerer Weg, 1 Stunde statt 3. – Felix versteht, Reinhold meine die Route links der Südschulter als direkteren Weg (die er auch später ging). – Felix fragt, ob alles in Ordnung sei (denkt an Hilferufe). Reinhold bejaht die Frage (hatte sie auf sein Befinden gedeutet). Felix daraufhin erleichtert und steigt weiter Richtung Gipfel mit Peter in der Überzeugung, alles sei in Ordnung. Reinhold schreit ihm noch zu und deutet an, dass er andere [sic] *Seite mit Günther absteige. Felix hört noch, dass R. einen Abschied ruft. Reinhold nimmt seine Handschuhe auf und geht zurück zu Günther. Felix sieht, dass er etwas aufhebt.“*[26]

Gegenüber Herrligkoffer hatte sich Kuen nach der Expedition geäußert, er habe gesehen, dass Messner etwas aufgehoben hätte, das wie ein schwerer Rucksack aussah – obwohl beide Rucksäcke der Messner-Brüder in Lager V verblieben waren. Eine Aussage mit Folgen, auf die im nächsten Kapitel näher eingegangen wird.

Neben dieser gemeinsamen Darstellung unterzeichneten beide auch folgende Erklärung (Kopie im Archiv des DIAF):

„1. Herr Messner Reinhold distanziert sich von jeder Formulierung, die zum Ziele hatte, Herrn Kuen Felix einen versteckten Vorwurf zu machen, dass er in der Gipfelregion den Brüdern Messner nicht geholfen habe.
2. Reinhold Messner und Felix Kuen als Gipfelbesteiger stellen fest, dass zwischen ihnen bezüglich der Darstellung der Gipfelphase keinerlei unterschiedliche Auffassungen bestehen. Die Kameradschaft war während der Expedition ausgezeichnet und es besteht auch keine Veranlassung, dass diese durch bedauerliche Umstände, die beide nicht veranlasst haben, getrübt sein sollte. Urach/ Württ., den 12. 12. 1970“[27]

26 Maschinenschriftliche „gemeinsame Darstellung der wirklichen Umstände“, 12. 12. 1970, unterzeichnet von R. Messner und F. Kuen; Kopie im Archiv des DIAF. Der Satz *„Felix sieht, dass er etwas aufhebt“* ist handschriftlich ergänzt.

27 Maschinenschriftliche Abschrift (ohne Unterschriften) „Erklärung der Gipfelbesteiger“, 12. 12. 1970; Archiv des DIAF

Im Januar 1971 beabsichtigte Kuen schließlich, auf der Basis der Einigung von Urach eine Gegendarstellung zu Herrligkoffers Artikel in den *Mitteilungen des Deutschen Alpenvereins* zu verfassen. Darin bezeichnete er es ausdrücklich als „falsch", dass ihm Reinhold Messner während der Rufverbindung gesagt hätte, dass Günther stark höhenkrank sei – so wie es Herrligkoffer in *Bunte* behauptet hatte (vgl. S. 102).

„Ich verstand beim Zurufen lediglich, dass wir auf einem direkteren Weg zum Gipfel gehen sollten. Aus Reinhold Messners Andeutungen wurde mir nur klar, dass er auf anderem Wege absteigen will. Dass Reinhold um ein Seil gebeten hätte, habe ich aus seinen verstümmelten Zurufen nie verstanden. [...] Ein zusätzliches Seil stand uns nie zur Verfügung. Wir haben ein solches daher auch nirgendwo deponieren können. Da ich die Rufverbindung lediglich mit Reinhold Messner hatte (und Günther, der sich hinter dem Grat am Biwakplatz befand, nicht sah) konnte ich auch nicht <u>beiden</u> Männern ein Zuwarten auf unsere Rückkehr empfehlen.
Ich warnte Reinhold Messner vor einem anderen Abstieg. Danach bestand weder Ruf- noch Sichtverbindung mehr.
Durch die mir unterstellten leichtfertigen Ausführungen von Herrn Dr. Herrligkoffer, die einem breitesten Leserkreis bekannt wurden, musste so – wie geschehen – der Eindruck entstehen, ich hätte als Bergführer meine Pflicht zur Hilfeleistung für in Bergnot geratene Freunde verweigert.
Selbstverständlich hätten Scholz und ich auf den Gipfel verzichtet und jede nach den Umständen nur denkbare Hilfe geleistet, wenn uns bewusst gewesen wäre, dass ein Bergnotfall vorliegt."[28]

Diese Erklärung wirkt, als habe sich Kuen nach einiger Wankelmütigkeit auf seine ursprünglichen Aussagen zurückbesonnen, so wie er sie auch in seinem Tagebuch festgehalten hatte. Nach weiteren Briefwechseln mit Herrligkoffer nahm Kuen aber wieder Abstand von einer Veröffentlichung. In einem Briefentwurf Herrligkoffers heißt es unter anderem:

„Im Übrigen darf ich noch einmal an die wüste Aussprache in Urach erinnern; auch da hast Du Dich von Messner überreden lassen zu behaupten, dass er nicht

28 Brief F. Kuen an K. M. Herrligkoffer, 14. 01. 1971; Archiv des DIAF

nach einem Seil gerufen habe. Wie Du aus beiliegender Fotokopie ersehen kannst, hat aber Messner nach einem Seil gerufen und Du hattest es uns seinerzeit auch so berichtet und widersprichst nun Deiner eigenen Version." (Hervorhebung durch JH)[29]

Besagte Fotokopie lag im Archiv des DIAF nicht vor. Wie glaubwürdig ist es, dass Messner es selbst verheimlicht haben soll, nach einem Seil gerufen zu haben? Hätte es Gründe dafür geben können – ein Szenario, in dem das Seil für etwas anderes gebraucht wurde als die Rettung Günthers? Oder war dies eine weitere Einflussnahme auf Kuen durch Herrligkoffer?

„Herrligkoffer ermöglichte es Felix, große Expeditionen zu unternehmen", beurteilt Gerhard Baur heute das Verhältnis zwischen beiden. „Dadurch bestand zwischen Felix und Herrligkoffer natürlich eine gewisse Abhängigkeitsebene. Als ich dann sah, dass sich Felix gegen Herrligkoffer wehrte, habe ich deutlich gespürt, dass verschiedene Dinge, die Felix gesagt hatte, wahrscheinlich aus reiner Leichtfertigkeit von Herrligkoffer missverstanden und falsch interpretiert worden waren. Felix hatte dann einen Punkt erreicht, an dem er Position bezog – und diese Position deckte sich mit alledem, was wir anderen wahrgenommen hatten. Das ist wichtig. ... Wir anderen, wie zum Beispiel Peter Scholz, hatten ja nicht diese Abhängigkeitsebene mit Felix. Im Gegenteil: Nachdem Felix so oft betont hatte, dass Peter nach ihm auf den Gipfel gekommen war, hätte Peter erst recht keinen Grund gehabt, Felix schonen zu müssen. Aber auch von ihm kam nichts, was ein anderes Bild als die Aussagen von Felix ergeben hätte."

Für Gerhard Baur liefert Peter Scholz einen wichtigen Schlüssel zum Verständnis der umstrittenen Rufverbindung an der Merkl-Scharte und der Rolle von Felix Kuen dabei:
„Wenn Reinhold dort oben Felix Kuen um Hilfe gebeten und dieser tatsächlich so getan hätte, als interessiere es ihn nicht oder er verstehe ihn nicht, dann wäre es zwingend logisch gewesen, die wenigen Minuten zu warten, bis Peter Scholz zu Kuen aufgeschlossen hätte – zu dem Reinhold ja auch einen

29 1-seitiger „Entwurf des Briefes an Felix Kuen" von K. M. Herrligkoffer, undatiert; Archiv des DIAF

wesentlich besseren Draht als zu Kuen hatte. Dies geschah aber nicht, und Peter hat auch nie dergleichen berichtet. Das ist für mich der eindeutige Beleg dafür, dass sich die Situation dort oben so abgespielt haben muss, wie es Felix später wiedergegeben hat: Eine Notlage war für ihn einfach nicht ersichtlich!"

Schließlich wurde aber auch Peter Scholz in den Strudel der Kontroverse hineingezogen. In einem Interview Reinhold Messners mit dem englischen Bergsteigermagazin *Mountain* im Mai 1971 kam die Sprache auch auf den „schweren Rucksack", den Messner laut Kuen an der Merkl-Scharte aufgehoben habe. Daraufhin sagte Messner über Kuen:
„Kuen ist ein sehr guter Bergsteiger, aber er hätte den Gipfel nie erreicht, wenn er nicht Pervitin genommen hätte. Er ist auch leicht zu beeinflussen. Herrligkoffer hat ihn, nachdem die Expedition nach Hause zurückgekehrt war, getroffen und hat vieles, was Kuen ihm über die bergsteigerischen Schwierigkeiten und den schweren Rucksack erzählte, falsch wiedergegeben. Kuen war überrascht, als er las, dass Herrligkoffers Presseveröffentlichungen seine Ansichten nicht richtig wiedergab[en]. *Jetzt sagt er, dass ich wahrscheinlich etwas wie ein Kleidungsstück oder einen Eispickel aufgehoben habe."*[30]

Auf die Frage, ob Kuen und Scholz das verbleibende Steilstück zu seinem Standort nahe der Merkl-Scharte hätten klettern können, antwortete Messner:
„Ja, ich glaube schon, aber es wäre sehr anstrengend gewesen. Kuen wusste nichts von unserer misslichen Lage, da der Wind die Verständigung schwierig machte. Wenn er uns verstanden hätte, hätte er uns geholfen. Scholz war weiter unten und war außerdem viel zu schwach, um irgendeine Rolle zu spielen. So hatten wir keine andere Möglichkeit, als über die Diamir-Flanke abzusteigen."[31]

Nun sah sich auch Scholz genötigt, eine Gegendarstellung zu verfassen. In einem Brief an *Mountain* schrieb er zunächst: *„Diese Andeutung kann Messner von der Entfernung gar nicht machen. Außerdem war dies nicht der Fall und ich finde es abscheulich, andere Kameraden herabzusetzen."*[32]

30 *Mountain*, Nr. 15, Mai 1971; Abschrift und Übersetzung im Archiv des DIAF
31 *Mountain*, Nr. 15, Mai 1971; Abschrift und Übersetzung im Archiv des DIAF
32 Brief P. Scholz an *Mountain Magazine Ltd.*, 16. 06. 1971; Archiv des DIAF

Und Felix Kuen unterstützte seinen Partner in einer gemeinsam mit Herrligkoffer und Scholz verfassten Stellungnahme vom 29. Juni 1971: *„Diese Behauptung* [über Scholz] *ist unwahr, denn Peter Scholz ist ohne Pervitin zum Gipfel auf- und wieder abgestiegen. Seine körperliche Verfassung war gut, denn sonst hätte er nicht den Gipfel erreicht* [und] *das Biwak in 8000 m Höhe so gut überstanden."*[33]
Zu seiner eigenen Beurteilung durch Messner schrieb Kuen: *„Reinhold Messners Antwort ist eine bodenlose Gemeinheit. Es ist eine glatte Lüge, dass ich nicht ohne Pervitin zum Gipfel gekommen wäre. Zu diesem Zeitpunkt, als ich mit Reinhold in Rufverbindung war, hatte ich überhaupt noch kein Pervitin zu mir genommen. Die Sache mit dem Rucksack habe ich schon Peter Scholz in Gipfelnähe erzählt, was er mir bestätigt. Ich persönlich habe nie etwas anderes behauptet, als von Dr. Herrligkoffer vorgetragen wurde, aber Reinhold Messner wollte in Urach die Rucksackangelegenheit anders haben!"*[34]

„Irgendwie waren sie seelenverwandt, kamen aus der gleichen Kälte", schrieb Hans Saler später über den introvertierten, offenbar mit depressiven Stimmungslagen kämpfenden Felix Kuen und Reinhold Messner.[35] Aus Geschichten über einen autoritären Vater, eine schwierige Kindheit und ein spezielles Verhältnis zu einem Bruder, die mir Kuens engster Seilpartner Werner Haim erzählte,[36] zeichnen sich Parallelen in den Leben beider Männer wie auch zu Herrligkoffer ab. Depressivität und Grandiosität scheinen nicht selten zwei Seiten der gleichen Medaille zu bilden. So entstand zwischen den drei Männern ein Kräftedreieck, in dem Felix Kuen jene Spitze einnahm, an der von beiden Seiten gezogen wurde und er sich mal in die eine, mal in die andere Richtung ausrichtete. Seine vorwiegende Nähe zu Herrligkoffer machte ihn automatisch zum Gegenspieler Messners.
Felix Kuen ging schließlich an Depressionen zugrunde. Dreieinhalb Jahre nach seinem Erfolg am Nanga Parbat nahm er sich im Januar 1974 das Leben. Peter Scholz war zwei Jahre zuvor am Südgrat der Aiguille Noire im Montblancgebiet tödlich abgestürzt.

33 Brief P. Scholz (mit Ergänzungen von F. Kuen und K. M. Herrligkoffer) an *Mountain Magazine Ltd.*, 29. 06. 1971, S. 4; Archiv des DIAF
34 Ebd., S. 3
35 *Zwischen Licht und Schatten*, 4. Auflage 2009, S. 68
36 Interview W. Haim mit JH, 07. 07. 2009

KAPITEL 8

ANKLAGEN

Bereits am 1. November 1970 hatte Herrligkoffer einen Entwurf eines eigenen Kompromissvorschlags über die unterschiedlichen Darstellungen der Ereignisse am Nanga Parbat verfasst. Darin fasste er zunächst die unterschiedlichen Versionen über die Bedeutung der roten Rakete zusammen und kam zu dem Schluss: *„In keinem Fall konnte und sollte sie bedeuten, dass Günther Messner sich an einem Gipfelangriff beteiligt."*[1]
Der zweite Punkt des Kompromissvorschlags war der heikelste. Herrligkoffer schlug vor:

„Reinhold Messner gibt zu, dass er den Abstieg über die Diamirflanke geplant hatte, als er auf der Diamirseite biwakierte. – Erst in den Morgenstunden wurde sein Bruder Günther schwer höhenkrank und die beiden Messners riefen von 6 – 9 Uhr um Hilfe in die Merkl-Rinne hinab. Noch bevor die zweite Seilschaft Hilfe bringen konnte, starb sein Bruder Günther den Bergtod."[2]

Anschließend bot Herrligkoffer an, Reinhold Messner gegenüber eventuellen Angriffen aus der Presse zu verteidigen, wenn Messner im Gegenzug erkläre, die Beschuldigungen gegen ihn, Herrligkoffer, zutiefst zu bedauern. Gleichzeitig sollte eine Vergleichsvereinbarung zwischen dem DIAF und Reinhold Messner die Modalitäten klären, unter denen Messner ein eigenes Expeditionsbuch veröffentlichen konnte. Dazu zählten unter anderem ein Erscheinen nicht früher als sechs Monate nach Herausgabe des Berichtes des Instituts sowie ein Abführen von 25 % aller Einnahmen, die Messner aus Verträgen und Publikationen bezog, an das Institut.[3]

1 1-seitiger „Kompromissvorschlag", 01. 11. 1970, Punkt 1; Archiv des DIAF
2 Ebd., Punkt 2
3 „Erster Entwurf einer Vergleichsvereinbarung Institut für Auslandsforschung/Messner", datiert (Stempel) 05. 11. 1970; Archiv des DIAF

Weitere zwei Tage später, am 7. November 1970, ließ Herrligkoffer eine Presseerklärung mit dem Titel „Herrligkoffer wehrt sich" veröffentlichen. Darin sträubte er sich gegen Verdächtigungen Reinhold Messners, für den Tod des Bruders verantwortlich zu sein. *„Ich habe es jetzt aber satt, weiterhin für das Verschulden anderer den Sündenbock zu machen!"*[4] Danach äußerte er seine sämtlichen Zweifel an Reinhold Messners Bericht.

So hinterfragte Herrligkoffer zunächst, ob ein aus großer Entfernung aufgenommenes Foto wirklich als Begründung für den Abstieg zur Merkl-Scharte herhalten kann (vgl. S. 49):

„Ein Bergsteiger [wird] *durch direkte Betrachtung der letzten 100 Meter dieser Rinne (die ihn noch dazu zum Herausqueren nach rechts zwangen!) einwandfrei die klettertechnischen Verhältnisse derselben selbst beurteilen können und kein Foto (!) benötigen.* [...] *Felix Kuen, der ebenfalls daran vorbeigeklettert ist, bezeichnet dieses Gelände kurzweg als ‚unzugänglich'.* [...] *Das von Reinhold Messner betont und mit Nachdruck von mir angeforderte Foto sollte zum Alibi für seinen ‚Irrtum' werden – aus dem heraus ‚ihm nur der eine Ausweg, der Abstieg über die Diamir-Riesenflanke blieb'."*[5]

Mit Bezug auf den Morgen an der Merkl-Scharte fragte Herrligkoffer, *„wieso ein schwer Höhenkranker von 6 – 9 Uhr zusammen mit seinem Bruder um Hilfe schreit, und warum wohl plötzlich das Rufen verstummt?"*[6] Dabei bezog er sich anscheinend auf die frühen Aussagen von Kuen und Scholz, wonach am Morgen die Stimmen beider Brüder zu hören gewesen waren (vgl. S. 54f.). Auch zweifelte Herrligkoffer an, ob dem höhenkranken Günther überhaupt der Abstieg über die Diamirflanke hätte gelingen können und fragte:

„... ob die Besteigungsgeschichte des Himalaya-Riesen auch nur ein Beispiel aufweist, wo sich ein Höhenkranker in fast 8000 Meter aus eigenen Impulsen heraus – also ohne Getränk, ohne Nahrung und vor allem ohne die künstliche Sauerstoffzufuhr – wieder soweit erholen konnte, dass er schließlich ganz fit wurde, so fit, dass er den kräftezehrenden Abstieg über eine unversicherte 3000 m hohe Eiswand schaffte?"[7]

4 5-seitige Presseerklärung „Herrligkoffer wehrt sich", 07. 11. 1970, S. 2; Archiv des DIAF
5 Ebd., S. 2f.
6 Ebd., S. 4
7 5-seitige Presseerklärung „Herrligkoffer wehrt sich", 07. 11. 1970, S. 4; Archiv des DIAF

Zum Schluss wies Herrligkoffer nochmals darauf hin, dass die rote Rakete mit dem Tod Günthers nichts zu tun habe. Und er bezog sich auf die Aussage Felix Kuens, wonach Reinhold Messner am Ende des Rufkontakts an der Merkl-Scharte etwas aufgehoben hätte (vgl. S. 114 und 118).

„Seinen Bewegungen nach zu folgern sah es so aus, als wäre es ein schwerer Rucksack. – Weder Günther noch Reinhold hatten aber einen Rucksack oder ähnliches auf ihren Gipfelgang mit sich geführt.“[8]

Auf der Alpinismustagung in Urach einen Monat später (vgl. S. 114) erklärte Reinhold Messner, er habe nur seine Handschuhe aufgehoben. Kuens Aussagen zu diesem Punkt waren jedoch nie eindeutig. Zwar wird er am 17. Juli 1970 in der *Abendzeitung (AZ)* zitiert, er habe gesehen, wie Reinhold Messner seinen Bruder am Arm genommen habe. Später aber erwähnte er nur noch die Bewegung des Aufhebens, und dies auch nicht in jedem seiner Berichte. In seinem Tagebuch fehlt ein Hinweis darauf genauso wie in seinem Artikel in der Novemberausgabe von *Der Bergsteiger*. Auch wies Kuen wiederholt darauf hin, dass Günther während des Rufkontaktes nicht zu sehen war – nicht zuletzt in seiner Gegendarstellung zu Herrligkoffers Aussagen vom Januar 1971 (vgl. S. 115). Im 1972 erstmals erschienenen Buch über seine Bergfahrten wird die Szene dann aber folgendermaßen beschrieben:

„Reinhold winkte, zeigte nach Westen in die Diamir-Flanke, rief ein Wort, das nach ‚Servus!‘ klang und bückte sich. Es sah aus, als hebe er einen schweren Rucksack auf die Schultern. Er machte noch eine schupfende Bewegung, als wolle er die Last besser auf die Schultern legen.“[9]

Aus seinen eigenen Zweifeln an Messners Bericht und den Aussagen Felix Kuens schloss Herrligkoffer demnach, dass Günther bereits im ersten Biwak an der Merkl-Scharte gestorben war. Diesen Verdacht äußerte er nochmals in einer weiteren Presseerklärung vom 2. 12. 1970.[10] Er stützt ihn mit einer angeblichen Einschätzung der Seilschaft Kuen und Scholz, die *„nach ihrer Rückkehr sinngemäß sagte, dass Günther ihrer Meinung nach gar nicht mehr am Le-*

8 Ebd., S. 5
9 *Auf den Gipfeln der Welt*, 3. Aufl. 1981, S. 167
10 2-seitige Presseerklärung „Das Märchen vom Nanga Parbat“, 02. 12. 1970; Archiv des DIAF

ben sei“[11] – womit Herrligkoffer offensichtlich einen Eintrag in Kuens Tagebuch recht einseitig auslegt (vgl. S. 71).[12] Abschließend erhob er schwere Vorwürfe gegenüber Reinhold Messner:

„*Es erhebt sich die Frage, ob Reinhold Messner durch seinen zweifellos geplanten Abstieg über die Diamir-Flanke den Bruder seinem persönlichen Ehrgeiz geopfert hat?* [...] *Reinhold Messner erklärte, dass er seine Pressekampagne gegen Dr. Herrligkoffer sofort einstellen werde, falls er alle Text- und Bildhonorare in vollem Umfange für sich einstreichen dürfe. Der Wirbel um die rote Rakete war also zweckgebunden. – Man kann sich des Eindrucks nicht erwehren, dass Reinhold Messner die Öffentlichkeit von seiner Schuld am Tode seines Bruders ablenken wollte, indem er andere beschuldigte – und dass er sich weiterhin durch diese seine eigene moralische Aufrüstung das Recht zu verschaffen glaubte, den Expeditionsteilnehmer-Vertrag für ungültig erklären zu können.*“[13]

Gerhard Baur hatte Herrligkoffer bereits unmittelbar nach seiner Rückkehr aus der Wand am 29. Juni berichtet, dass Reinhold Messner ihm gegenüber den Gedanken an eine Überschreitung zur Diamirseite geäußert hatte (vgl. S. 73). Warum brachte Herrligkoffer diesen Aspekt erst jetzt, Anfang November, ins Spiel? Und was sagten die anderen Teilnehmer zu dem Vorwurf des „Opferns für den Ehrgeiz“? Gerhard Baur dazu heute:

„Herrligkoffer ging es lange Zeit nur darum, sich dort zu verteidigen, wo er sich im Recht sah. Das war vor allem sein Anspruch auf die Deutungshoheit – sein Monopol auf die Darstellung der Expedition nach außen, das Schreiben von Büchern usw. Er hat da eigentlich nur reagiert, nicht agiert. ... Und dann kamen die Vorwürfe von Messner gegen ihn, die am Ende bis zu unterlassener Hilfeleistung und fahrlässiger Tötung gingen. Absurde Vorwürfe! Gegen ihn, der so weit weg von der Verantwortung für das Geschehen oben am Berg war! Da war es schon nachvollziehbar, dass Herrligkoffer irgendwann mit solchen Gegenvorwürfen kam. ... Hinzu kam ja auch, dass es bei der Schilderung der Ereignisse dort oben Widersprüche gab, die bei genaue-

11 Ebd., S. 2
12 „*Es bestehen noch Chancen, aber nur geringe, da sie nicht einmal westalpenmäßig ausgerüstet sind.*“ Tagebuch F. Kuen, 28./29. 06. 1970; Kopie und Abschrift im Archiv des DIAF
13 „Das Märchen vom Nanga Parbat“, S. 2

rem Nachdenken schon den möglichen Schluss zuließen, dass an der Merkl-Scharte etwas passiert war. ... Damals war ich über die Vorwürfe beider Seiten – Herrligkoffers wie Messners – empört, weil ich es für unnötig hielt, immer weiter Öl ins Feuer zu gießen. Wir haben uns auf die Seite von Reinhold geschlagen, weil wir uns aufgrund einiger anderer Geschichten, zum Beispiel mit der roten Rakete, von Herrligkoffer entfernt hatten. Später habe ich dann Herrligkoffer mehr verstanden."

Es war also ein Hochschaukeln der Kontroverse aufgrund gegenseitiger Verletzungen, die zu immer härteren und auch unsachlicheren Vorwürfen geführt hatte.
Auf der bereits erwähnten Alpinismustagung in Urach am 12. Dezember 1970 wiederholte Herrligkoffer in seinem Vortrag die Vorwürfe, Reinhold Messner habe seinen Bruder seinem bergsteigerischen Ehrgeiz geopfert, er trage die Schuld an dessen Tod und betreibe nun eine Hetzkampagne gegen ihn.[14] Daraufhin kam es zu einer öffentlichen Gegendarstellung durch Reinhold Messner. Anschließend wurde versucht, in einer Diskussion im Kreis der unmittelbar Betroffenen den Kernpunkt der Kontroverse herauszuarbeiten und sich – wie auch im Streitfall Messner-Kuen – auf eine gemeinsame Darstellung zu einigen. Diese sollte lauten:

„*1.) Auf Grund des heutigen Gesprächs haben sich die an der Nanga Parbat-Expedition Beteiligten und bei der Tagung Anwesenden, besonders Herr Dr. Herrligkoffer und Herr Reinhold Messner, darüber geeinigt, dass die Tatsache, dass zu einem entscheidenden Zeitpunkt der Expedition eine rote Rakete abgeschossen wurde, nicht schuld ist am Tod von Günther Messner. Reinhold Messner identifiziert sich nicht mit darüber anderslautenden Darstellungen in der Presse und in der Öffentlichkeit.*
2.) Herr Dr. Herrligkoffer stellt klar, dass auf Grund des heutigen Gesprächs die Darstellung von Reinhold Messner über seinen Abstieg nicht in Zweifel zu ziehen ist. Gegenteilige Behauptungen werden nicht mehr erhoben."[15]

14 3-seitige „Eidesstattliche Versicherung" von H. Gasser, Innsbruck, 06. 02. 1971; Archiv des DIAF

15 Maschinenschriftliche Abschrift (ohne Unterschriften, aber mit Bestätigung der Unterzeichnung), 11. 12. 1970, und „Erklärung der Tagungsleitung", 12. 12. 1970, gez. M. Hörrmann und C. Bausch; Archiv des DIAF

Reinhold Messner stimmte dem ersten Punkt zu, Herrligkoffer lehnte nach Rücksprache mit seinem Anwalt Punkt 2 ab und verließ die Tagung. Es liefe bereits eine Klage beim Landgericht München I gegen Reinhold Messner wegen Verletzung des Expeditionsvertrags aufgrund dessen Darstellungen.[16]

AUCH MESSNER KLAGT

Am 9. Januar teilte Reinhold Messner den Vorsitzenden des Deutschen Instituts für Auslandsforschung, Herrligkoffer und Albert Bitterling, in einem Brief mit, dass er den im Oktober 1969 unterschriebenen Teilnehmervertrag *„wegen Irrtums und arglistiger Täuschung"* anfechte und *„wegen Nichterfüllung"* vorsorglich vom Vertrag zurücktrete.[17] Die von ihm zu Rate gezogenen Juristen seien zudem der Meinung, der Vertrag sei wegen seines Knebelungscharakters nichtig.

Zur weiteren Begründung führte er an, dass nicht alle Teilnehmer den Vertrag unterzeichnet hätten und somit nicht einzusehen wäre, dass gerade er Beschränkungen bei der publizistischen Aufarbeitung auferlegt bekäme. Zudem sei der finanzielle Expeditionsbeitrag von der Stiftung nicht von allen Teilnehmern gleichmäßig eingefordert worden. Es fehle der Nachweis, dass alle Gelder ausschließlich für Stiftungszwecke verwendet worden seien, gleichzeitig sei erwiesen, dass Mittel zu stiftungsfremden Zwecken eingesetzt wurden. Er sei auch nicht darüber aufgeklärt worden, dass es sich bei der Stiftung um ein privates und nicht um ein unter staatlicher Aufsicht stehendes Unternehmen handele, bei dem ein ordnungsgemäßer Ablauf der Expedition gewährleistet sei.

Eine Woche später, am 16. Januar 1971, erstattete Reinhold Messner schließlich Strafanzeige bei der Staatsanwaltschaft München. Und zwar einerseits gegen Herrligkoffer und Bitterling als Fiduziare des Deutschen Instituts für Auslandsforschung wegen Verleumdung, andererseits gegen Herrligkoffer und Michl Anderl als Expeditionsleiter wegen angeblicher fahrlässiger Tötung von Günther Messner und unterlassener Hilfeleistung ihm selbst gegenüber.[18]

---

16 siehe z. B. *Berchtesgadener Anzeiger*, 11. 12. 1970, oder *Stuttgarter Zeitung*, 14. 12. 1970
17 Brief R. Messner an das DIAF, 09. 01. 1971; Archiv des DIAF
18 Brief R. Messner an die Staatsanwaltschaft München, 16. 01. 1971; Archiv des DIAF

In letzterem Fall kristallisierten sich im anschließenden Ermittlungsverfahren zwei Schwerpunkte heraus: Neben der Bedeutung der „roten Rakete" und ihrer möglichen Rolle für den Tod Günther Messners sollte vor allem geklärt werden, welche Rettungsversuche seitens der Expedition durchgeführt wurden oder hätten durchgeführt werden können. Konkret stand die Frage im Raum, ob die Expedition in den Tagen zwischen dem 29. Juni (Meldung des Verschwindens der Messner-Brüder) und der Nacht vom 3. zum 4. Juli (Auffinden Reinhold Messners) zur Diamirflanke hätte gelangen können und ob Kräfte für einen solchen Rettungsversuch zur Verfügung standen. Ein wesentlicher Grund für die Ermittlungen war dabei eine Darstellung der Deutschen Himalaya-Stiftung (DHS) – seit den 1950er-Jahren Gegenspielerin von Herrligkoffers DIAF –, nach der es möglich gewesen wäre, über den Mazenopass *„in längstens 9 bis 10 Stunden vom Rupal- ins Diamirtal am Nanga Parbat zu gelangen"*.[19]

EIN EXPERTE SCHALTET SICH EIN – MATTHIAS REBITSCH

Grundlage für die Darstellung der Himalaya-Stiftung war ein Gutachten von Messners Rechtsanwalt Gerhard Klamert gewesen, dem damaligen Vorstand der Stiftung. Es stützt sich auf historische Berichte aus dem 19. Jahrhundert, nach denen der Mazenopass, ein fast 5400 Meter hoher Übergang zwischen dem Diamir- und Rupaltal, von erfahrenen Bergsteigern leicht zu bewältigen sei.[20] Dieses wurde später durch ein zweites Gutachten ergänzt, welches nach dem Studium von Höhen und Distanzen eine Gehzeit über den Pass von 10 bis 12 Stunden, maximal jedoch 15 bis 20 Stunden errechnete. Das zweite Gutachten ist Teil dreier Briefe des Bergsteigers Matthias Rebitsch an Gerhard Klamert von insgesamt 32 Seiten Umfang.

Matthias „Hias" Rebitsch (1911–1990) war in den 1930er- und 1940er-Jahren einer der stärksten Bergsteiger überhaupt. Vor allem im Fels des Rofan, Karwendel (Lalidererspitze-Nordwanddirettissima und -Nordverschneidung) und Wilden Kaiser (Fleischbankpfeiler-Rebitschrisse) gelangen ihm Erstbegehungen höchster Schwierigkeit, bei denen er nach heutigen Erkenntnissen bereits in den VII. Grad vorstieß. 1937 waren er und Ludwig Vörg die ersten

19 Verfügungen des Ersten Staatsanwalts Urban beim Landgericht München I vom 12. 05. 1971, Aktenzeichen 38 Js 27 ab/71; Kopie im Archiv des DIAF

20 Brief G. Klamert an R. Messner, 13. 02. 1971; Archiv des DIAF

Bergsteiger, die nach einem Versuch lebend aus der Eiger-Nordwand zurückkehrten. 1938 erreichte er am Nanga Parbat den Silbersattel (7451 m).

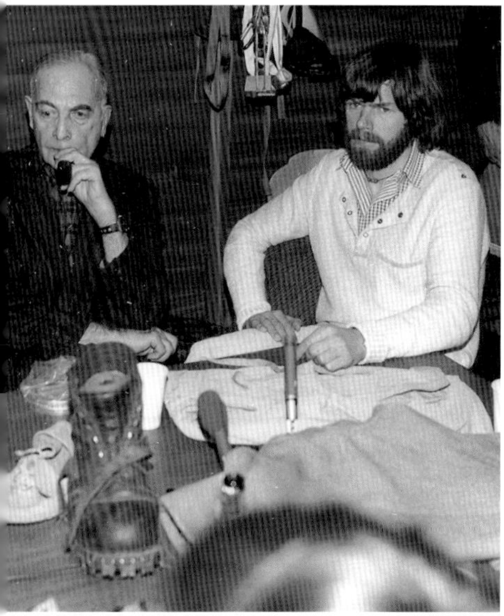

Matthias Rebitsch und Reinhold Messner, ISPO München 1980
(© H. Höfler)

In der Debatte um die Ereignisse vom Nanga Parbat 1970 unterstützte Rebitsch die Seite Messners und stand Herrligkoffer/Kuen kritisch gegenüber. So nimmt er Kuens teils widersprüchliche Aussagen zur Rufverbindung mit Messner an der Merkl-Scharte (vgl. S. 54f.) unter die Lupe und äußert den Verdacht, dass einige im Namen von Kuen veröffentlichte Berichte (*Bunte* und *Mitteilungen des Deutschen Alpenvereins,* vgl. S. 102 und 113) von Herrligkoffer manipuliert seien.[21] Auch schildert Rebitsch einen Fall, in dem Herrligkoffer erfolglos versucht hatte, Kuen zur Änderung bzw. Rücknahme einer Aussage zu bewegen, als dieser im Magazin *Der Bergsteiger* (November 1970) die Version Messners von der Bedeutung der roten Rakete bestätigte.[22] Darüber hinaus schaltete sich Rebitsch auch in die Debatte ein, welche Such- und Hilfsaktionen die Expedition nach dem Verschwinden der Messner-Brüder unternahm bzw. hätte unternehmen können (vgl. S. 76–91 und 154–162).

Daher ist es von besonderem Interesse, dass Rebitsch Messners Buch *Die rote Rakete am Nanga Parbat,* welches Ende März 1971 in Druck gegangen war, ebenfalls sehr kritisch begutachtete.

Rebitsch hatte zuvor in der *Tiroler Tageszeitung* vom 9. September 1970 einen ausführlichen und sachlichen Bericht über die Gipfelbesteigung und den dramatischen Abstieg der Messner-Brüder veröffentlicht – mit dem er, wie er später schrieb, *„versöhnend ‚Goldene Brücken' für das Wiederzusammenfinden zwischen R*[einhold] *und K*[uen] *und sogar auch für H*[errligkoffer] *gebaut hatte".*[23] So verzichtete Rebitsch auf jegliche Angriffe auf Herrligkoffer wegen

21 Brief M. Rebitsch an G. Klamert, 14. 02. 1971; Kopie im Archiv des DIAF
22 Brief M. Rebitsch an G. Klamert, 24. 03. 1971; Kopie im Archiv des DIAF
23 Brief M. Rebitsch an G. Klamert, 21. 05. 1971; Kopie im Archiv des DIAF

der roten Rakete und sah im Nachsteigen Günthers das auslösende Moment der nachfolgenden Ereignisse.

Rebitsch folgte der Argumentation Messners, dass die Entscheidung zum Abstieg über die Diamirseite erst nach der Rufverbindung mit Kuen an der Merkl-Scharte erfolgt war und dass Messner zuvor durch das mitgeführte Foto geglaubt hatte, von der Scharte wieder zur Aufstiegsroute zurückkehren zu können. So bemängelte Rebitsch nun, in *Die rote Rakete* (S. 118) sei *„die Begründung des Abstiegs vom Gipfel zur Merklscharte* [...] *nicht einleuchtend genug dargestellt"*. Und Rebitsch wunderte sich, dass Messner auf S. 119 am Gipfelgrat bereits vom Beginn des Abstiegs über die Diamirseite redet. *„Schon?!"*, fügte Rebitsch dem entsprechenden Zitat Messners fragend hinzu.

Messners Begründung, warum er Kuen und Scholz einen direkteren Weg zum Südgipfel gewiesen hatte – *„Damit hoffte ich, das Seil zu bekommen"* (*Rote Rakete*, S. 133) –, lässt Rebitsch die Frage stellen: *„Warum hat R das Seil nicht direkt verlangt??"*

Und auch den folgenden Satz, *„Wir hätten es nur zum Abstieg in die Merklrinne gebraucht"* hinterfragte Rebitsch: *„Und der weitere Abstieg durch die schwierige Merklrinne ohne Seil? – Wenn es sich Gü*[nther] *schon nicht mehr zugetraut hatte, auf der sicher leichteren Aufstiegsroute vom Gipfel herab bis zum oberen Ende der Merklrinne seilfrei abzusteigen? Unlogisch."*

Wie so viele andere verwunderte auch Rebitsch Messners Behauptung, im Übrigen sei alles in Ordnung gewesen. *„?? Und Gü? Höhenkrank, erschöpft! Keine Erwähnung der diesbz. Zurufe. Kein Wort davon, dass sich Gü ohne Seil den Abstieg nicht mehr zutraue, dass sie in Bergnot seien. Vorher 3 Stunden lang dauernde Hilferufe, dann ‚alles in Ordnung'. Einesteils exakte Unterhaltung, dann wieder Nichtverstehen."*

Auf Messners Verzweiflung an der Merkl-Scharte, *„Felix ging zum Gipfel. Was hätte ich sonst tun können? Was ..."* (*Rote Rakete*, S. 134) antwortete Rebitsch: *„Nochmals um Hilfe schreien, Seil direkt verlangen, das unmissverständliche Alpine Notsignal geben in dieser verzweifelten Situation – wird man entgegenhalten. Entlastung für Kuen – Selbstbelastung Rs."*[24]

Matthias Rebitsch machte sich auch Gedanken darüber, wie es zum Ausbruch des Streits überhaupt gekommen war. Er gab die Schuld Felix Kuen, dessen

24 Zitate allesamt aus Brief M. Rebitsch an G. Klamert, 24. 03. 1971; Kopie im Archiv des DIAF

Kritik an Messner in der *Tiroler Tageszeitung* vom 15. Juli und in der *Abendzeitung* vom 17. Juli Rebitsch als „aggressiv" und „diffamierend" bezeichnete (vgl. S. 99ff.). Dies sei, so Rebitsch, der Beginn der „Hetzkampagne" gewesen. Er wies aber darauf hin, dass bereits drei Tage später in der Wiener *Die Presse* der polemische Artikel „Schatten über dem Nanga Parbat" erschienen sei, welcher einseitig für Messner Partei ergriffen hatte (vgl. S. 101). Rebitsch warnte, Herrligkoffers Rechtsanwalt Dr. Delp *„könnte nun den Verdacht äußern, bzw. behaupten, Baumgartner* [der Autor des Artikels in *Die Presse*; Anm. JH] *habe auf der Grundlage eines Gesprächs mit Reinhold den Artikel so polemisch konzipiert und ihn schon vor dem 15. Juli der ‚Presse'-Redaktion abgeliefert. Baumgartner habe demnach mit der ‚Kampagne' eigentlich begonnen, auf Grund des Interviews mit Reinhold."*[25]

Es war also nicht nur ein bergsteigerisch vergleichsweise unerfahrener Expeditionsleiter, sondern im Gegenteil ein äußerst erfahrener Bergsteiger, der bereits 1971 einige hartnäckige Fragen zu Reinhold Messners Version der Ereignisse und Beitrag zum Konflikt hatte. Fragen, die größtenteils auch fast 40 Jahre später noch gestellt werden können.

25 Brief M. Rebitsch an G. Klamert, 21. 05. 1971; Kopie im Archiv des DIAF

KAPITEL 9

OFFENE FRAGEN

Reinhold Messners Buch *Die rote Rakete* musste zwar 1972 wieder vom Markt genommen werden, da seine Veröffentlichung gegen den Expeditionsvertrag verstieß. Dadurch konnte es nicht die erwartete Verbreitung erreichen. Dennoch ist es der erste Bericht Messners in Buchform über die Ereignisse vom Nanga Parbat 1970 und besitzt aus diesem Grund einen hohen dokumentarischen Wert. 40 Jahre später wurde das Buch anlässlich des Spielfilms von Joseph Vilsmaier mit unverändertem Haupttext neu aufgelegt.
Beim Lesen von *Die rote Rakete* ist zu beobachten, dass die Erzählung sowohl des Aufstiegs wie auch des Abstiegs durchgängig ist, wenn man sie ganz wertungsfrei als Abbild von Reinhold Messners Wahrnehmung betrachtet. Einzig die Erzählung des Abschnitts zwischen Gipfel und Merkl-Scharte überrascht, weil der Bruder plötzlich zum bestimmenden Element wird. Damit beginnen gleichzeitig die kritischen Fragen.

DIE ENTSCHEIDUNG AM GIPFELGRAT

Wie in Kapitel 3 bereits erwähnt, war die Entscheidung, vom Gipfelgrat aus einen anderen Abstiegsweg zu nehmen, der Anfang der Tragödie und Kontroverse. Laut Reinhold Messner war seinem Bruder Günther der Rückweg über die Aufstiegsroute zu schwer.
Sprachlich wirkt der Dialog der Brüder bei dieser Entscheidung so, als hätten sie die Rollen getauscht. Im Buch steht:

„Günther (deutet nach Westen): Steigen wir hier ab.
Ich verstand nicht gleich.
Reinhold: Können wir nicht.
Günther: Hier ist es leichter.
Reinhold: Wir müssen hinunter, wo wir herauf sind.

Günther: Das ist zu schwer.
Reinhold: Du bist doch auch herauf.
Günther: Aber jetzt bin ich müde.
Reinhold: Wir müssen heute noch ein Stück absteigen, morgen werden wir noch müder sein.
Günther: Aber nicht, wo wir herauf sind. Wir müssen einen leichteren Weg finden.
Ich sagte nicht: ‚Du musst.' Vielleicht hätte ich es sagen sollen."[1]

Es verwundert, wie klar und bestimmt Günther trotz seiner Höhenkrankheit hier den Weg weist. Wie plausibel ist es, dass Reinhold in dieser heiklen Situation dem angeschlagenen Günther Recht gegeben und sich seinem Vorschlag angeschlossen hat? Und was meint Reinhold Messner mit „Ich sage nicht: ‚*Du* [Hervorhebung durch JH] musst' Vielleicht hätte ich es sagen sollen"?

Reinhold konsultierte daraufhin ein Foto der Rupalwand, das er seinen Angaben nach mitgeführt hatte.[2] Nach diesem Bild schien es möglich, von der Scharte am oberen Ende der Merkl-Rinne zurück zur Aufstiegsroute zu queren. Also stiegen sie in diese Richtung ab.
Das Problem dieser Begründung ist, dass sie in ihren einzelnen Punkten zwar logisch wirkt, es *in der Gesamtheit betrachtet* aber nicht ist und sich mit anderen Aussagen Reinhold Messners widerspricht:
Es wäre ja durchaus nachvollziehbar, dass sich Günther, ausgepumpt durch den schnellen Aufstieg, den Abstieg über die ausgesetzte und ungesicherte Querung unter dem Südgipfel nicht mehr zutraute. Und es stimmt ja auch, dass das angesprochene Bild eine Möglichkeit andeutet, von der Merkl-Scharte aus zur Aufstiegsroute zurückzuqueren.

Das Bild ist aus großer Entfernung aufgenommen und zeigt im fraglichen Wandbereich einen geschlossenen Schneehang (vgl. S. 49).
Doch die Querung aus der Merkl-Scharte zurück zur Aufstiegsroute führt zu einem Punkt, der *oberhalb* der eigentlichen Schwierigkeiten der Merkl-Rinne

1 *Rote Rakete*, S. 117f.
2 Abgedruckt in *Rote Rakete*, S. 129. Max von Kienlin bestätigt, dass Messner dieses Foto zumindest im Basislager dabeihatte (mündliche Mitteilung, 01. 02. 2010).

liegt, so wie Messner sie selbst beschrieb. Ein solcher Abstiegsweg hätte also höchstens Sinn gemacht, wenn am nächsten Tag diese Schwierigkeiten „entschärft" gewesen wären. Wenn andere also ebenfalls aufgestiegen wären und die Rinne versichert hätten. Messner schreibt, er habe nicht gewusst, dass andere aufsteigen würden:

„Ich dachte auch nicht, dass noch jemand aufsteigen würde. Sonst hätten wir gewartet. Ich wusste nur, dass wir absteigen mussten, und zwar irgendwohin, wo man uns von der Merkl-Rinne aus sehen konnte."[3]

Wenig später aber lässt er Günther sagen:

„Die anderen werden die Rinne versichern."[4]

Hermann Kühn notierte nach dem Auffinden Messners am 3. Juli, dass dieser den Abstieg über die Diamirseite unter anderem damit begründete, ein *„Warten auf Haim, Mändl, Saler, die die Rinne versicherten"*, sei zu riskant gewesen, da er nicht gewusst habe, ob sie bis in ihre Nähe aufsteigen würden (vgl. S. 97).[5]

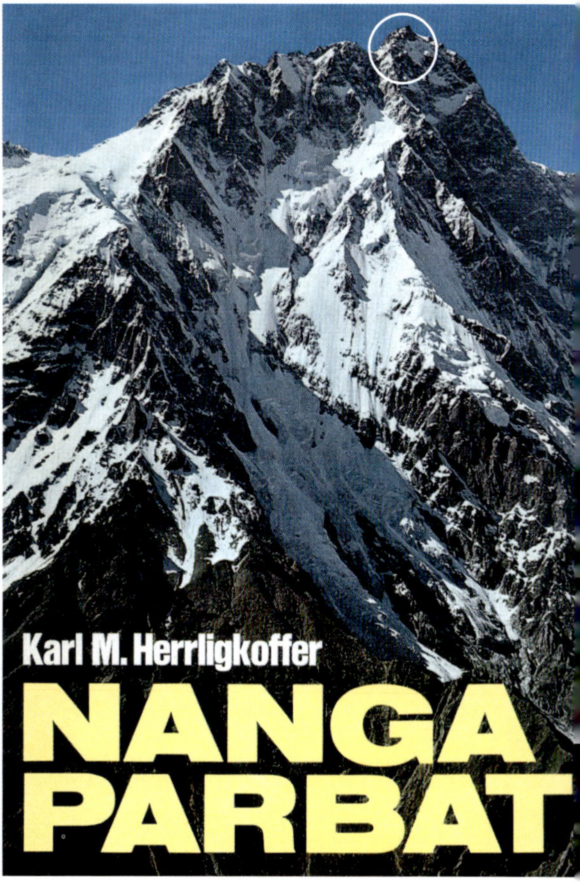

War laut Reinhold Messner der Grund für den Abstieg zur Merkl-Scharte: Titelbild eines Herrligkoffer-Buchs. Der Kreis markiert die vermutete Querungsmöglichkeit von der Merkl-Scharte zurück zur Aufstiegsroute.
(© Archiv DIAF/Herrligkoffer-Stiftung)

---

3 *Rote Rakete*, S. 118
4 *Rote Rakete*, S. 118
5 Tagebuch H. Kühn, 03. 07. 1970

1970 war noch niemand den Wandbereich vom Südgipfel bis hinab zur Merkl-Scharte geklettert, weder im Ab- noch im Aufstieg. Dies wirft die Frage auf, warum sich Günther einerseits nicht zugetraut haben soll, über die bekannte Aufstiegsroute abzusteigen, andererseits aber anscheinend keine Mühe hatte, seinem Bruder in diesen völlig unbekannten Wandbereich zu folgen?

Besagten Wandbereich bewältigten im Aufstieg zum ersten Mal Grazer Bergsteiger unter Hanns Schell 1976. Sie nutzten eine Schwachstelle in dem markanten Felsriegel zwischen der Merkl-Scharte und dem Südgipfel, welche etwas unterhalb der Scharte auf der Diamirseite beginnt und schräg nach links oben zieht (vgl. S. 49 und 55).

Diese Route ist auf den bereits erwähnten Luftbildern der Deutschen Himalaya-Stiftung, welche den Messner-Brüdern für ihre Expeditionsvorbereitungen zur Verfügung gestanden haben dürften, deutlich zu erkennen (vgl. S. 55 und 134). Die Bilder wurden auch später in *Die rote Rakete* abgedruckt.[6] Auf dem Foto der Rupalwand, welches Reinhold Messner seinen Angaben nach mitgeführt hatte, ist diese Seite des Gipfelaufbaus hingegen nicht zu erkennen.

„Wir stiegen über die leichtere Diamirseite zur Scharte am oberen Ende der Merkl-Rinne ab, nachdem sich ein Abstieg über die Rupal-Seite als zu gefährlich herausgestellt hatte. Wir sagten nicht, dass sonst nichts in Frage käme. Es war so selbstverständlich für uns, dass wir einen dritten Abstiegsweg erst gar nicht mehr durchdiskutierten.“[7]

Was steht hier zwischen den Zeilen geschrieben? Dass es doch einen dritten Abstiegsweg gab? Es gab ihn tatsächlich – es war der Weg, den Felix Kuen und Peter Scholz am nächsten Tag nahmen. Er vermied sowohl die Querung nach links zur Merkl-Scharte wie auch die steile, ausgesetzte Querung rechts unter dem Südgipfel hindurch, welche die Messner-Brüder im Aufstieg bewältigt hatten.

Doch diese Möglichkeit wurde laut Reinhold Messner genauso wenig diskutiert wie ein Abstieg über die Aufstiegsroute bis zum Beginn der Schwierig-

6 *Rote Rakete*, S. 131f.
7 Ebd., S. 118f.

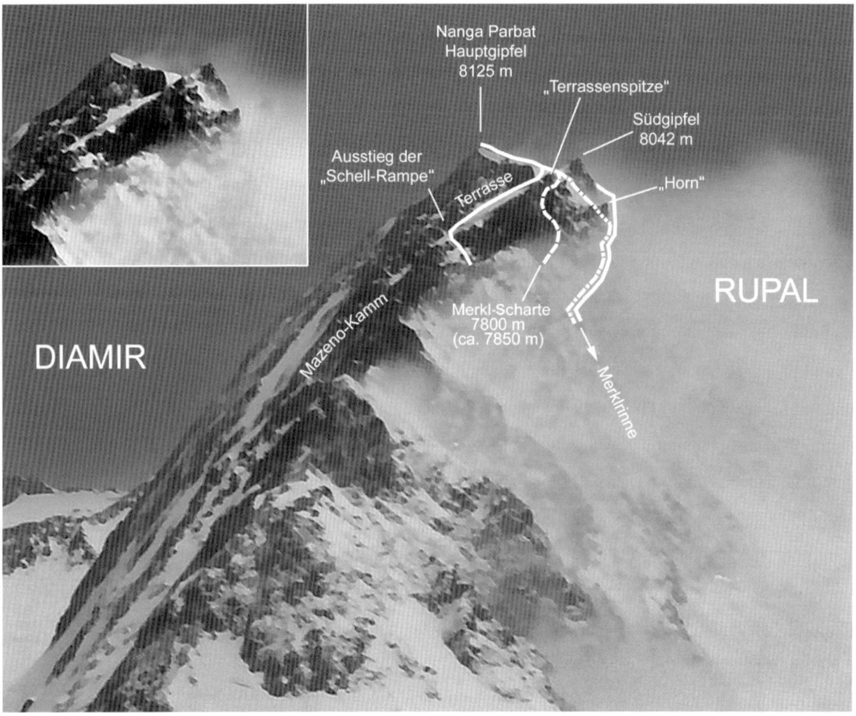

Der Gipfelaufbau des Nanga Parbat von Südwesten. Durchgezogene Linie: Abstiegsroute der Messner-Brüder über die spätere Schell-Route zur Merkl-Scharte; gestrichelte Linie: von R. Messner verschiedentlich angegebener Abstieg über den Grat vom Südgipfel zur Merkl-Scharte; strichpunktierte Linie: Anstieg von Kuen und Scholz links des Südgipfels
(© Foto: Archiv DAV/Grafik: J. Hemmleb)

keiten der Merkl-Rinne, um dort zu biwakieren und auf Unterstützung zu warten. Die Messner-Brüder wählten stattdessen den Abstieg durch den unbekannten Wandbereich vom Südgipfel zur Merkl-Scharte.

„Über eine schräge Rampe steigen die beiden ab. Es geht langsam. Schneerinnen, kurze steilere Felsstufen. Sie klettern, dann gehen sie wieder aufrecht."[8]

Hanns Schell schrieb im Vergleich dazu über die Route, auf der er 1976 durch diesen Wandbereich gestiegen war: *„Wir querten etwa 100 m in westlicher Richtung, um anschließend über Schnee und einige Kletterstellen aufwärts zu*

8 Ebd., S. 119

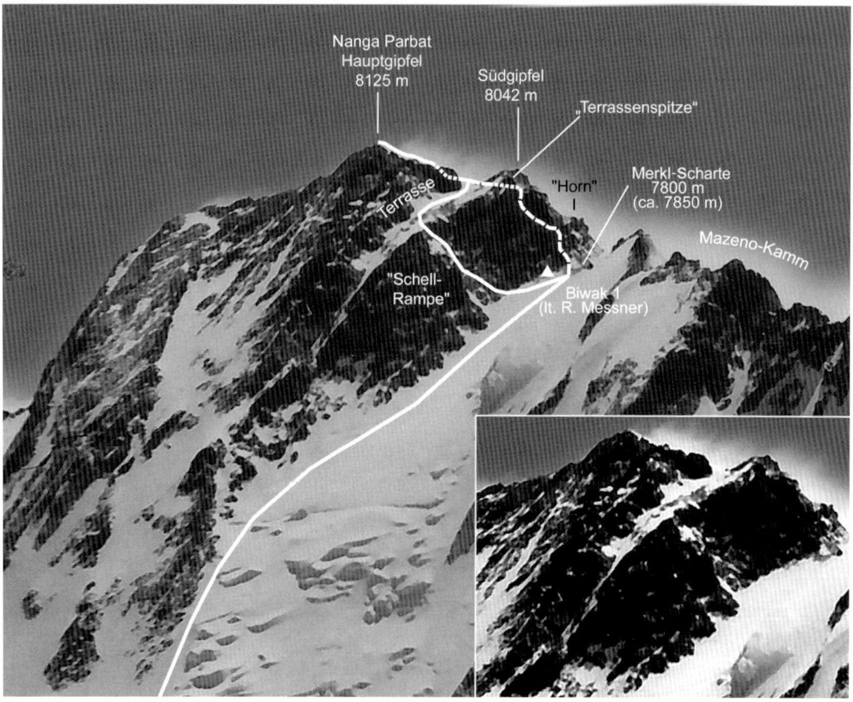

Der Gipfelaufbau des Nanga Parbat von Westsüdwesten: Durchgezogene Linie: Abstieg der Messner-Brüder über die spätere Schell-Route zur Merkl-Scharte und in die Diamirwand. Man beachte die schräge Terrasse und den Felsriegel zwischen Südgipfel und Scharte; gestrichelte Linie: von R. Messner verschiedentlich angegebener Abstieg über den Grat vom Südgipfel zur Merkl-Scharte

(© Foto: Archiv DAV/Grafik: J. Hemmleb)

steigen. Schließlich wurde es so steil, dass wir gesichert gingen, bis wir auf einem flachen Schneehang westlich der Südschulter aussteigen konnten.“[9]

Waren die Brüder Messner 1970 über denselben Weg abgestiegen? Hias Rebitsch hatte nach Gesprächen mit Reinhold Messner Anfang September 1970 geschrieben: *„So kletterten sie den leichteren Blockgrat hinunter zur Scharte.“*[10] Laut Reinhold Messner erreichten er und Günther nach *„mehr als einer Stunde“* die Firnmulde am Fuß des Gipfelaufbaus und biwakierten nahe der Merkl-Scharte in etwa 7800 Meter Höhe.[11]

9 *Nachrichten der ÖAV-Sektion Graz*, Nr. 7–9, 1976, S. 7f.
10 *Tiroler Tageszeitung*, 09. 09. 1970
11 *Rote Rakete*, S. 119

DAS BIWAK

Über den Ort des Biwaks fanden sich anfangs unterschiedliche Angaben. So schrieb z. B. die Zeitschrift *Der Bergkamerad* Anfang August 1970 unter der Zwischenüberschrift: „Reinhold Messner: Ich hoffe, der BERGKAMERAD schreibt die Wahrheit vom Nanga":
„Und nun sitzen die ‚Messner-Buam' nahe der Südschulter auf etwa 8000 m und warten auf den Morgen." (Hervorhebung durch JH)[12]

Auch Hermann Kühn notierte nach dem Auffinden Reinhold Messners am 3. Juli in seinem Tagebuch, das erste Biwak der Brüder habe sich auf 8000 Meter befunden (vgl. S. 96).
Dieser Widerspruch zur Aussage in „Odyssee" und *Die rote Rakete* (vgl. S. 134) ist vor allem bei einer Betrachtung des Gesamtzusammenhangs interessant: Laut Reinhold Messner hatten die Brüder den Gipfel gegen fünf Uhr nachmittags erreicht und ihn etwa eine Stunde später – also gegen 18 Uhr – wieder verlassen.[13] Laut Hermann Kühns Notizen hatten sie um 18 Uhr sogar erst auf dem Gipfel gestanden. Sonnenuntergang war am 27. Juni 1970 am Nanga Parbat gegen 19.30 Uhr, die Dämmerung endete eine halbe Stunde später. Der Mond ging erst 30 Minuten nach Mitternacht auf.[14]
Wie wahrscheinlich erscheint es in diesem Zusammenhang, dass ein Bergsteiger, der offensichtlich vom Aufstieg ermüdet ist und am Abstieg zweifelt, am Abend eines langen Tages noch in weniger als zwei Stunden durch eine 150–200 Meter hohe Fels- und Schneeflanke absteigt, die kletter- und orientierungstechnisch nicht unbedingt leicht ist?
Die Schwierigkeiten der Flanke sind inzwischen durch andere Bergsteiger (Schell 1976) beschrieben. Es ist bis heute meines Wissens nicht bekannt, ob es eine leichtere Durchstiegsmöglichkeit durch diesen Wandbereich gibt. Auf Fotos erscheint der Grat, der von der Merkl-Scharte zum Südgipfel zieht, zumindest in der oberen Hälfte gangbar. Die Gruppe um Hanns Schell war ihn 1976 nicht gegangen, weil an diesem Tag Sturm herrschte und sie in der Flanke weiter links geschützter waren.[15]

12 *Der Bergkamerad*, 10. 08. 1970, S. 10
13 *Rote Rakete*, S. 115
14 Daten des US Naval Observatory, http://aa.usno.navy.mil/cgi-bin/aa_pap.pl
15 Interview R. Schauer mit JH, 28. 10. 2009

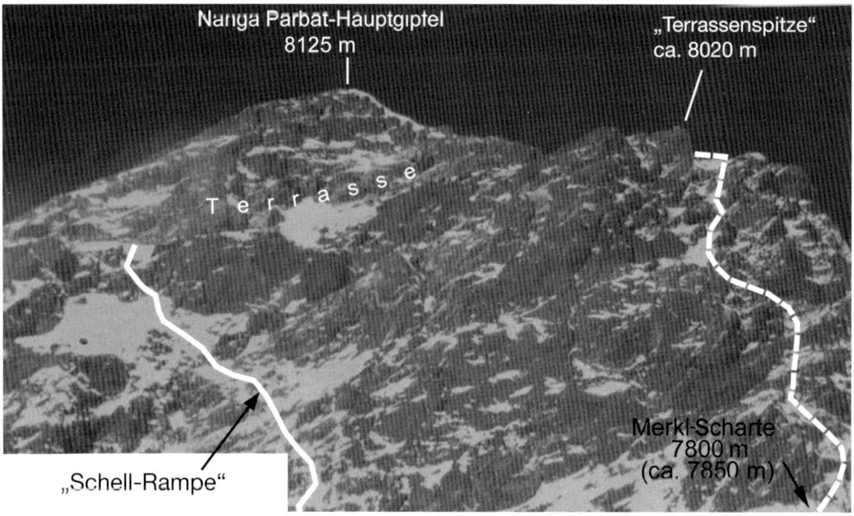

Der 150–200 Meter hohe Felsriegel zwischen Südgipfel und Merkl-Scharte. Links die Schell-Route von 1976 (durchgezogene Linie), rechts der von Reinhold Messner verschiedentlich angegebene Abstieg über den Grat vom Südgipfel zur Merkl-Scharte (gestrichelte Linie)
(© Foto: R. Schauer/Grafik: J. Hemmleb)

Wenn es keine bedeutend leichtere Route gab, wäre entweder die Beschreibung des Zustands von Günther zu hinterfragen oder die Angabe des Biwakplatzes.

Felix Kuen glaubte einerseits der Darstellung Reinhold Messners von einem Biwak nahe der Merkl-Scharte. Andererseits gab er auf Skizzen und Fotos an, dass sich Reinholds Standort während der Rufverbindung am nächsten Tag *oberhalb* der Scharte am Grat befunden hatte.[16] Auch berichtete er, bei einem klar erkennbaren Notfall *„hätte er schon um 14 Uhr den Standort Reinholds und gegen 15 Uhr die Biwakstelle der Gebrüder Messner erreicht“*[17] – was ebenfalls andeutet, dass der Standort Reinholds deutlich oberhalb der Merkl-Scharte gelegen hatte. Was wäre in diesem Fall wahrscheinlicher: Dass Reinhold Messner nach einem Biwak nahe der Scharte 50 bis 100 Höhenmeter zum Grat *aufgestiegen* war, oder dass er von einem höher gelegenen Biwak zu seinem Standort am Grat *abgestiegen* war?

---

16 z. B. in *Kampf und Sieg*, S. 123 u. 136
17 Ebd., S. 129

DIE SITUATION AN DER MERKL-SCHARTE

Wie in Kapitel 4 dargestellt, waren die Brüder Messner ohne Hilfe an der Merkl-Scharte abgeschnitten. Laut Reinhold waren sie aufgrund des mitgeführten Fotos der Rupalwand in diese Situation geraten. Auf diesem Foto wirkte die Passage zwischen der Aufstiegsroute – genauer: dem Beginn der Querung unter dem Südgipfel – nach *links* hinüber zur Merkl-Scharte machbar (vgl. S. 49 und 130).

Vor dem Aufstieg hatte Reinhold Messner den fraglichen Wandbereich mit dem Fernglas studiert[18] und war beim Aufstieg dicht unterhalb vorbeigekommen. Dann aber war er gemeinsam mit Günther weiter nach *rechts* gequert. Warum nicht nach links? Hatte sich die Querung nach links hinauf zur Merkl-Scharte beim Studium durchs Fernglas wie auch bei der Betrachtung aus der Nähe als schwieriger erwiesen, sodass sie im Aufstieg rechts umgangen werden musste? Bereits die vorherigen Expeditionen zur Rupalwand waren zu der Überzeugung gelangt, dass man die Merkl-Rinne *„etwa hundert Meter vor ihrem oberen Ende* [d. h. die Merkl-Scharte; Anm. JH] *verlassen und nach rechts hinausqueren müsste“.*[19]

Der Wandbereich zwischen Merkl-Scharte und Südgipfel wiederum war 1970 unbekannt und sollte sich bei späteren Begehungen als kletter- und orientierungstechnisch nicht unbedingt leicht erweisen. Wenn sich Günther bereits die offenkundig leichtere Querung unter dem Südgipfel, die er und sein Bruder im Aufstieg genommen hatten, im Abstieg nicht mehr zutraute, wie konnte dann der unbekannte Wandbereich zwischen Südgipfel und Merkl-Scharte sowie die zuvor umgangene Passage zwischen Scharte und Aufstiegsroute einen leichteren Alternativweg darstellen? Und welche Rolle spielte dann ein aus der Ferne aufgenommenes Foto bei der Entscheidung über den Abstiegsweg wirklich?

Hermann Kühn notierte nach den ersten Gesprächen mit Reinhold Messner nach dessen Auffinden, Günther habe sich erst am Morgen nach dem Biwak nicht mehr zugetraut, ohne Seil durch die Merkl-Rinne abzusteigen[20] – und nicht schon am Vorabend beim Abstieg über den Gipfelgrat, wie es Reinhold

18 „Odyssee“, S. 2
19 *Sieben Jahrzehnte Gipfelkampf*, S. 193, sowie Routenfotos zwischen S. 144 u. 154
20 Tagebuch H. Kühn, 03. 07. 1970

Messner später in die *Die rote Rakete* schrieb.[21] Und obwohl der unveränderte Originaltext von *Die rote Rakete* 40 Jahre später erneut veröffentlicht wurde, sollte ihm Messner folgendes Selbstzitat hinzustellen: *„Von oben kommend – an der Merklscharte (links vom höchsten Punkt) – traute Günther sich ohne Seil nicht in die Steilwand zurück."*[22]

Damit stellte sich erneut jene Frage, auf die Matthias Rebitsch schon 1971 gestoßen war: Wenn Günther erst an der Merkl-Scharte Probleme bekommen hatte, warum wurde dann überhaupt vom Gipfelgrat der Abstieg durch einen unbekannten Wandbereich zur Merkl-Scharte angetreten?

Angesichts dieser Hintergründe und Fragen erscheint eine solche Entscheidung nur nachvollziehbar, wenn bereits am Gipfel ein Abstieg über die gesamte Diamirflanke ins Auge gefasst worden war und hierfür das unbekannte Gelände bis hinab zur Merkl-Scharte in Kauf genommen wurde.

Im Jahr 2005 durchstiegen die Amerikaner Vince Anderson und Steve House die Rupalwand des Nanga Parbat auf einer neuen Direktroute rechts der Messner-Route von 1970. Vom Gipfel aus schaute Anderson hinab in die Diamirflanke, deren Mittelteil unterhalb des steilen Gipfelaufbaus leichter und flacher wirkt. Doch sie widerstanden ihrem *„Reiz"*, wie es Anderson später formulierte. *„Uns beruhigte das Gefühl, über vertrautes Gelände abzusteigen."*[23]

Waren die Messner-Brüder diesem „Reiz" erlegen und hatten sich täuschen lassen? Wie weit hatte eventuell bei der Entscheidung das Unterbewusstsein – die mögliche „Vorprogrammierung" durch im Tal gefasste Gedanken – eine Rolle gespielt (vgl. S. 27f.)?

21 *Rote Rakete*, S. 117f.

22 *Rote Rakete*, Auflage 2010, S. 159, dazu auch R. Messner in der Fernsehsendung „Tod am Nanga Parbat", WDR „die story", 18. 01. 2010: *„Erst dort* [auf 7800 m, an der Merkl-Scharte] *kamen wir in die Notlage, zu entscheiden, was tun wir jetzt."*

23 *American Alpine Journal*, 2006, S. 24

KAPITEL 10

PROZESSE UND DIE SUCHE NACH DEM BRUDER

Anderthalb Jahre nach der Tragödie, im Herbst 1971, war Reinhold Messner zurück am Nanga Parbat. Einige Wochen zuvor war bereits Herrligkoffer im Gebiet des Nanga Parbat gewesen. Gemeinsam mit seiner Lebensgefährtin Uschi, der Exfrau seines vorherigen Freundes Max von Kienlin, stieg Messner hinauf ins Diamirtal. *„Ich will meinen Bruder suchen und die Menschen wieder sehen, die mir 1970 geholfen haben."*, schrieb Messner 32 Jahre später über die Unternehmung.[1]

Rückblickend überrascht zunächst die Zeit für eine Suche. Es war bereits Oktober, Messner befand sich auf der Rückreise von einer Führungstour auf der Südhalbkugel. In den Hochregionen des Himalayas stand der Winter vor der Tür – und im Abstieg durch das Diamirtal wurden die beiden dann auch tatsächlich vom Schnee überrascht.[2] Auch handelte es sich bei der Suche um eine relativ spontane Aktion, ohne vorhergehende größere Planung und *„ohne Permit"*, d. h. Genehmigung.[3]

Nach vier Tagen erreichten sie das Basislager unter der Diamirflanke und blieben dort weitere vier Tage.[4] Die Gedanken an den Bruder verfolgten Messner bis in den Schlaf.

„Tag für Tag breche ich auf, bin auf der Suche. Nach meinem Bruder. […] *Im Morgengrauen gehe ich los, bei Vollmond komme ich ins Lager zurück. Müde und deprimiert. Nichts zu finden. Wie viele Eislawinen sind am Wandfuß seit 15 Monaten niedergegangen. Hunderte."*[5]

1 *Weiße Einsamkeit*, S. 66
2 Ebd., S. 72
3 Ebd., S. 67
4 Ebd., S. 71
5 Ebd., S. 72

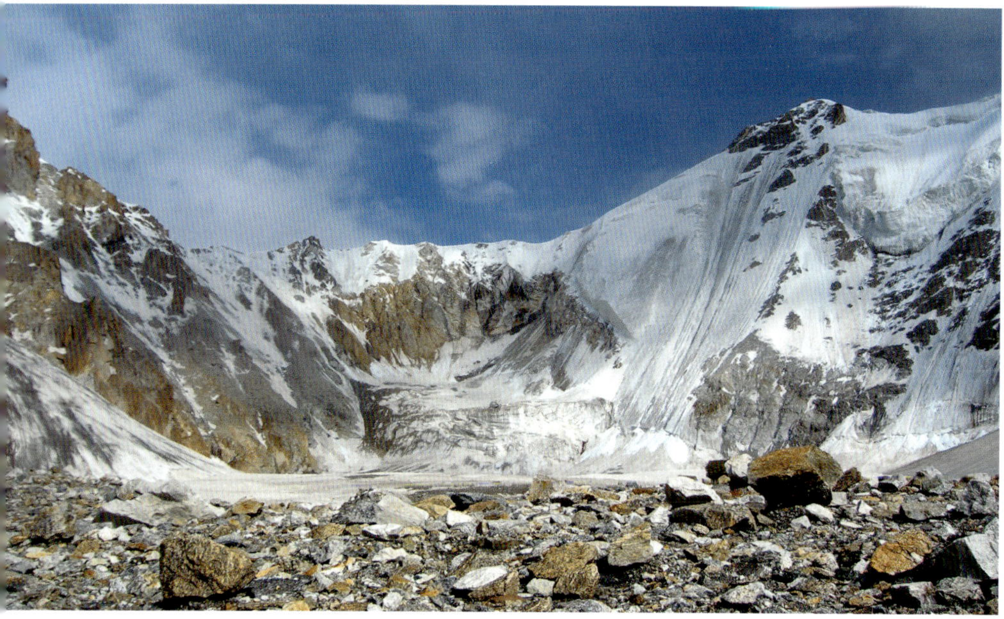

Die schwierigere Loiba-(Diamir-)Seite des Mazenopasses (l.). Der Abstieg vom Pass führt entlang des grauen Schuttsporns hinab zum höchsten Punkt des Gletschers. (© L. Stitzinger)

Allerdings scheint sich Messners Suche 1971 nicht allein auf den Gletscher am Fuß der Diamirflanke beschränkt zu haben. In seinem 1982 erschienenen Buch *Alle meine Gipfel* findet sich ein interessanter Hinweis, der in *Die Weiße Einsamkeit* 2003 dann nicht mehr auftaucht:
„Doch obwohl ich sogar über den Mazenopass auf die andere Bergseite ins Basislager von 1970 hinüberwechselte, gelang es mir nicht, den geringsten Hinweis auf Günther zu finden.“[6]

Hoffte Messner wirklich, auch auf der Rupalseite Hinweise auf den Bruder zu finden, obwohl nach allen Schilderungen zuvor – Erstbericht „Odyssee am Nanga Parbat“, *Die rote Rakete* usw. – doch kein Zweifel daran bestehen sollte, dass Günther auf der Diamirseite am Wandfuß in einer Eislawine ums Leben gekommen war? Auch wenn Messner sich, wie er weiter schrieb, *„an die wahnwitzige Vorstellung geklammert* [hatte], *Günther könnte die Eislawine*

6 *Alle meine Gipfel*, Erstausgabe 1982, S. 128

durch ein Wunder überlebt haben",[7] wäre es wirklich vorstellbar gewesen, der Bruder hätte versucht, über den fast 5400 Meter hohen Pass auf die Rupalseite zurückzugelangen? Oder diente der „Abstecher" über den Mazenopass gar nicht der Suche nach Günther?
Es sei daran erinnert (vgl. S. 125), welche Bedeutung Messner dem Mazenopass zumaß, als er Herrligkoffer der unterlassenen Hilfeleistung anklagte. Nach seiner Rückkehr machte Reinhold Messner das Ergebnis dieser anderen „Suche" publik und schrieb, er habe den Aufstieg aus dem Diamirtal zum Pass und hinüber ins Rupaltal als leicht und in einem Tage zu machen befunden[8] – woraufhin von Herrligkoffer die obligatorische Gegendarstellung erfolgte.[9] Messners Rechtsanwalt, Gerhard Klamert, legte galant nach, indem er unter Hinweis auf „touristisches Interesse" weitere Informationen zum Mazenopass veröffentlichte, die von der Expedition Mummerys 1895 stammten. Sie stützten – so Klamert – die These Messners, verdienten volle Glaubwürdigkeit und schienen *„für eine alpintouristische Umwanderung des berühmten Berges [...] sehr interessant."*[10]

Rund 30 Jahre später sollte Messner das Thema Mazenopass erneut in die Öffentlichkeit bringen.

WEITERE SUCHEN?

„[Nach 1971] *habe ich noch mehrfach, nämlich in den Jahren 1973, 1978 und 2000, nach meinem Bruder – leider bislang noch ohne Erfolg – gesucht."*[11]
Zur Einordnung dieser Aussage – die 2010 in Vilsmaiers Spielfilm über die Tragödie noch weiter gesteigert wurde, in dem eine Einblendung gleich von einem ganzen „Dutzend" Suchen nach dem Bruder spricht – empfiehlt sich ein Vergleich mit Messners früheren Berichten: *„Im Mai 1973 startete ich erstmals zum Nanga Parbat mit dem ernstlichen Vorsatz, den [...] Berg allein zu klettern."*[12] An der Mummery-Rippe kam er bis auf knapp über 6000 Meter.

7 Ebd.
8 *Münchner Merkur*, 24. 02. 1972
9 *Münchner Merkur*, 04./05. 03. 1972
10 *Münchner Merkur*, 29. 03. 1972
11 Eidesstattliche Versicherung R. Messner vom 27. 06. 2003 (im Rahmen der Anträge auf Einstweilige Verfügung R. Messner ./. Hans Saler und A1 Verlag; R. Messner ./. Max von Kienlin und F. A. Herbig Verlagsbuchhandlung)
12 *Alleingang*, S. 16

Auch in *Die weiße Einsamkeit*, in der er 2003 den Versuch nochmals schildert (S. 87–97), ist von einer Suche nicht die Rede.
1978 war das Jahr von Messners Alleinbesteigung des Nanga Parbat, welche das zentrale Thema in seinen Büchern *Alleingang Nanga Parbat* (1979) und *Die weiße Einsamkeit* (2003) ist. Im Aufstieg wählte er am Gipfelaufbau eine Route, die links des Wegs von 1970 verlief, während er im Abstieg erneut durch den Wandbereich zwischen Südgipfel und Merkl-Scharte abkletterte (vgl. S. 149 und 133f.). Aber eine Suche?

Interessant ist in diesem Zusammenhang Messners Routenwahl in diesem Wandbereich. Zum Zeitpunkt seines Alleingangs waren Verlauf und Schwierigkeit der Schell-Route bekannt, die Messner auch als möglichen Abstiegsweg ins Auge fasste.[13] Zudem kannte Messner seine eigene Abstiegsroute zur Merkl-Scharte von 1970 (die möglicherweise nicht der Schell-Route entsprach; vgl. S. 134). Trotzdem wählte er anscheinend keine von beiden, denn er schrieb anschließend:
„Als ich merke, dass sich die Rampe, auf der ich gehe, im steilen Felsgemäuer verliert, ist es zu spät. Zurückgehen kann ich nicht, dafür bin ich viel zu müde. Ein direkter Abstieg kommt auch nicht in Frage, weil senkrechte Stufen zwischen mir und der Westmulde liegen. Meinem Instinkt vertrauend, suche ich zwischen den Abbrüchen und einzelnen Schneefeldern einen neuen Weg.“[14]

Welche Rampe war hier gemeint? Auf die Schell-Route trifft seine Beschreibung nicht zu. Eine Grafik in *Alleingang* gibt zwar an, dass Messner über die Schell-Route abgestiegen sei,[15] doch entspricht die zitierte Beschreibung des „neuen Wegs“ eher jener schrägen Terrasse, die vom Südgipfel in nordwestlicher Richtung abwärts, d. h. in die Diamirflanke zieht und den Wandgürtel über der Merkl-Scharte nach oben abschließt. Ein Abstieg entlang dieser Terrasse entspricht auch am ehesten der Skizze des Begleitoffiziers, der Messners Alleingang genau verfolgt hatte.[16] Warum also anscheinend eine andere Route als die bereits bekannten?

---

13 *Everest-Expedition zum Endpunkt*, S. 214
14 Ebd., S. 201
15 *Alleingang*, gegenüber S. 1
16 Ebd., S. 273. Der entscheidende Punkt ist, dass sich in der sehr detaillierten und mit Uhrzeiten versehenen Zeichnung des Begleitoffiziers die Auf- und Abstiegsrouten Messners kreuzen, was bei einem Abstieg über die Schell-Route nicht der Fall gewesen wäre.

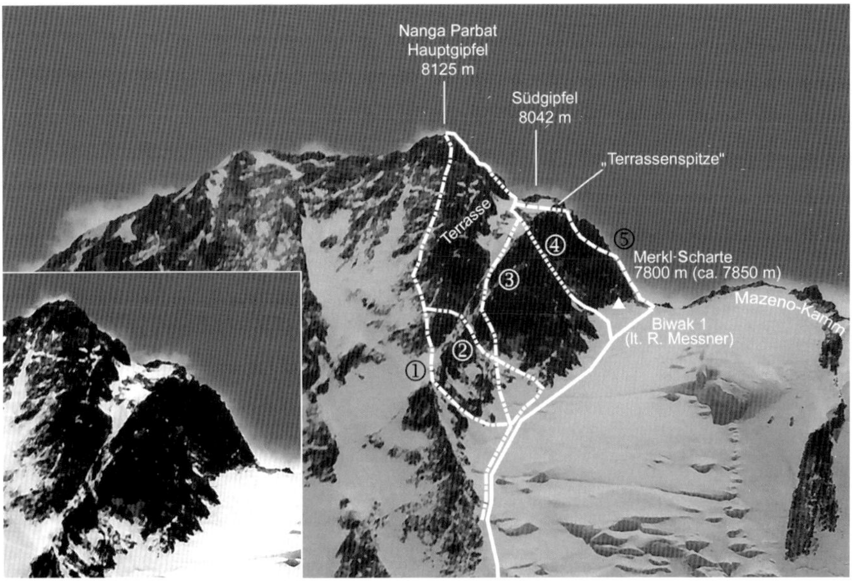

Der Gipfelaufbau des Nanga Parbat von Westnordwesten: (1) Aufstiegsroute 1978 nach Messner (Alleingang, S. 1); (2) Aufstiegsroute 1978 nach Skizze des Begleitoffiziers (Alleingang, S. 273); (3) Abstiegsroute 1978 nach Skizze des Begleitoffiziers; (4) Abstiegsroute 1970 und 1978 nach Messner (Alleingang, S. 1); (5) Abstiegsroute 1970 nach Messner (Alleingang, S. 177). Auf der Skizze des Begleitoffiziers kreuzen sich Auf- und Abstiegsroute 1978, in Messners Grafik nicht.

(© Foto: Archiv DAV/Grafik: J. Hemmleb)

In der Neubearbeitung von *Alleingang, Die weiße Einsamkeit* aus dem Jahr 2003, ist diese Passage abgeändert. Nun schreibt Messner, er sei zuerst *„Richtung Merkl-Scharte, dann über Schnee durch die Westmulde"* abgestiegen. Und die genannte Rampe ist nicht länger ein neuer, sondern nur noch „mein" Weg.[17] Warum?

Über seine Expedition 2000 lässt er in der deutschen Wochenzeitung *Die Zeit* unmissverständlich schreiben: *„Sein Ziel ist die Nordostseite des Berges zwischen Diamir- und Rakhiot-Flanke. Bisher ist nämlich nur Albert F. Mummery dorthin gelangt* [sic!]. *Doch weder von ihm noch von seinen beiden Gurkha-Trägern hat man je eine Spur gefunden.* [...] *Auf Mummerys Spuren will Messner diesmal zum Gipfel steigen."*[18] Er war also in einer anderen Wand unterwegs als jener, in der sein Bruder verschwunden war. Dass einer seiner Kollegen

17 *Weiße Einsamkeit*, S. 177
18 *Die Zeit*, 10. 08. 2000

auf dieser Expedition dennoch „fündig“ wurde, ist eine andere Geschichte (vgl. S. 185f.). Schlussendlich kündet Messner erst 2003, nach einer Pause von 32 Jahren, offiziell an, die Suche nach der Leiche seines Bruders wieder aufnehmen zu wollen: *„Ich werde meinen Bruder finden.“*[19]

NIEDERLAGEN VOR GERICHT

Noch vor Messners Reise zum Nanga Parbat im Herbst 1971 hatte die Staatsanwaltschaft beim Landgericht München I am 14. September den Strafantrag Messners gegen Herrligkoffer und Bitterling wegen Verleumdung abgewiesen. Am 14. März 1972 wurde schließlich auch das Ermittlungsverfahren gegen Herrligkoffer und Anderl wegen fahrlässiger Tötung von Günther Messner und unterlassener Hilfeleistung gegenüber Reinhold Messner eingestellt. In der Kontroverse um die Bedeutung der roten Rakete führte das Gericht in seinem 24-seitigen Bescheid sowohl die Version Herrligkoffers als auch die Messners an, wobei erstere nun auch von Felix Kuen „im Wesentlichen“ bestätigt wurde (vgl. S. 99 und 104). Das Gericht kam zu dem Schluss, in beiden Fällen *„hätte keinerlei Einverständnis Dr. Herrligkoffers oder Michael Anderls mit dem nachfolgenden Anstieg Günther Messners vorgelegen“*. Deshalb sei auch *„keinerlei Unterlassung der Beschuldigten ersichtlich, die für den Tod Günther Messners hätte ursächlich sein können“*.[20]
Der Bescheid nahm in einer Chronologie auch Stellung zum umstrittenen Inhalt der Rufverbindung zwischen Messner und Kuen nahe der Merkl-Scharte. *„Der Anzeigeerstatter Reinhold Messner bestätigt nahezu vollinhaltlich die auf der Darstellung des Bergsteigers Kuen beruhende vorstehende Schilderung der Zurufe Reinhold Messners und Felix Kuens. Insbesondere gibt Reinhold Messner an, dass er auf die Frage Kuens, ob alles in Ordnung sei, bejahend geantwortet habe. Er habe gehofft, dass er von der Mannschaft Kuen/Scholz das Seil zum Abstieg in die Merkl-Rinne bekommen könne. Er habe deshalb zum Ausdruck bringen wollen, dass er und sein Bruder nur ein Seil benötigten, sonst aber alles in Ordnung sei.“*[21]

19 *Frankfurter Allgemeine Zeitung*, 17. 06. 2003
20 Bescheid der Staatsanwaltschaft beim Landgericht München I, 14. 03. 1972, S. 16; Archiv des DIAF
21 Bescheid der Staatsanwaltschaft beim Landgericht München I, 14. 03. 1972, S. 10; Archiv des DIAF

Das Gericht zeigte sich verwundert, *„dass Reinhold Messner nicht mit aller ihm zu Gebote stehenden Stimmkraft* [...] *auf die bereits bestehende Gefahr insbesondere für seinen Bruder Günther aufmerksam machte“.*[22]
In seiner Darstellung der von Herrligkoffer im Basislager getroffenen Hilfsmaßnahmen behauptete das Gericht allerdings, *„die Bergsteiger Mändl und Saler* [hielten] *bis 1. Juli 1970 auf Veranlassung Dr. Herrligkoffers Lager IV besetzt“.*[23] Der verlängerte Aufenthalt von Mändl und Saler in Lager IV war zwar letztendlich von Herrligkoffer gebilligt worden, geschah aber ursprünglich *entgegen* dessen Weisung (vgl. S. 72f.).
Über die Möglichkeit, einen Suchtrupp über den Mazenopass ins Diamirtal zu schicken, schrieb das Gericht, ein solcher Versuch *„erschien Dr. Herrligkoffer und den anderen im Hauptlager befindlichen Expeditionsteilnehmern sinn- und verantwortungslos“.*[24] Allerdings war der Bergsteigermannschaft diese Möglichkeit weitgehend unbekannt gewesen. Das Gericht nahm Bezug auf einen von Herrligkoffer vorgelegten Bericht des Freisinger Bergsteigers Max Danegger, dessen Erfahrungen auf einer Expedition 1964 eine Zeit von drei bis vier Tagen für die Passüberschreitung ergeben hätten.[25] Für die Fragestellung der fahrlässigen Tötung hielt das Gericht jegliche Überschreitungszeiten des Mazenopasses letztendlich für bedeutungslos:
„Denn bei Empfang des Teleportgesprächs mit Kuen [über den Abstieg der Messner-Brüder auf der anderen Bergseite; Anm. JH] *am 29. 6. 1970 um 16 Uhr hatte Günther Messner* [...] *mutmaßlich schon einige Stunden vorher den Bergtod gefunden.“*[26]

In der Fragestellung der unterlassenen Hilfeleistung gegenüber Reinhold Messner wurde ebenfalls auf den Mazenopass eingegangen. Das Gericht kam zu dem Schluss, dass jede Suchaktion wirkungslos geblieben wäre, da sie erst zu einer Zeit im Diamirtal eingetroffen wäre, als sich Reinhold Messner dort bereits in der Obhut Einheimischer befunden hatte. Dabei nahm das Gericht als Datum den 1. Juli an: So gab es Messner auch in seinem Erstbericht an (zu

22 Ebd., S. 21
23 Ebd., S. 13 u. 15
24 Ebd., S. 14
25 Brief M. Danegger an K. M. Herrligkoffer, 28. 09. 1971; Archiv des DIAF
26 Bescheid der Staatsanwaltschaft beim Landgericht München I, 14. 03. 1972, S. 19; Archiv des DIAF

einer abweichenden Angabe vgl. S. 97). Eine womöglich unzureichende Behandlung der Erfrierungen Reinhold Messners durch Herrligkoffer wurde in dem Bescheid nicht angesprochen.
„Zusammenfassend muss daher festgestellt werden, dass keiner der gegen Dr. Herrligkoffer und Michael Anderl erhobenen strafrechtlichen Vorwürfe begründet ist.“[27]

In Folge gewann Herrligkoffer weitere Prozesse gegen Messner, die Zeitschrift *Alpinismus*, das Magazin *Spiegel* und den Autor eines Artikels in der *Süddeutschen Zeitung* wegen Verleumdung. Zahlreiche Behauptungen u. a. über die bergsteigerische Erfahrung, die Expeditionsausstattung, den Stil der Expeditionsleitung Herrligkoffers und dessen medizinische Behandlung der Erfrierungen Messners mussten widerrufen werden. Messner wurde wegen Bruchs des Expeditionsvertrags und sein Verlag zur Unterlassung der weiteren Veröffentlichung von Messners Buch *Die rote Rakete am Nanga Parbat* verurteilt.
Insgesamt zogen sich die Prozesse im Nachfeld der Nanga-Parbat-Expedition 1970 über fast drei Jahre. Gerhard Baur erinnert sich lebhaft daran, wie ihn die schier endlosen Verhandlungen schließlich nur noch angewidert hatten:

„Irgendwann habe ich mich gefragt: Was kommt da jetzt noch alles? Worüber wird jetzt noch gestritten? Am Ende ging es ja selbst um Fragen, ob nun die guten oder nur die mittelmäßigen Konserven zu den Bergsteigern in die Hochlager geschickt worden waren. Mein Gott! Erstens hatte jeder, der etwas nach oben transportiert hat, dafür genauso eine Verantwortung gehabt wie die Expeditionsleitung. Und dann hat man das Ganze ja mit Humor genommen: Der Werner Haim zum Beispiel hat einmal die Dosen einfach umetikettiert. Als dann wieder das unbeliebte Apfelmus nach oben geschickt wurde, war in den Dosen das begehrte Kirschkompott. Wir haben uns unseren Spaß gemacht – und nun waren solche Dinge Gegenstand von Gerichtsverhandlungen … Spätestens an diesem Verhandlungstag ist mir der Kragen geplatzt. Ich stand vor dem Gerichtsgebäude und habe zu Peter Vogler gesagt: ‚Peter, wir sind hier doch nur noch die Deppen. Wir werden hier doch nur noch benutzt!‘“

Ein Gefühl, das rund 30 Jahre später wiederkehren sollte …

---

27 Ebd., S. 24

KAPITEL 11

NEUINSZENIERUNG

Mehr als drei Jahrzehnte blieb es nach außen hin ruhig um die Geschichte vom Nanga Parbat 1970. Nachdem Messner die Prozesse gegen Herrligkoffer verloren hatte, flackerte der Konflikt nur noch einmal kurzzeitig auf. In einem Interview mit dem englischen Bergsteigermagazin *Mountain* sagte Messner, er könne nicht verstehen, *„warum der Expeditionsleiter nicht dafür gesorgt hätte, dass eine Gruppe zur Diamir-Seite hinübergeht, um nachzusehen, ob sie den Abstieg geschafft haben."*[1]

Daraufhin forderte Herrligkoffers Rechtsanwalt, Dr. Delp, Messner unter Berufung auf das Urteil des Münchner Landesgerichtes zu einem Widerruf auf.[2] Dieser wurde im folgenden Sommer in *Mountain* abgedruckt. Darin hieß es unter anderem:

„Was ich erst viel später erfuhr, war, dass [Herrligkoffer] *sofort einen Inspektor des APA Chilas aufforderte, mit einheimischen Assistenten ins Diamirtal aufzusteigen, um uns zu retten. Daher und angesichts der Tatsache, dass die Route über den Mazeno-Pass schwierig und risikoreich ist, und durch wenig bekanntes Gelände verläuft, ist es verständlich, dass Dr. Herrligkoffer keine Suchmannschaft über diesen Pass schickte, die höchstwahrscheinlich zu spät gekommen wäre."*[3]

In den folgenden zehn Jahren wurde Messner zum bekanntesten Bergsteiger aller Zeiten. Dabei trat er stets für ein Bergsteigen „by fair means", d. h. unter Verzicht auf technische Hilfsmittel wie Bohrhaken, Fixseile und zusätzlichen Sauerstoff ein und setzte diesen Stil entsprechend um – entweder in Kleinexpeditionen oder sogar im Alleingang. Zu seinen bahnbrechenden Leistungen zählen die erste Besteigung eines Achttausenders im Alpinstil, d. h. ohne zu-

1 *Mountain*, Nr. 51, Mai 1976
2 Brief L. Delp an R. Messner, 24. 11. 1976; Archiv des DIAF
3 *Mountain*, Nr. 56, Juli/August 1977

vor eingerichtete Hochlager (Gasherbrum I, 1975, mit Peter Habeler), die erste Besteigung des Mount Everest ohne Sauerstoffgerät (1978, mit Peter Habeler), die erste absolute Alleinbesteigung eines Achttausenders (Nanga Parbat, 1978), die erste absolute Alleinbesteigung des Mount Everest (1980) und die erste Überschreitung zweier Achttausender hintereinander (Gasherbrum I und II, 1984, mit Hans Kammerlander). 1986 wurde Messner schließlich zum ersten Menschen, der alle 14 Achttausender bestiegen hatte, allesamt ohne Sauerstoffgerät. Mit Dutzenden von Büchern über seine Erlebnisse und seinen geschliffenen Vorträgen begründete Reinhold Messner eine ganze Industrie.

Doch selbst dieses erfolgreiche Leben als Medienstar reichte anscheinend nicht, die tiefe Wunde, welche die Geschichte vom Nanga Parbat 1970 gerissen hatte, heilen zu lassen. Oder war es genau dieses Leben mit seiner permanenten Medienpräsenz, welches dafür sorgte, dass diese Wunde nicht heilen konnte – ja nicht heilen *durfte*?

Im Herbst 2001 jedenfalls kam die Geschichte vom Nanga Parbat 1970 mit einem Paukenschlag zurück in die Öffentlichkeit. Und hinter der Pauke saß – Reinhold Messner.

DIE TEILNEHMER SIND SCHULD!

Im Züricher AS Verlag war zuvor eine Biografie Herrligkoffers erschienen, *Karl Maria Herrligkoffer – Besessen, sieghaft, umstritten.* Als Herausgeber zeichnete das Deutsche Institut für Auslandsforschung verantwortlich, für die Bearbeitung laut Buchumschlag und Titelseite der bekannte deutsche Alpinjournalist Horst Höfler – und Reinhold Messner.

Reinhold Messner war es dann auch, der das Buch am 4. Oktober 2001 im Alpinen Museum des Deutschen Alpenvereins auf der Münchner Praterinsel der Presse und Öffentlichkeit vorstellte. Nach einer halben Stunde hatte sich Messner warmgeredet und kam in Fahrt:

„Mein Bruch mit Herrligkoffer kam im Grunde erst dann, als er mir einen Zettel vorlegte, in dem er verlangte, dass ich unterschreibe, dass mein Bruder an der Merkl-Scharte gestorben ist, dass ich geplant hatte, den Nanga Parbat zu überschreiten, und dass ich sozusagen allein über die Diamirseite abgestiegen wäre. Er selbst ist auf diese Idee gar nicht gekommen, konnte er gar nicht kommen. Wo

diese Schweinerei herkommt, das möchte ich heute noch wissen. ... Und weil er eben keine Ahnung hatte, konnte er diese Geschichte sich gar nicht ausdenken, sondern die ist in anderen Gehirnen ausgedacht worden, und das waren die hinterhältigen Gehirne. ... Und allein durch die Tatsache, dass ich noch hier sitze und dass ich meine Karriere zu Ende gebracht habe, habe ich bewiesen, dass es eben anders war und nicht so, wie sich's irgendwelche deutschen, kranken Bergsteigergehirne ausgedacht haben."[4]

Hermann Magerer, der mit Messners Geschichte eng vertraute langjährige Redakteur der Bergsteigersendung „bergauf-bergab", sprach ihn darauf an, dass er Herrligkoffer doch damals der fahrlässigen Tötung seines Bruders und der unterlassenen Hilfeleistung angezeigt hatte. Messner entgegnete:

„*Ich habe es bereut später, diese Klage unterschrieben zu haben. Natürlich wurde mir diese Klage auch von der entsprechenden Seite untergeschoben, und natürlich war es auch damals falsch, aber ich sage heute, das war nicht ein Herrligkoffer-Fehler, sondern das war eher ein Fehler der Teilnehmer, nicht ins Diamirtal zu gehen.*"[5]

Mit diesem Vorwurf griff Messner einen Satz Horst Höflers auf, der in der Herrligkoffer-Biografie bereits die anklagende Frage gestellt hatte, „*warum aus der Expeditionsgruppe nicht ein paar Leute Manns genug gewesen waren, um als Suchtrupp über den Mazenopass auf die Diamirseite zu gehen. Warum hat man es nicht wenigstens versucht?*"[6]

Messner weiter:
„*Aber ich würde auch verzeihen, wenn jemand 1970 mit der Ausrüstung von damals, mit dem Knowhow von damals, dem Wissen von damals, alle im Basislager sagen, da gibt's kein Überleben, das ist nicht möglich. Also warum sollen wir dann über die Berge gehen, wenn die sowieso tot sind. Denn Herrligkoffer hätte ich eigentlich nicht, ja, zugetraut, dass er selber die Geografie, das bergsteigerische Wissen, die Erfahrung hat, da rüberzugehen – er hätte es wahrscheinlich getan, wenn er gewusst hätte, dass man dort schnell rüberkommt.*

---

4 Videomitschnitt des Bayerischen Rundfunks
5 Ebd.
6 *Karl Maria Herrligkoffer – Besessen, sieghaft, umstritten*, S. 165

Die anderen Teilnehmer waren zum Teil sehr jung und haben natürlich auch nicht genau gewusst, wie weit das ist und so weiter ... Und einige, älter als ich, hatten, ja, nichts dagegen, dass die beiden Messners nicht mehr auftauchten ... und DAS ist die Tragödie!"[7]

Im Publikum saß einer dieser „Älteren", der damalige Expeditionsfotograf Jürgen Winkler (Jahrgang 1940). Und neben ihm saß Gerhard Baur. Seiner spontanen Entgegnung merkte man deutlich an, wie überrascht und betroffen er von dieser Anschuldigung war:

„Für mich als derjenige, der mit dir damals zusammen war und das letzte Wort mit dir und deinem Bruder geredet hat, als ihr aufgebrochen seid, ist das, was du und wie du es sagst, eigentlich schlimm – wirklich schlimm. Weil: Wir waren ja alle am Berg damals und wir haben ja nicht runterspringen können und weglaufen, um irgendwo in ein anderes Tal zu kommen. Sondern wir haben ja erst einmal die Sache verdauen müssen. Es war ja immer noch so, dass du am über-übernächsten Tag hättest noch auftauchen können. Bis eben der Scholz und der Kuen da waren. Aber da waren wir ja auch – der größte Teil der Gruppe, der Jürgen sieht das ja auch – waren ja noch da hoch oben. Und dann musst du dir mal von deiner Logik den Zeitablauf ... dass es ja dann ... es ist ja überhaupt sehr schnell gegangen. Das ist ja etwas, was ich immer schlimm gefunden habe – dass du im Prinzip einen pauschalen Vorwurf machst, dich dann aber mit den Details nicht auseinandersetzt. Du hast damals mit diesem Vorwurf eigentlich gegen den Herrligkoffer agiert, und ich war ja auch voll auf deiner Seite in all diesen Punkten. Aber dann ist dieser Vorwurf ... Auch jetzt, wie du ihn wiederholst, geht er ja gegen die ganze Gruppe. Und dann müssen wir über die ganzen Details reden, dass ja viele gar nicht gewusst haben, was jetzt im ersten Moment passiert ist. Dass da eine Zeitspanne ist."[8]

Die „Zeitspanne", von der Gerhard Baur sprach – die Tatsache, dass die Expedition erst zu einem Zeitpunkt vom Abstieg der Messners ins Diamirtal wusste, als Günther bereits tot war – ist von Reinhold Messner in seinen Publikationen stets nur sehr vage und widersprüchlich erwähnt worden. Anfangs gab er an, er habe eine Suchmannschaft am 30. Juni (einmal sogar am 29.) im

7 Videomitschnitt des Bayerischen Rundfunks
8 Ebd.

Diamirtal erwartet[9] – also einen halben Tag, nachdem das Basislager vom Abstieg auf der anderen Seite erfahren hatte. Später räumte Messner zwar ein, *„Hilfestellung im Diamirtal wäre vor dem 1. Juli gar nicht möglich gewesen"*[10] – was er aber immer noch unterschlug, war die Tatsache, dass einige Bergsteiger erst am 30. Juni , die meisten sogar erst am 1. Juli aus der Rupalwand zurückgekommen waren (vgl. S. 76, Fußnote 3). Eine Suchmannschaft aus Bergsteigern hätte also frühestens am 1. Juli aufbrechen können und wäre nicht vor dem 2. Juli im Diamirtal eingetroffen.
Rückblickend meint Gerhard Baur über den 4. Oktober 2001:

„Ich bin auf diese Buchvorstellung mit der inneren Hoffnung gegangen, dass endlich einmal in dieser Geschichte Frieden einkehrt. Ich war wirklich davon überzeugt, wenn jetzt schon Messner in der Stiftung die Position Herrligkoffers einnimmt, sich mit Manfred Sturm zusammentut [dem Vorsitzenden der Herrligkoffer-Stiftung/DIAF; Anm. JH] und ein Buch über Herrligkoffer herausgebracht wird, dass es eine faire Darstellung geben und kein schlechtes Bild von ihm abgeben würde. Mit dieser Vorstellung bin ich an diesem Tag zur Buchpräsentation gegangen. Und jetzt, nachdem Herrligkoffer tot war, ging es auf einmal gegen die Mannschaft. ... Darauf war ich total unvorbereitet. Hätte ich damals gewusst, dass es so kommt, hätte ich an dem Abend klar und deutlich dargestellt, dass Messner mit mir ganz konkret über die Überschreitung geredet hat. Aber so war man im ersten Moment einfach sprachlos. ...
Ich habe nur plötzlich gespürt: Das ist noch nicht zu Ende. Da wird weiter gemacht, da wird weiter geschossen – und zwar klar in einer Absicht, etwas zu erreichen. ..."

GEZIELTE PROVOKATION

Gut anderthalb Jahre nach der Vorstellung der Herrligkoffer-Biografie erschien Messners Buch *Die weiße Einsamkeit. Mein langer Weg zum Nanga Parbat* – im Grunde eine erweiterte Neuauflage von *Alleingang Nanga Parbat* (1979). Neben einer weiteren Darstellung der Ereignisse von 1970, auf die im

9 z. B. beglaubigte Erklärung von R. Messner, 15. 06. 1971; Archiv des DIAF
10 *Weiße Einsamkeit*, S. 218

folgenden Kapitel noch im Detail eingegangen wird, präsentierte das Buch auch Messners Sicht der neu entfachten Kontroverse. Dabei gab er ganz offen zu, dass hinter seinem Vorwurf an die Expeditionsmannschaft eine Absicht gestanden hatte. Mit Bezug auf die betroffenen Reaktionen Gerhard Baurs und Jürgen Winklers während der Vorstellung der Herrligkoffer-Biografie im Oktober 2001 meinte er: *„Sie sprechen jetzt aber ihre lang gehegten Vorwürfe mir gegenüber aus. Endlich.“*[11]

In *Die weiße Einsamkeit* lassen sich vor allem zwei Intentionen erkennen: Messner wollte widerlegen, er habe die Überschreitung des Nanga Parbat 1970 geplant, und erhob den Vorwurf, die Kritik an ihm sei dem schlechten Gewissen der Expeditionsleitung und Teilnehmer erwachsen, die Messner-Brüder aufgegeben und nicht im Diamirtal gesucht zu haben.

KEINE GEPLANTE ÜBERSCHREITUNG

Als Beleg gegen den Plan einer Überschreitung zitiert Messner zunächst Horst Höfler:

„Gerd Baur erinnert sich noch sehr gut an die Worte Reinhold Messners vor seinem Aufbruch. Reinhold bat eindringlich, dass sie – sein Bruder Günther und Gerd – unbedingt warten sollten, bis er wieder [ins Lager V] *zurückkäme.“*[12]

Kommentar von Gerhard Baur:

„Diese Worte fielen nicht vor seinem Aufbruch, sondern am Abend davor – und in einer relativ beiläufigen Form zu Günther, nicht zu mir. Es stimmt auch nicht, wie es Messner darstellt [*Weiße Einsamkeit*, S. 315; Anm. JH], dass er uns beauftragt hätte, die Merkl-Rinne zu versichern, um seinen Abstieg zu sichern. Natürlich wäre das ein Nebeneffekt gewesen. Aber es war von vorneherein geplant und selbstverständlich, dass wir die Rinne versichern würden.“

Wiederholt streitet Messner in *Die weiße Einsamkeit* ab, von Aufstiegsplänen anderer Bergsteiger gewusst zu haben, die ihm und seinem Bruder einen Abstieg auf der Rupalseite erleichtert hätten. Für ihn ein weiteres Argument, dass die Überschreitung aus der Not geschehen sei.

„Einen Plan aber, wer wann und mit wem zum Gipfel gehen soll, gibt es nicht.

11 *Weiße Einsamkeit*, S. 216
12 Ebd., S. 15

Nachdem ein erster Plan aufgegeben worden ist, ist kein zweiter mit mir besprochen worden.“[13]
„*Nein, wir rechnen nicht damit, dass jemand nachkommt, aber wir brauchen Hilfe.*“[14]

Laut Messner galten seine Hilferufe vom Grat nahe der Merkl-Scharte am Morgen des 28. Juni Bergsteigern, die er in Lager V vermutete. Dieses war allerdings nur ein Lager, das ausschließlich bei Gipfelversuchen benutzt werden sollte. Es wäre nur von Teilnehmern besetzt worden, die anschließend weiter aufsteigen wollten. Trotzdem meint Messner:
„*Dass Saler, Haim und Mändl die Merkl-Rinne mit Seilen absichern, weiß ich nicht. Nicht zu diesem Zeitpunkt.*“[15]
„*An diesem Vormittag steigen Felix Kuen und Peter Scholz durch die Merkl-Rinne. Auch sie sollen den Gipfel besteigen. Außerplanmäßig. Dahinter Werner Haim, Hans Saler und Gert Mändl, die in der Merkl-Rinne Seile anbringen* [...]. *Günther und ich können all das nicht wissen.*“[16]
„*Von Sicherungsarbeiten, von einem Plan, konnten wir nichts wissen.*“[17]
(Auf den Hinweis eines Reporters, Gerhard Baur habe gesagt, dass Günther gewusst habe, dass Scholz und Kuen nachkommen:) „*Nein, das hat Günther nicht gewusst. Auch Baur hat es am Morgen des 27. Juni nicht gewusst. Von wem denn? Im Lager V lag kein Funkgerät.*“[18]

Kommentar von Gerhard Baur:
„Aus dem zuvor besprochenen Ablauf der Dinge war völlig klar, dass die anderen nachfolgen würden.“ Und vor allem: In seinem ein Jahr zuvor erschienenen Buch *Der nackte Berg* lässt Messner seinen Bruder am Vorabend sagen: „*Die anderen werden die Rinne versichern*“ – auch wenn er auf der gleichen Seite meint: „[*Günther*] *erwartet nicht, dass man uns anderntags hilft.*“[19]

13 *Weiße Einsamkeit*, S. 20
14 Ebd., S. 22
15 Ebd., S. 23
16 Ebd., S. 37
17 Ebd., S. 50
18 *Weiße Einsamkeit*, S. 315
19 *Der nackte Berg*, S. 202

Günthers Wissen, dass andere die Rinne versichern würden, wurde schon 1971 in *Die rote Rakete* erwähnt[20] – was Gerhard Baur keineswegs verwundert: „Klar, Günther und ich haben ja darüber geredet."

Und Hermann Kühn hatte nach den ersten Gesprächen mit Messner am 4. Juli 1970 als eine seiner Begründungen für den Abstieg auf der Diamirseite notiert: *„Warten auf Haim, Mändl, Saler, die die Rinne versicherten, wäre zu riskant, wer weiß, ob sie so hoch hinaufkommen."*[21]

KEINE SUCHE IM DIAMIRTAL

Messner behauptete in *Die weiße Einsamkeit*: *„Inzwischen* [am 29. 6.; Anm. JH] *hat Gerhard Baur dem Expeditionsleiter von unseren letzten gemeinsamen Stunden im höchsten Lager erzählt. Auch von meiner naiven Schwärmerei einer Nanga-Parbat-Überschreitung. Herrligkoffer schickt trotzdem niemanden ins Diamirtal."*[22] Die Expeditionskameraden hätten *„nicht im Diamirtal, sondern sonst überall"* gesucht.[23]

Gegen diese Behauptung sprechen die Abschrift eines Telegramms des APA Astor im Archiv des DIAF mit eindeutigen Instruktionen an die Behörden in Gilgit, den APA in Chilas mit einer Suche im Diamirtal zu beauftragen, sowie die Tagebucheintragung Hermann Kühns am 30. Juni : *„Einheimische Läufer werden in die Täler nördlich des N.P. geschickt (Diamir), um nach Messners zu fahnden"* (vgl. S. 77) – und nicht zuletzt das Gerichtsurteil von 1972, welches bestätigte: *„Dadurch, dass Dr. Herrligkoffer, sobald es möglich war, über einen Boten des pakistanischen Verbindungsoffiziers die für das Diamir-Tal zuständige pakistanische Verwaltungsbehörde verständigte und vom Diamir-Tal aus nach beiden Bergsteigern gesucht wurde, tat Dr. Herrligkoffer das nach Sachlage Richtige."*[24]

Auf der Vorstellung der Herrligkoffer-Biografie 2001 hatte Messner eingehende Behauptung zunächst dazu genutzt, seinen Vorwurf vom *„Fehler der Teilnehmer"* zu untermauern:

---

20 *Rote Rakete*, S. 118
21 Tagebuch H. Kühn, 03. 07. 1970
22 *Weiße Einsamkeit*, S. 28
23 Ebd., S. 44
24 Bescheid der Staatsanwaltschaft beim Landgericht München I, 14. 03. 1972, S. 22; Archiv des DIAF

„Niemand aber ist in Richtung Diamir gereist. [...] *Weder über den Mazenopass noch über Bunar. Es war auch nicht vorgesehen, dass einer von der Mannschaft dort nachsieht. Wir waren aufgegeben worden. Es ist so. Es ist auch nicht tragisch. Ich verstehe, warum, kann diese Haltung teilen."*[25]

Im nächsten Atemzug entschuldigt er das angebliche Verhalten der Teilnehmer wie auch Herrligkoffers und nutzt die Behauptung als Argument gegen eine geplante Überschreitung:
„,Aber es ist doch richtig, dass niemand versucht hat, ins Diamirtal zu schauen. Herrligkoffer hatte die Geographie nicht im Kopf, um schnell reagieren zu können. Auch ich hätte in eurer Situation im Basislager gesagt, wer über die andere Seite vom Berg absteigt, kommt nie unten an.' Das ist doch auch ein Beweis dafür, dass trotz meiner wiederholten Schwärmereien von einer Nanga Parbat-Überschreitung niemand daran geglaubt hat, dass ich so etwas konkret umsetzen würde."[26]

Zwei Seiten zuvor hatte er noch den Vorwurf geäußert: *„Herrligkoffer und Anderl kannten 1970 den Weg über Astor und Bunar ins Diamirtal. Ein Tag hätte vom Rupal-Basislager gereicht, bis nach Diamirai zu kommen."*[27] Zwei Seiten weiter zitiert er wiederum seine eigene Beteuerung, *„Ich mache niemandem einen Vorwurf.* [...] *Auch nicht, dass im Diamirtal nicht gesucht worden ist. Herrligkoffer am wenigsten. Weil er bergsteigerisch keine Ahnung hatte."*[28]
Ein Dutzend Zeilen später aber kommentiert Messner seine eigene Rede und stellt die These auf, Herrligkoffers Vorwürfe ihm gegenüber seien in dem schlechten Gewissen begründet, nicht im Diamirtal gesucht zu haben:
„Hätte man am Ende aber nicht doch ins Diamirtal fahren können? Statt jene Ausrede zu erfinden, die mir Brudermord unterstellt?"[29]

Dabei wurde der Begriff „Brudermord" von Messners Kritikern aus der Expeditionsmannschaft niemals verwendet. Bei der Frage nach Reinhold Messners Verantwortung für den Tod Günthers ging es im schwersten Vorwurf –

25 zitiert in *Weiße Einsamkeit*, S. 218
26 Ebd., S. 220
27 Ebd., S. 218
28 Ebd., S. 222
29 *Weiße Einsamkeit*, S. 222

dem von Herrligkoffer geäußerten „Opfern des Bruders für den persönlichen Ehrgeiz" – allerhöchstens um unterlassene Hilfeleistung oder Fahrlässigkeit, nie aber um Vorsätzlichkeit, geschweige denn aus niederen Beweggründen.

Drei Zeilen später gibt Messner in *Die weiße Einsamkeit* dann zu, *„Hätte der Expeditionsleiter 1970 jemanden ins Diamirtal geschickt, er wäre auch dort zu spät gekommen. Günther war tot, ehe es ein Suchtrupp nach Diamir hätte schaffen können. Im besten aller Fälle."* Gleichzeitig wiederholt er seine These: *„Die Frage ist: Wäre in diesem Fall die Theorie von einer gezielt geplanten Nanga-Parbat-Überschreitung, die nach und nach zur Anklage formuliert wurde, je ausgesprochen worden?"*[30]

Messners Behauptung, die Expeditionsmannschaft habe nicht versucht, im Diamirtal zu suchen, wird entkräftet, sobald man sich den zeitlichen Ablauf der Ereignisse Anfang Juli 1970 wie auch die Topografie der Täler rund um den Nanga Parbat einmal genauer vor Augen führt (vgl. S. 90f.):
Reinhold Messner war am Vormittag des 3. Juli von Militärs an der Bunar-Brücke im Nordwesten des Nanga Parbat aufgefunden und das Industal aufwärts Richtung Gilgit gebracht worden. Am Abend befand er sich 16 Meilen [ca. 26 km] vor Gilgit in einem Rasthaus, nahe dem die Straße durch einen Felssturz blockiert war.
Die übrige Expedition hatte an diesem Tag das Basislager auf der Südseite des Nanga Parbat verlassen und war durch das Astortal östlich um das Bergmassiv herumgefahren. Am Abend befand sie sich in Bunji im Industal, etwa sechs Kilometer nördlich der Einmündung des Astor River.
Auf Karten, die drei Jahre vor der Expedition veröffentlicht worden waren, ist nur ein einziger Weg verzeichnet, um vom Astortal zur Diamirseite zu gelangen: von Bunji weitere sechs Kilometer nach Norden Richtung Gilgit bis zur heutigen Partab-Brücke, dort über den Indus, anschließend das Industal abwärts zur Rakhiot-Brücke und weiter bis zur Bunar-Brücke am Eingang des Bunartals, das zum Diamirtal führt.[31] Ob es damals andere, frühere Abzweigungen vom Ausgang des Astortals Richtung Bunar-Brücke gegeben hätte oder nicht, lässt sich heute nicht mehr mit Sicherheit feststellen. Karten aus

30 Ebd.
31 *Sieben Jahrzehnte Gipfelkampf*, zwischen S. 196 u. 197

den 1930er-Jahren zeigen einen Übergang über den Indus bei Bunji[32] oder südlich davon an der Mündung des Astor River nahe Talichi;[33] eine Karte aus den 1950er-Jahren den oben erwähnten Übergang nördlich von Bunji.[34]

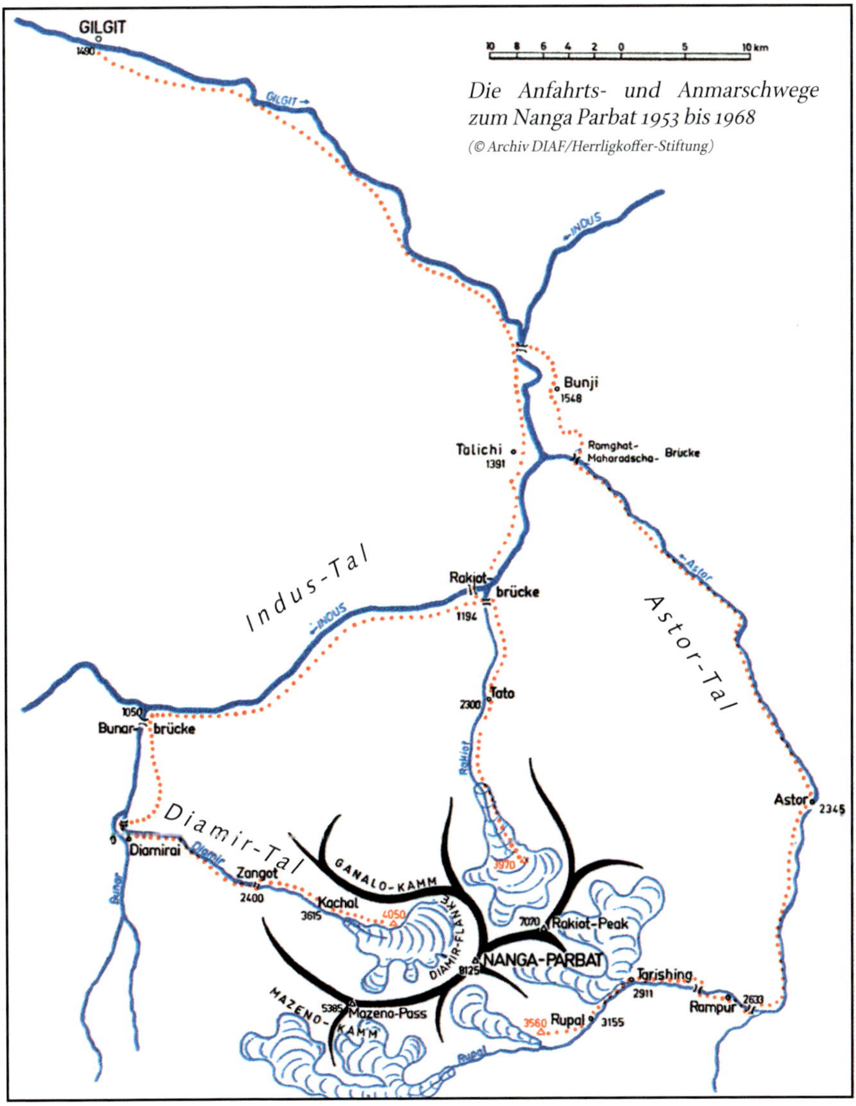

Die Anfahrts- und Anmarschwege zum Nanga Parbat 1953 bis 1968
(© Archiv DIAF/Herrligkoffer-Stiftung)

32 *Deutsche am Nanga Parbat,* S. 15
33 *Willy Merkl,* S. 219
34 *Das Ringen um den Nanga Parbat,* S. 239

Die Expedition hätte demnach die Abzweigung zur Diamirseite wahrscheinlich noch gar nicht erreicht gehabt, als sie am Abend des 3. Juli gegen 20 Uhr in Bunji erfuhr, dass Reinhold Messner bereits auf dem Weg Richtung Gilgit war. Er hatte die Expedition quasi überholt und diese reiste ihm nun nach. Anders formuliert: Die Frage, ob zur Diamirseite (Industal abwärts) oder nach Gilgit (Industal aufwärts) gefahren würde, war möglicherweise bereits beantwortet, noch bevor die Expedition an dem Ort angelangt war, an dem sie die Entscheidung darüber hätte treffen müssen.
Hinzu kommt, dass aufgrund der damaligen politischen und militärischen Gegebenheiten in Pakistan ein Abstecher einer Suchmannschaft ins Diamirtal nicht ohne Absprache mit den Behörden möglich gewesen wäre. Dies hätte in jedem Fall eine vorherige Fahrt nach Gilgit bedingt.

MESSNERS FRAGEN

In *Die weiße Einsamkeit* stellt Messner eine Reihe rhetorischer Fragen, mit denen suggeriert wird, die Vorwürfe gegen ihn seien eine Folge schlechten Gewissens. Dabei überträgt er die Vorwürfe, die Herrligkoffer gegen ihn erhoben hatte, sukzessive auf die Expeditionsmannschaft.

„Ja, Jürgen Winkler und alle anderen waren in Sorge um uns gewesen, und es gibt nicht den geringsten Grund, ihnen Vorwürfe zu machen. Was aber treibt sie dazu, mir zu unterstellen, ich hätte den Bruder dem Ehrgeiz geopfert?“[35]

„Warum aber erfindet Herrligkoffer, der Ende Juni 1970 Baurs rechtzeitig übermittelter Aussage, ich hätte während der Expedition wiederholt von einer Überschreitung des Nanga Parbat mit Abstieg über die Diamirflanke geschwärmt, offensichtlich keinen Glauben schenkt, das Szenario vom Tod meines Bruders an der Merkl-Scharte? Allerdings erst, nachdem ich zufällig mit dem heimreisenden Expeditionsleiter zusammentreffe? Und warum übernehmen jene Expeditionskameraden, die meine Position verteidigt haben, mehr als 30 Jahre später diese Version, die Herrligkoffer offensichtlich als Ausrede formuliert hat?“[36]

35 *Weiße Einsamkeit*, S. 224
36 *Weiße Einsamkeit*, S. 295

Auch hier empfiehlt sich ein genauerer Blick auf die Zusammenhänge. Herrligkoffer hatte Baurs Aussage offensichtlich sehr wohl Glauben geschenkt und über den APA Astor eine Suche im Diamirtal in Auftrag gegeben (vgl. S. 77 und 80f.). Auch hatte Herrligkoffer nach dem Auffinden Messners nicht „schnell" reagiert, wie es Messner darstellt: *„Aus Selbstschutz artikuliert er den Vorwurf, ich hätte aus Ehrgeiz gehandelt und meinen Bruder im Stich gelassen. Damit gibt er jede Verantwortung ab."*[37]
Herrligkoffers Version entstand vielmehr erst gut vier Monate später, als sich die gegenseitigen Vorwürfe immer weiter hochgeschaukelt hatten (vgl. S. 122). Sie basierte offensichtlich einerseits auf Gerhard Baurs und Jürgen Winklers Berichten von Messners Überschreitungsgedanken, andererseits auf den Aussagen Felix Kuens – dem Aufhören der Hilferufe Messners gegen 9 Uhr, dem fehlenden Hinweis auf eine Notlage zwei Stunden später, und der rätselhaften Beobachtung vom Aufheben eines „schweren Rucksacks". So musste sich in Herrligkoffers Kopf das Szenario vom Tod Günthers im Biwak nahe der Merkl-Scharte zusammengefügt haben.
Wie sich die Bilder gleichen: Bis 2001 war Herrligkoffer der Einzige geblieben, der diese Version öffentlich geäußert hatte. Erst nach den Angriffen Messners gegen die Expeditionsmannschaft brachten einzelne Teilnehmer dieselben Hypothesen (und weitere) nun erneut auf den Tisch. Wieder führte Provokation zum Hochschaukeln des Streits. Über die möglichen „Motive" der Kameraden sinniert Messner:

„Vielleicht brauchen die Kameraden mich als Antipoden? Als den Bösen! Um sich selbst zu erhöhen! Oder missbrauchen sie mein Schicksal, weil sie nicht zu ihrem stehen? Deshalb die Beschuldigungen? Tröstet die Kränkung des Erfolgreichen über versäumtes Leben hinweg?"[38]

Fragen, die ein distanzierter Beobachter mit derselben Legitimität auch Messner stellen könnte. Wozu (ge)braucht Messner seine Kameraden?

37 Ebd., S. 321
38 Ebd., S. 231

Verletzt durch die Attacken waren die ehemaligen Expeditionskollegen nach 2001 ihrerseits an die Öffentlichkeit gegangen und hatten in Zeitungen und Magazinen ihre Zweifel an den Darstellungen Messners dargelegt. Zwei von ihnen schrieben schließlich sogar „Gegenbücher", die wie Messners *Die weiße Einsamkeit* 2003 erschienen.

Max von Kienlin entwickelte in *Die Überschreitung – Günther Messners Tod am Nanga Parbat* eine eigene Version von den tatsächlichen Ereignissen 1970 (1. Auflage 2003, S. 202–208): Seiner Haupthypothese nach hatten sich Reinhold und Günther am Abend nach dem Gipfel am Südgipfel getrennt: Günther mit dem Ziel, von dort aus zurück in die Rupalwand abzusteigen. Reinhold hingegen folgte seiner Überschreitungsidee, stieg auf der Diamirseite Richtung Merkl-Scharte ab und biwakierte dort. Am nächsten Morgen versuchte er, vom Grat nahe der Merkl-Scharte mit dem Bruder Rufverbindung aufzunehmen, da er vermutete, dieser habe bei seinem Abstieg ebenfalls biwakiert. Dies waren die Rufe, die Felix Kuen und Peter Scholz bei ihrem Aufstieg durch die Merkl-Rinne hörten. Von Kienlin nahm an, dass Günther zu diesem Zeitpunkt bereits abgestürzt war. Allerdings hatten Kuen und Scholz angegeben, an diesem Morgen noch die Stimmen beider Brüder gehört zu haben (vgl. S. 54ff.).

Hans Saler sah in seinem Buch *Zwischen Licht und Schatten – Die Messner-Tragödie am Nanga Parbat* drei mögliche Szenarien (S. 147–150): Seiner Meinung nach könnte Günther bereits zu Beginn des gemeinsamen Abstiegs auf der Diamirseite abgestürzt sein. Dazu zitiert Saler eine Aussage Messners gegenüber dem Journalisten André Müller, *„Mein Bruder wurde höhenkrank und ist abgestürzt"*, auf die später noch näher eingegangen wird.[39] Allerdings fiel in Zusammenhang mit dieser Aussage keine Orts- oder Höhenangabe, die Salers erste Hypothese weiter stützen könnte. Seine zweite Hypothese hielt Saler für am wenigsten wahrscheinlich: Günther war während oder kurz nach dem Biwak an der Merkl-Scharte gestorben. Dies entsprach dem Verdacht, den Herrligkoffer schon 1970 geäußert hatte (vgl. S. 119). Salers dritte Hypothese, die er für am wahrscheinlichsten ansah, entsprach jener Max von

39 *Ich riskiere den Wahnsinn*, S. 184f. Das Interview erschien zuvor in *Die Zeit*, 30. 11. 1990

Kienlins: eine Trennung der Brüder am Südgipfel und ein Abstieg Günthers zurück Richtung Rupalseite, bei dem dieser verunglückte.
Von beiden Autoren musste rückblickend betrachtet Max von Kienlin den schwereren Stand haben. Er besaß nicht nur die geringere bergsteigerische Erfahrung, sondern die Tatsache, dass seine damalige Ehefrau mit Messner ein Jahr nach der Expedition eine Liebesbeziehung eingegangen war, konnte ihm nun sehr schnell als Motiv für eine späte „Abrechnung" angehängt werden.
Von Kienlin und Hans Saler hatten vor allem ein gemeinsames Motiv: Gemeinsam mit Gerhard Baur, Günther Kroh, Elmar Raab, Peter Vogler und dem inzwischen verstorbenen Hermann Kühn hatten sie sich nach der Expedition 1970 in zahlreichen Artikeln, vor allem in der Zeitschrift *Alpinismus*, öffentlich vor Messner gestellt (vgl. S. 111) – nur um 31 Jahre später von Messner kollektiv mit dem Vorwurf unterlassener Hilfeleistung bedacht zu werden.
Auch vor Gericht hatten einige Expeditionskollegen damals im Sinne Messners ausgesagt. *„Nur um Haaresbreite schrammte mancher von uns deshalb am Offenbarungseid vorbei"*, schrieb Saler 2002 in einem scharfen Brief an Messner.[40] Vor diesen Hintergründen wirkt ihre Empörung wie der Ärger und die tiefe Enttäuschung darüber, dass Messner – obwohl man ihn zuvor gemeinsam geschützt und teilweise unterstützt hatte – sich nun plötzlich gegen sie wendete, sie quasi „verkaufte" und ihnen in den Rücken fiel.

KURZE ANTWORT AUF EINE LANGE GESCHICHTE

Ein weiterer Teilnehmer von 1970 meldete sich ebenfalls 2003 in einem Buch zu Wort: Werner Haim, den das Schicksal Jahre nach dem Nanga Parbat mit einem Lebensweg konfrontierte, der jeden selbst gewählten bergsteigerischen Grenzgang in den Schatten stellt, widmete in *Mein Leben als Bergsteiger und im Rollstuhl* der Expedition ein Dutzend Seiten. Darin reichten ihm vier kurze Paragraphen, um die Debatte um die angeblich unterlassene Hilfeleistung abzuhandeln:
„Eine Rettungsmannschaft zusammenzustellen war aus mehreren Gründen unmöglich:

40 zitiert in *Die Überschreitung*, 3. Auflage 2003, S. 222

Nur wenige berg- und höhentaugliche Kameraden, die auch noch einigermaßen bei Kräften waren, standen zur Verfügung und sie waren alle im Einsatz, die Wand fertig zu versichern, um so für die Gipfelmannschaften den Rückzug und Abstieg zu gewährleisten.
– Wir hielten die Lager besetzt und benötigten nach dem Abstieg einige Tage Erholung, weil wir alle ausgelaugt und restlos verbraucht waren. Erholungstage wären unumgänglich gewesen, bevor wir wieder auf 7.000 Meter [sic] *hinaufsteigen hätten können.*
– Dr. Karl Herrligkoffer, Max von Kienlin, Alice von Hobe und anderen erkrankten Bergsteigern im Hauptlager fehlte die bergsteigerische oder konditionelle Fähigkeit, über den über 7.000 Meter hohen [sic! 5400 m] *Mazeno-Pass auf die Diamir-Seite zu steigen.*
– Unser Begleitoffizier der pakistanischen Armee, Captain Saki [sic], *hatte auf die Einhaltung der Genehmigungsrichtlinien für die Expedition zu achten. Es handelte sich ja um militärisches Sperrgebiet. Wir befanden uns mitten im Konfliktgebiet zwischen Kaschmir/Indien und Pakistan. So durften wir das Hauptlager nur im Umkreis von zwei Kilometern verlassen, mehr als zwei Kilometer nur in Richtung Rupalwand.*“[41]

41 *Mein Leben als Bergsteiger*, S. 54f.

KAPITEL 12

NACKTER BERG UND WEISSE EINSAMKEIT: WEISSE UND SCHWARZE WAHRHEIT?

Mit seinen Vorwürfen gegenüber der Expeditionsmannschaft hatte Reinhold Messner quasi seine eigene Neuanklage provoziert. Und auch das Verfassen seiner „Verteidigungsschriften" übernahm er eigenhändig: Im darauffolgenden Frühjahr 2002 erschien zunächst sein Buch *Der nackte Berg. Nanga Parbat – Bruder, Tod und Einsamkeit* – eine überarbeitete, erweiterte und leicht abgeänderte Fassung seines 30 Jahre zuvor verbotenen Werks *Die rote Rakete am Nanga Parbat.* Ein weiteres Jahr später erschien dann wie bereits erwähnt *Die weiße Einsamkeit.*

REVISIONIST SEINER SELBST

Es sind die Veränderungen in der Erzählung von Buch zu Buch, in denen ein wesentlicher Schlüssel zum Verständnis der Geschichte um Nanga Parbat 1970 und der Person Reinhold Messner liegt. Dabei ist nicht die Tatsache wichtig, dass es diese Veränderungen gibt. Sie sind eine natürliche Reaktion auf die Kontroverse. Entscheidend ist vielmehr die Art und Weise, in der Messner auf die einzelnen Punkte der Kontroverse reagiert und nachfolgend die Erzählung verändert.

Von der Erzählstruktur her gleicht *Der nackte Berg* dem ursprünglichen Buch *Die rote Rakete.* Nur ist der bereits erwähnte Bruch in der Erzählung (vgl. S. 129) stärker herausgearbeitet. In die Schilderung des entscheidenden Abschnitts zwischen Gipfel und Merkl-Scharte fließen jetzt Begründungen ein, die 31 Jahre zuvor noch ungesagt geblieben waren. In *Die weiße Einsamkeit* fällt schließlich der ausgeprägte Gegensatz zwischen den wütenden, teils regelrecht konfusen Texten über 1970 und den sehr einig und geschlossen wirkenden Texten über den Alleingang 1978 auf.

Die Veränderungen zwischen den drei Büchern im Einzelnen:
In *Der nackte Berg* wird schon in der Schilderung der Vorbereitung des Gipfelaufstiegs erstmals ein Dialog umgedreht. Den Seitenhieb gegen den im Basislager erstellten Aufstiegsplan, *„Da unser Feldherr aber krank ist, entstand ein kranker Angriffsplan"*, teilt in *Die rote Rakete* Reinhold aus.[1] Nun soll Günther für diesen Ausspruch verantwortlich sein: *„‚Der da unten denkt ein bisschen wie ein Feldherr vor der Schlacht', bestätige ich verärgert. ‚Da unser Feldherr aber krank ist, entstand ein kranker Angriffsplan.' Ich teile Günthers Ironie."*[2]
Bei der Schilderung der Vorbereitung zu seinem Aufstieg schreibt Messner in *Der nackte Berg* nur noch von fünf Bekleidungsschichten am Oberkörper und drei an den Beinen, die er getragen habe[3] – nicht wie in *Die rote Rakete* von sieben und fünf.[4] Dadurch wird der Unterschied zu Günther aufgehoben, welcher bekanntermaßen für einen Gipfelaufstieg und ein eventuelles Biwak ungenügender ausgerüstet war als Reinhold (vgl. S. 44 und 47). 14 Jahre zuvor hatte Messner in einem seiner Bücher noch eingeräumt: *„Für ein Biwak war ich eventuell gerüstet."*[5]
Eine entscheidende Frage ist, ob Reinhold Messner beim nun folgenden Gipfelaufstieg hätte erkennen können, dass die deutlich einsehbare Passage zwischen der Aufstiegsroute und der Merkl-Scharte – hier kam es ja später zum Sicht- und Rufkontakt mit Felix Kuen – im Abstieg ohne Seil nicht kletterbar war und ein Abstieg zur Merkl-Scharte deshalb zwangsläufig in eine Sackgasse führen musste.
In *Die rote Rakete* schrieb er dazu nur, dass er nach dem Zusammentreffen mit Günther am Ausstieg aus der Merkl-Rinne mit der großen Querung begann, *„die nach rechts unter der Südschulter vorbei zum Grat führt."*[6] Auch in *Der nackte Berg* findet sich keine nähere Erklärung für den Quergang nach rechts. Erst in *Die weiße Einsamkeit* taucht plötzlich eine lapidare Begründung auf:
„Im oberen Teil der Merkl-Rinne quere ich über eine Rampe nach rechts in die Eisfelder. Unter der Südschulter vorbei. Der oberste Teil der Rinne ragt jetzt links

1 *Rote Rakete*, S. 60
2 *Der nackte Berg*, S. 141
3 Ebd., S. 189
4 *Rote Rakete*, S. 105
5 *Die Freiheit, aufzubrechen, wohin ich will*, S. 160
6 Ebd., S. 110

über mir auf. Das Gelände aber interessiert mich nicht. Mein Weg führt nach rechts." (Hervorhebung durch JH)[7]
Festzuhalten bleibt an dieser Stelle, dass Reinhold Messner in seinem Erstbericht geschrieben hatte, den Gipfelbereich ausgiebig mit dem Fernglas studiert zu haben, dass nach ihm und seinem Bruder noch zwei weitere erfahrene Bergsteiger diesem Gelände, das Messner angeblich „nicht interessierte", rechts ausgewichen waren, und dass bereits die vorherigen Expeditionen zur Rupalwand davon überzeugt gewesen zu sein scheinen, den obersten Teil der Merkl-Rinne rechts umgehen zu müssen (vgl. S. 137).

DAS ZUSAMMENTREFFEN DER BRÜDER

Nachdem Reinhold Messner die Merkl-Rinne nach rechts verlassen hatte, bemerkte er seinen Bruder Günther unter sich im Aufstieg, der wenig später zu ihm aufschloss. Der weitere Aufstieg Richtung Gipfel bedeutete das stündlich steigende Risiko eines Biwaks – nun aber mit dem gravierenden Unterschied, dass Günther im Gegensatz zu Reinhold darauf nicht vorbereitet war (weniger Kleidung, keine Rettungsdecke).
In seinem Erstbericht und in *Die rote Rakete* gab Reinhold Messner als Zeitpunkt des Treffens mit dem Bruder den *„frühen Vormittag"* bzw. etwa 8 Uhr morgens an – vier Stunden nach Günthers Aufbruch –, als Ort den Beginn der Querung unter dem Südgipfel (ca. 7700 m).[8] In einem Fernsehinterview zum Erscheinen von *Der nackte Berg* 2002 vermittelt Messner hingegen den Eindruck, das Treffen sei *„knapp unterm Gipfel"* gewesen. Auf Nachfrage präzisierte er die Distanz zum Gipfel auf *„hundert Höhenmeter"*, d. h. auf eine Höhe knapp über 8000 Meter. Es sei *„später Nachmittag"* gewesen.[9]
Sollte hier mit der angedeuteten Gipfelnähe eventuell die Bedeutung der Entscheidung für den gemeinsamen Aufstieg abgeschwächt werden?

7 *Weiße Einsamkeit*, S. 35
8 „Odyssee", S. 3, u. *Rote Rakete*, S. 109
9 Fernsehsendung „Unter 4 Augen", BR, 20. 06. 2002

Günthers Zustand am Gipfel wird dramatisiert:
„Erst jetzt wurde mir klar, dass Günther sehr müde war. Seine Riesenleistung, der Aufstieg durch die Merkl-Rinne in weniger als vier Stunden, kam mir erst später zum Bewusstsein, später, als ich mit anderen über dieses Abenteuer sprach.“[10]

„Jetzt wird mir klar, dass Günther sehr müde ist. Überanstrengung? Er ist mir einen Tag lang nachgestiegen! Ist er höhenkrank? Sein Aufstieg durch die Merkl-Rinne in weniger als vier Stunden macht sich bemerkbar, denke ich. Unvorstellbar, wenn er zusammenbricht.“[11]

Laut Messners Erstbericht war die Route hinab Richtung Merkl-Scharte eindeutig: *„Dann schaute ich nach Westen und stellte fest, dass der Weg bis zur Scharte am Ende der Merkl-Rinne leicht ist.“*[12] Diese Aussage findet sich weder in *Die rote Rakete* noch in *Der nackte Berg*. Dafür heißt es überraschenderweise in *Die weiße Einsamkeit*: *„Nein, von der Südschulter sieht keiner die Merkl-Scharte.“*[13]

In *Die rote Rakete* ist es Reinhold, der angibt, nicht zu wissen, dass andere nach ihnen aufsteigen würden: *„Ich dachte auch nicht, dass noch jemand aufsteigen würde. Sonst hätten wir gewartet.“*[14] Nun ist es Günther: *„Es wäre jetzt so einfach, sitzen zu bleiben, wo wir sind. Auch Günther will das nicht. Er erwartet nicht, dass man uns anderntags hilft. Sonst hätten wir warten können.“*[15] Aber in beiden Büchern ist es Günther, der vermutet: *„Vielleicht können wir unten an der Scharte hineinqueren. Sonst müssen wir um ein Seil rufen. Die anderen werden die Rinne versichern.“*[16] Wie bereits in Kapitel 9 dargelegt, macht der Vorschlag eines Abstiegs über die Merkl-Scharte höchstens Sinn, wenn die Brüder wussten, dass andere die darunter liegende Merkl-Rinne versichern würden, da eine Querung von der Merkl-Scharte zurück zur Aufstiegsroute

10 *Rote Rakete*, S. 117
11 *Der nackte Berg*, S. 201
12 „Odyssee“, S. 5
13 *Weiße Einsamkeit*, S. 41
14 *Rote Rakete*, S. 118
15 *Der nackte Berg*, S. 202
16 *Rote Rakete*, S. 118; fast identisch zitiert in *Der Nackte Berg*, S. 202

zu einem Punkt führen würde, der *oberhalb* der eigentlichen Schwierigkeiten der Merkl-Rinne liegt.
Über die Entscheidung, in die Diamirseite abzusteigen, schreibt Reinhold Messner:
„Im Augenblick, da ich es sagte, wusste ich nicht, warum ich es sagte. Wir gingen, wir taten es als das einzig Mögliche und ohne anderen Ausweg [...]*, nachdem sich ein Abstieg über die Rupal-Seite als zu gefährlich herausgestellt hatte. Wir sagen nicht, dass sonst nichts in Frage käme. Es war so selbstverständlich für uns, dass wir einen dritten Abstiegsweg erst gar nicht mehr durchdiskutierten. Damit begann unser Abstieg über die Diamirseite.* [...] *Er war unter den gegebenen Bedingungen das einzig Mögliche.“*[17]

Wie bereits an anderer Stelle gefragt: Was steht hier zwischen den Zeilen geschrieben? Dass es doch einen dritten Abstiegsweg gab? Es gab ihn tatsächlich – Felix Kuen und Peter Scholz nahmen ihn am nächsten Tag im Aufstieg links des Südgipfels. Eine vierte Alternative, ein Abstieg über die Aufstiegsroute bis zum Beginn der Schwierigkeiten der Merkl-Rinne, hielt Messner inzwischen sogar für möglich: *„Wir wären sicherlich bei Tag noch bis in die mittlere Merkl-Rinne gekommen, hätten wir diese Abstiegsroute gewählt, aber wir haben uns anders entschieden.“*[18]

So liest sich die Entscheidung 32 Jahre später in *Der nackte Berg*:
„Im Augenblick, als ich dies tue, weiß ich nicht, was es in letzter Konsequenz bedeutet. Aber wir gehen abwärts, tun es als das einzig Mögliche. Ein Abstieg über die Rupalseite ist zu gefährlich, und es ist gleich Nacht. Wir müssen also Stück für Stück eine Alternative finden. Vorerst sehe ich keinen anderen Ausweg. Wir steigen über die leichtere Diamirseite zur Scharte am oberen Ende der Merkl-Rinne ab, denke ich. Nein, ich sage nicht, dass kein anderer Weg in Frage kommt. Der Abstieg über die Westseite ist plötzlich wie selbstverständlich für uns. Eine dritte Abstiegsroute wird erst gar nicht durchdiskutiert. [...] *Er war unter den gegebenen Umständen der einzig mögliche Ausweg aus unserer Notlage. Vorerst wenigstens.“*[19]

17 *Rote Rakete*, S. 118f.
18 *Leben am Limit*, S. 68
19 *Der nackte Berg*, S. 204

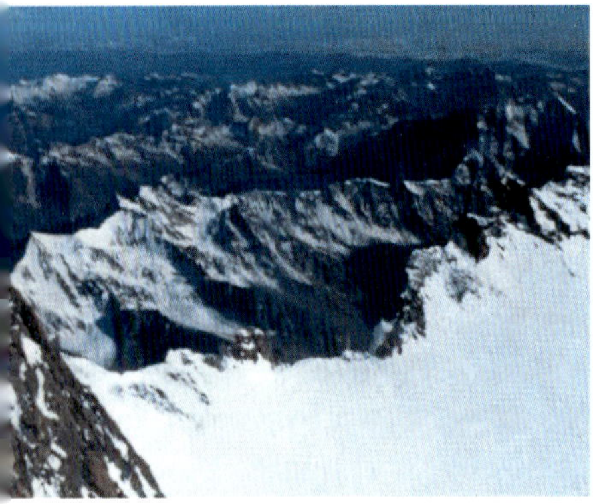

Blick vom Ausstieg der Schell-Rampe zur Merkl-Scharte (vgl. S. 134) (© R. Schauer)

„Vorerst". Soll damit die Entscheidung, zur Merkl-Scharte abzusteigen, in ihrer Bedeutung relativiert werden? So als hätte es zum späteren Zeitpunkt noch eine Alternative gegeben oder eine Möglichkeit, die Entscheidung zu korrigieren?

Das Problem ist, dass die Diamirseite nur im obersten Teil, auf der Terrasse unter dem Südgipfel, „leichter" ist. Dann folgt, wie in Kapitel 3 und 9 beschrieben, der steile, kletter- und orientierungstechnisch problematische Felsriegel der Schell-Route. Dies relativiert zumindest Messners Argument *für* einen Abstieg auf der Diamirseite: *„Kein Mensch würde bei angekündigtem schlechten Wetter ohne Seilsicherungen durch die Merkl-Rinne absteigen."*[20] Später führt er das gleiche angekündigte Schlechtwetter als Argument *gegen* eine Überschreitung, d. h. einen Abstieg auf die Diamirseite an: *„Der Abstieg über unbekanntes Gelände bei Nebel und Neuschnee? Er wäre einem Selbstmord gleichgekommen"*[21] Dabei haben sie genau dies getan, wenn sie, wie von Messner berichtet, vor dem Südgipfel Richtung Merkl-Scharte abgestiegen sind!

Sind die Brüder also tatsächlich noch durch dieses kombinierte Gelände abgestiegen, obwohl es „gleich Nacht" war? Und wenn ja, erfolgte dieser Abstieg tatsächlich auf der Schell-Route?

Messners eigene Routenangaben sind inzwischen zweideutig. Eine Grafik in *Der nackte Berg* deutet wie zuvor eine Grafik in *Die rote Rakete* an, dass er 1970 der späteren Schell-Route gefolgt war.[22] In *Die weiße Einsamkeit* unterscheidet er jedoch zwischen beiden Routen und legt die Abstiegsroute von 1970 weiter links (im Abstieg gesehen), näher an den Grat vom Südgipfel zur Merkl-Scharte.[23] Und bereits 1979, nach seinem Alleingang auf den Nanga Parbat, hatte er über die Aufstiegsroute aus der Mulde unter der Merkl-Scharte geschrieben:

20 *Weiße Einsamkeit*, S. 177
21 Ebd., S. 305
22 *Rote Rakete*, S. 165, und *Der nackte Berg*, S. 221
23 *Weiße Einsamkeit*, S. 335

„Ich konnte über die flache Mulde nach rechts zum Grat steigen und über diesen und die Südschulter zum Gipfel klettern (dort war ich 1970 abgestiegen).“[24]
Ob es eine Bedeutung hat, dass Messner hier in Bezug auf die Passage Südgipfel–Merkl-Scharte und die Ereignisse von 1970 nur von sich, in Einzahl, schreibt, sei vorerst dahingestellt.

DAS BIWAK

Sowohl in *Die rote Rakete* wie auch in *Der nackte Berg* schreibt Reinhold Messner, dass sie nahe der Merkl-Scharte biwakierten, d. h. in einer Höhe von etwa 7800 Meter. In letzterem Buch schildert er seine Gedanken vor der Nacht:
„Mir ist klar, dass wir den schwierigsten Abschnitt des Abstiegs noch vor uns haben. So oder so. Wo immer wir weiter absteigen werden. Aber jetzt quält mich die Sorge um Günther.“[25]

„Wo immer wir weiter absteigen werden.“ Wusste er also auch, dass die Querung von der Merkl-Scharte zurück zur Aufstiegsroute schwierig war, obwohl sein Foto das Gegenteil angedeutet hatte? Oder hatten sie gar nicht nahe der Merkl-Scharte biwakiert, und er spricht hier vom Wandbereich zwischen Südgipfel und Merkl-Scharte (vgl. S. 135 Diskussion über den Ort des Biwaks)?
Auf einem Foto des Südgipfels in der 2001 erschienenen und von Messner mitverfassten Herrligkoffer-Biografie ist der Biwakplatz von Kuen und Scholz markiert. In der Bildunterschrift heißt es dagegen: *„Das Dreieck markiert den Biwakplatz der Brüder Messner, die am 28. Juni 1970 mit ihrem Notabstieg über die Diamirseite begannen.“* (Hervorhebung durch JH)[26] Nur ein Fehler des Verlags oder ein Hinweis auf die tatsächlichen Gegebenheiten (vgl. S. 180ff. „Unfreiwillige Enthüllungen?“)? In dem bereits zitierten Fernsehinterview zum Erscheinen von *Der nackte Berg* 2002 sagte Messner, sie seien *„über eine Gratkante zwischen der Aufstiegswand und der späteren Abstiegswand“* abgestiegen und hätten dort einen Platz zum Biwakieren gefunden, auf *„knapp 8000 Meter“*.[27]

24 *Alleingang*, S. 177
25 *Der nackte Berg*, S. 205
26 *Karl Maria Herrligkoffer*, S. 139
27 Fernsehsendung „Unter 4 Augen“, BR, 20. 06. 2002

In *Die rote Rakete* beschreibt Reinhold Messner die Halluzinationen seines Bruders während der Biwaknacht – sein Greifen nach einer Decke, die nicht da war. Zum Morgen hin wollte Günther sogar das Biwak verlassen: *„Günther steht auf und geht im Kreis herum. Er jammert.* [...] *Sein Zustand beunruhigte mich."*[28]

In *Der Nackte Berg* werden die Beschreibungen detaillierter: *„Er halluziniert. Er ist noch langsamer in seinen Bewegungen als ich, und er verhält sich irrational. Er muss bei jedem Schritt anhalten, um sich auszuruhen.* [...] *Unser Zustand war der von Narkose-Patienten.* [...] *Aber es war zu spät, etwas dagegen zu tun. Nur tiefer unten war Erlösung."*[29]

Trotzdem rief Reinhold Messner zunächst drei Stunden lang von der nahen Merkl-Scharte um Hilfe. Was für Rückschlüsse lässt es auf den Zustand Günthers zu, wenn einerseits nur im Abstieg die „Erlösung" lag, andererseits aber kein sofortiger Abstieg erfolgte, sondern stundenlang um Hilfe gerufen wurde?

Aus der Veränderung der Schilderungen des gesundheitlichen Zustandes Günthers gegenüber der ursprünglichen Darstellung in *Die rote Rakete* ergeben sich neue Fragen: Zwar unterstreichen die heutigen Schilderungen Reinhold Messners die Notlage, welche den Abstieg über die Diamirseite bedingt haben soll – doch gleichzeitig ergeben sich daraus mehr und mehr Zweifel, inwieweit Günther überhaupt zu diesem Abstieg in der Lage war.

Anders gefragt: Wenn Günther bereits am Gipfelgrat Zeichen akuter Höhenkrankheit zeigte, wie wahrscheinlich ist es dann, dass er noch am selben Abend durch das steile kombinierte Gelände zur Merkl-Scharte absteigen konnte? Wenn sich Günthers Symptome im dortigen Biwak weiter verschlechterten, wie wahrscheinlich ist es, dass er am Morgen mit dem Bruder noch differenziert über den Abstieg diskutieren konnte? *„Wir haben vergeblich gewartet* [...] *Das Biwak hier hätten wir uns sparen können* [...] *Aber jetzt müssen wir schnell machen, wir können nicht ewig hier warten. Ein zweites Biwak halte ich nicht aus."*[30] Und wie wahrscheinlich ist es dann, dass er anschließend in der Lage war, 13 Stunden lang 1800 Höhenmeter ungesichert über einen steilen Hängegletscher und eine Felsrippe mit Kletterschwierigkeiten bis zum III. Grad abzusteigen?

28 *Rote Rakete*, S. 122
29 *Der nackte Berg*, S. 208f.
30 *Rote Rakete*, S. 139

Oder umgekehrt gefragt: Wenn Günther gesund genug war, all dies zu tun, wie überzeugend ist dann die Behauptung, der Abstieg auf die Diamirseite sei aus der Not heraus erfolgt?

DIE SITUATION AN DER MERKL-SCHARTE

Am Vormittag des 28. Juni gegen 10 Uhr kam es dann zu der entscheidenden Rufverbindung zwischen Reinhold Messner und Felix Kuen.
In *Die Rote Rakete* wird die Situation im Wesentlichen als Missverständnis dargestellt. Über das Gelände zwischen Reinhold Messners Standort an der Merkl-Scharte und der Aufstiegsroute von Kuen und Scholz wird kaum etwas berichtet, nur die letzten Meter *„sahen sehr schwierig aus.“*[31] Schon hier verwundert es, dass Messner während des Rufkontakts offenbar mit keinem Wort mehr ein Seil erwähnt, obwohl er, wie er selbst berichtete, zuvor danach gerufen hatte.[32] Und auf Kuens Frage, ob alles in Ordnung sei, antwortet er: *„Ja! Alles in Ordnung. Ich habe seine Frage so aufgefasst, ob wir noch gesund seien, und bejahte.“*[33] Dabei schrieb er zuvor noch, dass ihn Günthers Zustand „beunruhigt“ habe und er genau deshalb von der Scharte aus um Hilfe gerufen hatte.
In *Der nackte Berg* werden diese Widersprüche noch größer.

„Plötzlich beginnt Felix weiter nach rechts zu queren. Als ob er sich alles anders überlegt habe. Ist die Wandstufe also zu steil?“[34]
„Mir ist inzwischen irgendwie klargeworden, dass Felix und Peter einen Auftrag erfüllen. Aber sie müssen doch sehen, dass Günther und ich in einer Falle stecken.“[35]
„Nein, nein, dieses eine Stück Wand ist von unten unmöglich, sage ich mir jetzt. Ich kann das zwar nicht so genau sehen, aber Felix und Peter hätten den Umweg gemacht. Die Strecke ist zu riskant. Viel zu riskant.“[36]
„Felix geht weiter. Ich begreife es nur zuerst nicht. Er hat mich auch falsch verstanden, denke ich. Oder er ist verwirrt wegen der Höhe.“[37]

31 Ebd., S. 133
32 Ebd., S. 123; *„Reinhold: Hilfe! – Wir brauchen ein Seil! Zwei Stunden habe ich vergeblich gerufen.“*
33 Ebd., S. 133
34 *Der nackte Berg*, S. 211
35 *Der nackte Berg*, S. 212
36 Ebd., S. 214
37 Ebd.

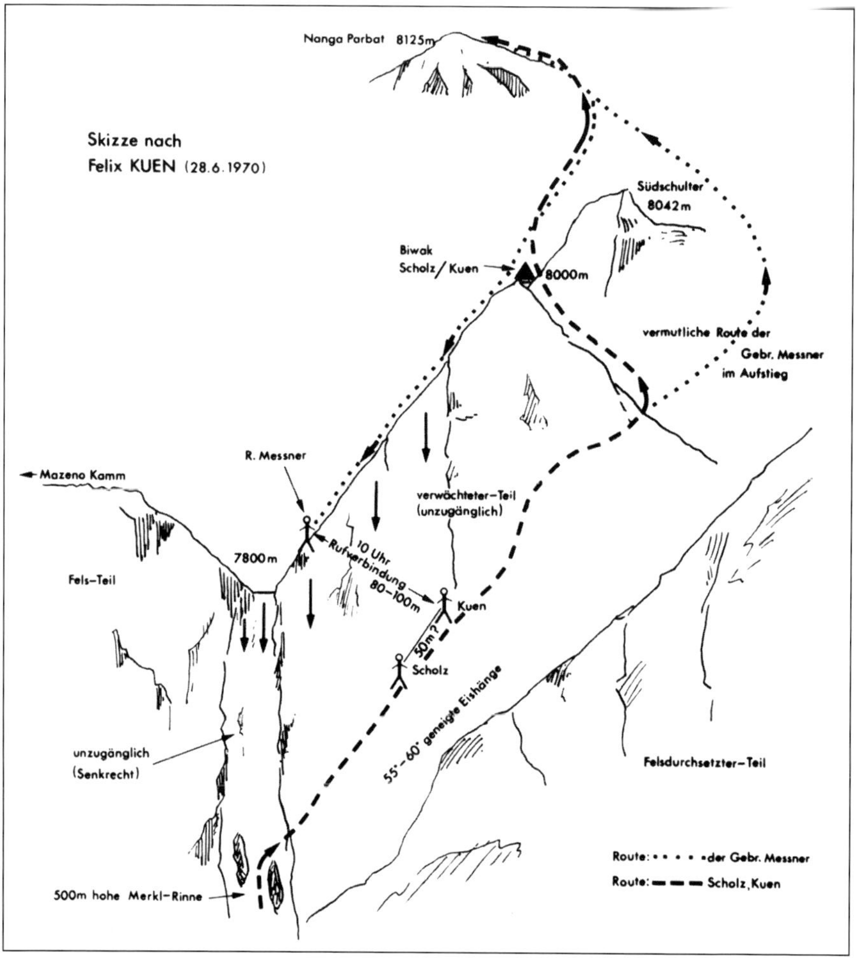

Die Rufverbindung zwischen Felix Kuen und Reinhold Messner, nach einer Skizze von Felix Kuen (vgl. S. 57) *(© Archiv DIAF/Herrligkoffer-Stiftung)*

In dieser Konfusion wird keine Frage konkret beantwortet: Konnten Kuen und Scholz nicht helfen, weil das Gelände zwischen ihnen und Messner unüberwindlich war? Verweigerten Kuen und Scholz die Hilfe, weil sie unbedingt zum Gipfel wollten? Wollte Messner die anderen nicht gefährden?
Vor allem aber bleibt ungeklärt, warum während der Rufverbindung anscheinend kein einziges Mal auf den kritischen Zustand Günthers hingewiesen oder nach einem Seil verlangt wurde. Dabei schildert er noch kurz zuvor:

„[Günther] *halluziniert [...], er verhält sich irrational.*"[38] Warum spricht Messner davon, er müsse *„die Strategie wechseln"*, und fragt, *„Wie kann ich ihn* [Kuen] *zu uns herauflocken?"*[39] Diese Überlegung in der Darstellung ist neu und bleibt widersprüchlich. Denn Messner antwortete auf die Frage Kuens, ob alles in Ordnung sei:

„‚Ja! Alles in Ordnung, Felix', rufe ich. Wie zur gegenseitigen Beruhigung. Der Frage, ob wir gesund seien, kann nur eine beschwichtigende Antwort folgen. In der Todeszone ist gesund sein relativ."[40]

Nochmals versucht Messner einen Teil der Verantwortung bei Kuen zu suchen, indem er anschließend mit einem Zitat von Kuen dessen Wahrnehmungsfähigkeit in Frage stellt: *„Kuen: ‚Ich war einem Schwächeanfall nahe; angesichts des Gipfels wollte ich nicht aufgeben. So nahm ich eine Pervitin-Tablette* [starkes Aufputschmittel, Anm.] *und wurde bald wieder fit.'"*[41]
Dass Kuen das Pervitin erst Stunden nach der Rufverbindung mit Messner einnahm, wird nicht erwähnt (vgl. S. 60 und 117f.).
Doch wenn die Verständigung mit Kuen so schwierig war, warum unternahm Messner keinen Versuch, mit Peter Scholz zu sprechen – zumal er sich mit diesem auch menschlich besser verstand?

Dazu noch einmal Gerhard Baur:
„Später, nach der Expedition, traf ich mich einmal mit Peter Scholz in München, und unser Gespräch kam auf die damaligen Ereignisse. Er erzählte mir, wie er sich während der Rast nach der Rufverbindung mit Felix Kuen ausgetauscht hatte. Er hatte zwar die Zurufe mitbekommen, aber nichts Genaueres verstanden, da er unterhalb im Aufstieg gewesen war. Felix Kuen erzählte Peter, dass die Messners am Gipfel waren; dass sie links vom Südgipfel aufsteigen sollten; dass die Messners auf der anderen Seite absteigen würden – und dass eindeutig alles in Ordnung wäre. Deshalb habe er, Peter, sich in der Situation auch keine Gedanken gemacht, wie und auf welchem Weg man zur Hilfe kommen müsste – weil eben keine Notlage signalisiert wurde."

38 Ebd., S. 208
39 Ebd., S. 211
40 Ebd., S. 212
41 *Der nackte Berg*, S. 212

In Messners *Der nackte Berg* heißt es nochmals: *„Ja, ja, wir waren o. k. Ich hatte drei Stunden lang um Hilfe gerufen, weil wir ein Seil brauchten. Im Übrigen war alles in Ordnung.“*[42] Und das, obwohl sein Bruder laut eigenen Angaben halluzinierte und somit offensichtlich höhenkrank war (vgl. S. 169f. und 173)?
In *Die weiße Einsamkeit* wird die Verwirrung des Lesers in dieser Schlüsselszene schließlich komplett:
„Sie [Kuen und Scholz] *tun am Ende so, als ob sie nicht helfen könnten.* [...] *Ich signalisiere ‚alles O. K.' und Abstieg über die Gegenseite. Warum? Weil ich Kuen und Scholz nicht zu einem lebensgefährlichen Manöver überreden will. Ein Aufstieg bis zu uns auf die Merkl-Scharte, der von oben unmöglich aussieht, ist auch für sie zu riskant.“*[43]

„[Kuen und Scholz] *würden von der Route, die auch wir genommen haben, abweichen, wenn es eine minimale Chance gäbe, uns zu helfen. Nur, abstürzen darf jetzt keiner. Ich spüre es, ich darf Felix nicht in ein Todesrisiko treiben.* [...] *Deshalb mein ‚Ja! Alles in Ordnung?'* [...] <u>*Nicht nur ich*</u>*, alle, die später andere glauben machen wollen, dass Felix und Peter uns zu Hilfe gekommen wären, wenn ich nur deutlich genug auf Günthers Schwäche verwiesen hätte, unterstellen Felix* [...] *unterlassene Hilfeleistung.“* (Hervorhebung durch JH)[44]

Doch wie passt das zusammen? Eine Hilfe, die zuvor nicht explizit angefordert wurde, wird großmütig abgelehnt, um einen Konkurrenten nicht in Gefahr zu bringen, dem man wenig später unterlassene Hilfeleistung vorwirft? Wie glaubhaft erscheint es, dass Messners Sorge um Kuen, den Erzrivalen, größer gewesen sein soll als die um den angeblich höhenkranken Bruder?
Das Foto, das Messner zur Illustration des Geländes um die Merkl-Scharte in *Die weiße Einsamkeit* anführt, trägt genauso wenig zur Klärung bei. Was Messner auf diesem Foto als „unmögliches Gelände“ hervorhebt, liegt weit links und unterhalb der fraglichen Passage. Diese bleibt auf dem Foto unerkennbar im Schatten.[45]
Und irgendwo versteckt in diesem Gewirr von Worten und Widersprüchen nennt Messner dann die nüchterne Tatsache über das Kernproblem der Situ-

42 Ebd.
43 *Weiße Einsamkeit*, S. 23
44 Ebd., S. 37ff.
45 *Weiße Einsamkeit*, S. 38

ation an der Merkl-Scharte. So versteckt und unscheinbar, dass sie kaum ein Leser mehr registriert:
„Für den Entschluss, in die Diamirflanke abzusteigen, trage allein ich die Verantwortung.“[46]

„Nur wer sich in beide Positionen versetzt – was wusste Felix, was wusste ich –, erkennt die unausweichliche Notlage, in der wir stecken. Selbstverschuldet gewiss, aber ohne Hoffnung auf Hilfe.“ (Hervorhebung durch JH)[47]

DIE ROLLE VON FELIX KUEN

Während in *Die rote Rakete* Reinhold Messner noch generelle Verdächtigungen formuliert – so z. B. das Anzweifeln ihres Gipfelerfolgs durch *„einige Leute“* oder dass *„nicht alle“* froh über seine Rückkehr waren[48] –, so richtet er sie drei Jahrzehnte später konkret gegen Felix Kuen. Es beginnt mit dem Vorwurf, Kuen habe die am Gipfel zurückgelassenen Handschuhe *„nicht eindeutig uns zuordnen wollen“*,[49] zieht sich über den Vorwurf unterlassener Hilfeleistung an der Merkl-Scharte[50] bis hin zu *„Nur einer ist nicht froh, dass ich wieder da bin. [...] Felix litt und ging mir aus dem Weg.“*[51] Quasi als *coup de grâce* zitiert Messner gegen Ende von *Der nackte Berg* die bereits mehrfach erwähnte Aussage Felix Kuens aus *Bunte* (vgl. S. 102 und 113ff.), wonach dieser unter anderem gesagt haben soll, Reinhold habe ihn über die Höhenkrankheit Günthers informiert. Messner lässt den Leser mit der Frage zurück: *„Hatte Felix also doch mehr verstanden, als er später zugeben wollte?“*[52]
Dabei ist erwiesen, dass diese Aussage Kuens von Herrligkoffer verfälscht wurde (vgl. S. 102f. und 126), was Messner im Übrigen durch seine eigenen Schilderungen der Rufverbindung – auch in *Der nackte Berg*! – belegt, in denen er nie den Zustand des Bruders erwähnt.[53]
Über Kuens Reaktion auf Messner nach der Besteigung schrieb Matthias Rebitsch in dem schon zitierten Brief an Messners Rechtsanwalt Klamert, Kuen

46 Ebd., S. 30
47 *Weiße Einsamkeit*, S. 38
48 *Rote Rakete*, S. 116 u. 211
49 *Der nackte Berg*, S. 201
50 *Weiße Einsamkeit*, S. 38
51 *Der nackte Berg*, S. 294
52 Ebd., S. 300
53 Ebd., S. 210–214

sei „verärgert“ gewesen, dass seine erfolgreiche Durchsteigung der Rupalwand in einigen Zeitungen gegenüber jener der Messner-Brüder abgewertet worden sei, woraufhin er harsche Kritik am „Leichtsinn“ der Messners äußerte. Auch wurde nach Kuens Tod ein Gespräch mit dem Bergsteiger Toni Hiebeler veröffentlicht, wonach Kuen sich mit der Frage gequält habe, ob er nun zu den Erstbegehern der Rupalwand zähle oder nicht.[54]

Max von Kienlin entgegnete jedoch dem Vorwurf Messners: *„Wir alle waren nicht glücklich, aber eben nicht, weil Reinhold zurückkam, sondern weil Günther nicht zurückkam.“*[55] Und auch die damalige Kritik Kuens an Messners „Leichtsinn“ erscheint in einem anderen Licht, wenn z. B. Werner Haim seinen Berggefährten einfach als einen vorsichtigen, auf Sicherheit bedachten Heeresbergführer beschreibt.[56]

Der Autor Ralf-Peter Märtin sah 2002 in seinem Buch *Nanga Parbat – Wahrheit und Wahn des Alpinismus* die Dinge noch stärker vereinfacht und stempelte Kuen zum Sündenbock, indem er ihm indirekt, aber eindeutig die Bereitschaft zur Hilfe an der Merkl-Scharte absprach:

„Jetzt soll er [Kuen]*, den die Messners um seinen eigenen Triumph gebracht haben, ihnen aus der selbstverschuldeten Klemme helfen. Statt der erhofften Erstbegehung würde er mit einer Rettungsaktion abgespeist. Das ist zuviel verlangt.“*[57]

Jedoch erfasste Märtin, dass aufgrund ihrer ähnlichen Persönlichkeiten *beide* Männer Gründe hatten, in der entscheidenden Situation an der Merkl-Scharte wichtige Aktionen – Hilferuf und Hilfeleistung – unbewusst zu unterlassen.

„Was gewesen wäre, wenn sich Messner in dieser Arena des Ehrgeizes und der Eitelkeit dazu entschlossen hätte, Kuen mit allem Nachdruck um sofortige Hilfe zu bitten, lässt sich heute, über dreißig Jahre später, nicht mehr klären. Für Messner hätte es das Eingeständnis des eigenen Scheiterns bedeutet, die Erniedrigung, auf den ihm unsympathischen Kuen angewiesen zu sein.“[58]

---

54 *Alpinismus*, 4/1974, S. 30; zitiert in *Zur Psychologie des Bergsteigens*, S. 158
55 *Die Überschreitung*, 3. Auflage 2003, S. 194
56 Interview W. Haim mit JH, 07. 07. 2009
57 *Wahrheit und Wahn*, S. 330
58 Ebd., S. 330

Aber: Da Messner in der Tat nicht mit allem Nachdruck um sofortige Hilfe gebeten hatte, bedeuten Märtins Spekulationen konsequent weitergedacht dann auch, dass für Messner die Angst vor dem Eingestehen des eigenen Scheiterns und der Erniedrigung größer war als die Sorge um den Bruder.

DER ABSTIEG ÜBER DIE DIAMIRSEITE

In *Der nackte Berg* relativiert Reinhold Messner noch die zwingende Notwendigkeit des Abstiegs auf der Diamirseite: *„Allein könnte ich es über den Süd-Gipfel vielleicht schaffen. Für Günther aber würde das ein zweites Biwak bedeuten, noch dazu allein."*[59] Im Gegensatz dazu schreibt er in *Die weiße Einsamkeit*: *„Wäre Günther dort oben gestorben, [...] hätte ich über die Diamirseite absteigen müssen, um zu überleben."*[60]
Als weitere Begründung gab er zuvor unter anderem an: *„Hilfe von der zweiten Gipfelseilschaft hätte in die Merkl-Scharte erst 24 Stunden später kommen können"*[61]. Kuen selbst war hingegen damals der Überzeugung gewesen, er hätte bei einem klar erkennbaren Notfall die Messners über den Südgipfel noch am gleichen Nachmittag – zwischen 14 und 15 Uhr, also nur rund dreieinhalb Stunden später – erreichen können.[62]
Obwohl der anschließende Abstieg in *Der Nackte Berg* ausschweifender erzählt wird, deckt er sich inhaltlich weitgehend mit *Die Rote Rakete*. Allerdings ist das zweite Biwak an der Mummery-Rippe heute höher eingezeichnet als in *Die rote Rakete*, und auch die Abstiegsroute entlang der Mummery-Rippe ist in beiden Büchern unterschiedlich eingezeichnet.[63]

In beiden Büchern wird geschildert, wie sich Günthers Zustand im zweiten Biwak plötzlich besserte:
„Es dauert eine Weile, bis Günther sich aufrichtet. Umständlich nimmt er seinen Pickel auf, sucht etwas und hebt es auf. Alles passiert sehr langsam. Dann ist auch er plötzlich wach. Nicht mehr halbtot vor Müdigkeit, Durst und Hunger. Er macht keinen so verwirrten Eindruck mehr."[64]

---

59 *Der nackte Berg*, S. 220
60 *Weiße Einsamkeit*, S. 49
61 Ebd., S. 39
62 *Kampf und Sieg*, S. 129
63 Routenfotos in *Rote Rakete*, S. 165, und *Der nackte Berg*, S. 221
64 *Der nackte Berg*, S. 233; fast identisch in *Rote Rakete*, S. 149

Umso bemerkenswerter ist daher in *Der Nackte Berg* die nun folgende schleichende „Auflösung“ Günthers während des Abstiegs – so als verschwinde er auch sprachlich aus Reinholds Blickfeld. Ab dem zweiten Biwak an der Mummery-Rippe wird die Präsenz des Bruders für Reinhold zur Annahme.

„Günther ist über mir, ich weiß es, ohne mich nach ihm umsehen zu müssen.“[65]
„Ich rufe ihm etwas zu, ohne zu wissen, ob er mich hört.“[66]

Auch die Entscheidung über die Routenwahl am Wandfuß, die in *Die rote Rakete* noch eindeutig Günther zugesprochen wurde – *„Das war sein letzter Satz gewesen“*[67] –, ist jetzt undefiniert.
„ ‚Geh'n wir ganz unten rechts zwischen den Eisbrüchen durch?‘, fragt einer noch.“[68]

Und schließlich: *„Langsam mühe ich mich den Lawinenkegel aufwärts, zurück zum Plateau. Dort glaube ich, Günther zuletzt gesehen zu haben.“* (Hervorhebung durch JH)[69]

In verschiedenen Quellen aus dieser Zeit – 2002 und 2003 – stellt Messner selbst die Frage: *„Wann und wo hatte ich den Bruder aus den Augen verloren? Ich wusste es nicht.“*[70] „Wo *hat das mit den Halluzinationen angefangen, wo könnte Günther geblieben sein?*“[71]
In einer eidesstattlichen Versicherung vom 27. Juni 2003 war er nur bereit zu bestätigen, dass sein Bruder bis in ca. 6000 Meter Höhe bei ihm gewesen war – also etwa in Höhe des zweiten Biwaks an der Mummery-Rippe.[72] Einen Tag später sagte Messner im Kulturmagazin „Capriccio“ des Bayerischen Fernse-

65 *Der nackte Berg*, S. 235
66 Ebd., S. 236
67 *Rote Rakete*, S. 157
68 *Der nackte Berg*, S. 236
69 Ebd., S. 242
70 Ebd., S. 264
71 *Stern*, 37/2002
72 Eidesstattliche Versicherung R. Messner vom 27. 06. 2003 (im Rahmen der Anträge auf Einstweilige Verfügung R. Messner ./. Hans Saler und A1 Verlag; R. Messner ./. Max von Kienlin und F. A. Herbig Verlagsbuchhandlung)

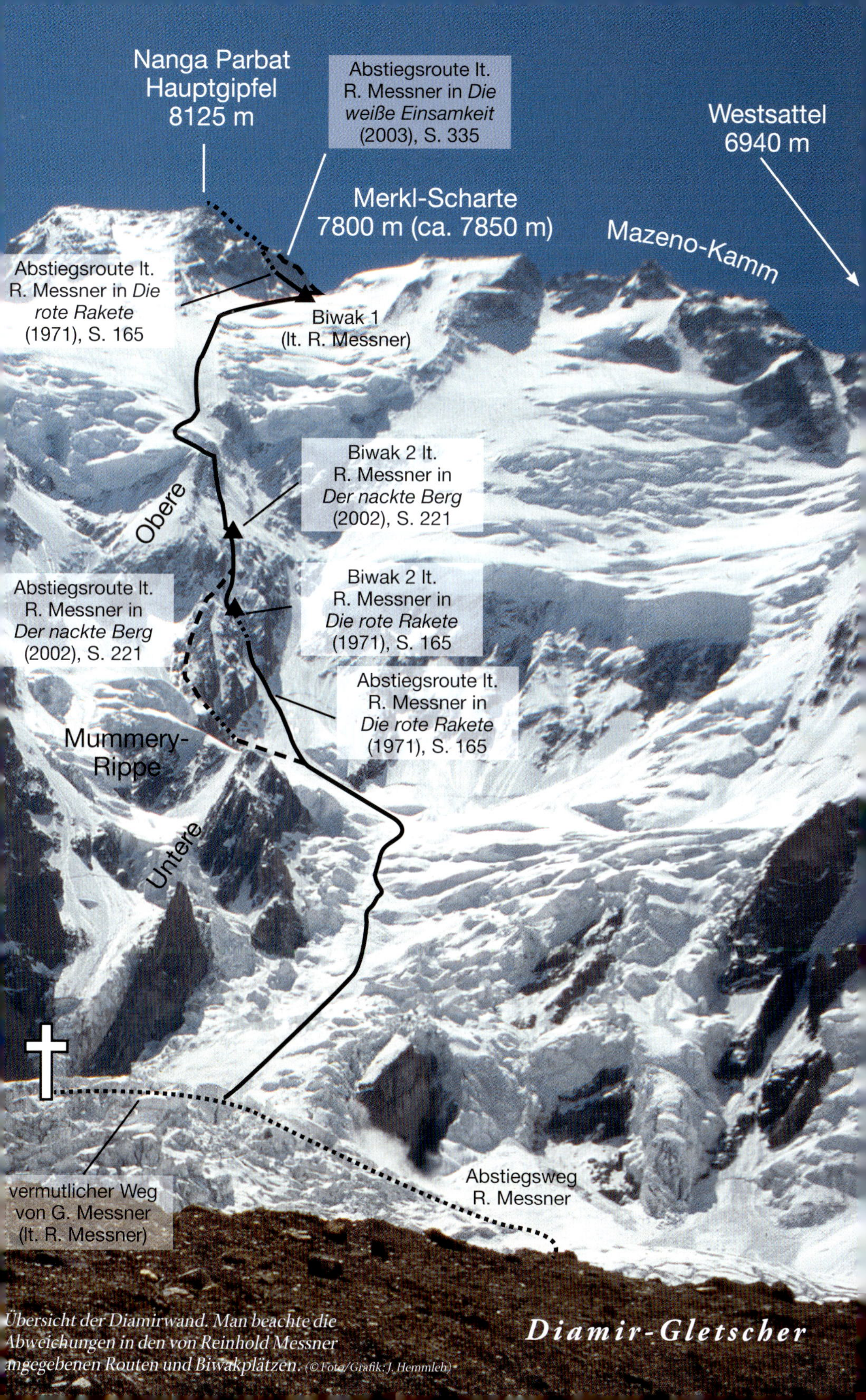

Übersicht der Diamirwand. Man beachte die Abweichungen in den von Reinhold Messner angegebenen Routen und Biwakplätzen. (© Foto/Grafik: J. Hemmleb)

hens: „*Es ist ja nicht ausgeschlossen, dass ich meinen Bruder mir herbeigewünscht habe – was ja dann auch passiert ist – und ihn hinter mir gehen hörte, und er war nicht mehr da. Aber es ist ausgeschlossen, dass mein Bruder nicht im 2. Biwak* […] *bei mir war, weil wir uns dort greifen konnten, weil wir nebeneinander hockten. Dort war nicht eine Halluzination möglich, weil wir dort miteinander geredet haben, weil wir dort das gleiche Wasser haben rauschen hören, das gar nicht da war – das war auch nur wieder eine Halluzination.*"

Messner wusste nicht, wann und wo er seinen Bruder aus den Augen verloren hatte. Er hatte sich möglicherweise den Bruder herbeigewünscht. Er hatte halluziniert. So nimmt der dokumentarische Wert seiner Abstiegsbeschreibungen stetig ab.
In *Die rote Rakete* und allen sonstigen Publikationen Messners während der folgenden drei Jahrzehnte galt es noch als so gut wie sicher, dass Günther am Wandfuß unter einer Eislawine starb – auch wenn es bereits deutliche Abweichungen in der Darstellung der genauen Umstände gab (vgl. S. 224). In *Der nackte Berg* verschwindet Günther irgendwo zwischen dem zweiten Biwak und dem Wandfuß. Warum diese Unterschiede in den Erzählungen nach 30 Jahren? Ist die letzte Version nun das letzte Wort und somit die Wiedergabe von Reinhold Messners ganzem Wissen? Oder sind die Unterschiede zwischen *Die rote Rakete* und *Der nackte Berg* nur der Beginn eines langsamen Vordringens einer Geschichte hinter der Geschichte?

UNFREIWILLIGE ENTHÜLLUNGEN?

Sind *Die rote Rakete* und zu einem schon etwas abgeschwächten Grad auch *Der nackte Berg* also wie ein Gemäuer, welches Reinhold Messner zum Schutz um sich aufgebaut hat? Und bekommt dieses Gebäude bisweilen Risse, durch die ein Teil des Inneren sichtbar wird?
Es gab und gibt sie immer wieder, die unfreiwilligen Enthüllungen, die, eben weil sie von dem einzigen Zeugen kommen und dessen immer wieder betonten Aussagen oft diametral entgegengesetzt sind, Verdachtsmomente auf eine verborgene Geschichte schüren.
In einem umfangreichen Interview mit dem Kulturjournalisten André Müller begann Messner unvermittelt – und ohne dass er danach gefragt wurde –, von sich aus über Nanga Parbat 1970 zu erzählen:

„Ich habe immer dann etwas gelernt, wenn es mich oder einen anderen etwas gekostet hat. Mein jüngerer Bruder ist 1970 durch meine Schuld umgekommen. Wir hatten gemeinsam den Nanga Parbat bestiegen. Er wurde höhenkrank und ist abgestürzt. Damals habe ich erkannt, dass ich verwundbar bin [...] *Erst durch den Tod des Bruders bin ich erwachsen geworden. Es hat dieses Todes bedurft. Mein Weiterkommen hat einem Menschen das Leben gekostet.“* (Hervorhebung durch JH)[73]

Eine Schilderung der Todesumstände des Bruders, die sich deutlich von der Version einer Eislawine oder eines bloßen Verschwindens unterscheidet und in ihrer Eindeutigkeit ein unmittelbares Erleben vermuten lässt. Ein Fehler des Journalisten? Nur ein unbedachter Versprecher Messners? Oder eben doch eine unfreiwillige Enthüllung?

Weder nach dem ersten Erscheinen des Interviews in der Wochenzeitung *Die Zeit* am 30. November 1990 noch nach dem Abdruck in Müllers Sammelband von 1997 gab es zu diesem Punkt Reaktionen in Bergsteigerkreisen oder in der sonstigen Öffentlichkeit.

Als Messner dagegen 2002 in einem Stern-Interview darauf angesprochen wird, reagiert er emotional: *„Nein, nein, nein! Das war ein Interview mit André Müller, ein Weltmeister im Verfälschen von Aussagen.“*[74]

Als ich André Müller ein Jahr später auf Messners Vorwurf ansprach, antwortete er nach Durchsicht seiner Tonbandmitschnitte nüchtern: *„Ich habe nichts verfälscht.“*[75]

In einem Gespräch mit der britischen Zeitung *The Guardian* äußerte sich Messner im Februar 2004 folgendermaßen: *„I left my brother a bit below the summit“ – „Ich ließ meinen Bruder ein Stück unterhalb des Gipfels zurück“*, um dann fortzufahren, *„I looked up and he had disappeared. He was hidden behind a concave* [sic] *bulge in the snow. By this stage I was crawling on my hands and knees.“ – „Ich schaute hinauf und er war verschwunden. Er war hinter einer konkaven* (sic) *Wölbung im Schnee versteckt. Zu diesem Zeitpunkt kroch ich auf Händen und Knien.“* (Hervorhebung durch JH)[76]

---

73 *Ich riskiere den Wahnsinn*, S. 173–187. Die entscheidende Passage befindet sich auf S. 184f.
74 *Stern* 37/2002
75 E-Mail A. Müller an JH, 16. 06. 2003
76 *The Guardian*, 02. 02. 2004

Wie verträgt sich die Formulierung „ein Stück unterhalb des Gipfels" mit der tatsächlichen Differenz zwischen Gipfel und dem zweiten Biwak an der Mummery-Rippe bzw. dem Wandfuß – 2000 bzw. 3500 Höhenmeter?
Auf die Bezeichnung des Biwakplatzes von Kuen und Scholz am Südgipfel als Biwakplatz der Messner-Brüder in der Herrligkoffer-Biografie von Horst Höfler und Reinhold Messner wurde bereits an anderer Stelle hingewiesen (vgl. S. 169).

Wie auf den zurückliegenden Seiten dargelegt, finden sich in Reinhold Messners Büchern immer wieder Hinweise auf unterschiedliche und widersprüchliche Darstellungen der Wahrheit. Gibt es hier eine „Geschichte hinter der Geschichte"? Zum Beispiel druckte Messner in *Die weiße Einsamkeit* ein Bild jenes Hilferufs ab, den er in höchster Not am 2. Juli 1970 im Diamirtal an den obersten Verwaltungsbeamten in Chilas richtete.[77] In einer Mixtur aus gebrochenem Englisch und Italienisch schrieb er:

„Messner Reinhold
Member of the German Nanga Parbat Expedition

EPE – A. Gelas [vermutlich ‚APA – Chilas']

I am in Diamar e non can go. I have face the first ascension of Nanga Parbat per site Rupal e ritearn per versant Diamar. Please port me pe elicopter to Faram o. Gilgit. I have the foot corupt ent I finisch in 1 o 2 days. The leader of the expedition, is steing in bas-camp-Rupal, Dr Karl Herrligkoffer, pay all.
Please me porter in securitat. *R. Messner"*

Übersetzung: „Ich bin in Diamir und kann nicht mehr gehen. Ich habe die erste Besteigung des Nanga Parbat über die Rupalseite gemacht und bin über die Diamirseite zurückgekehrt. Bitte transportieren Sie mich per Helikopter nach Faram oder Gilgit. Meine Füße sind kaputt und ich sterbe in 1 oder 2 Tagen. Der Expeditionsleiter hält sich im Basislager Rupal auf, Dr. Karl Herrligkoffer, und wird alles bezahlen. Bitte bringen Sie mich in Sicherheit. R. Messner"
Von Günther kein einziges Wort.

77 *Weiße Einsamkeit*, S. 61

Nochmals stellen sich die Fragen, die im vorherigen Kapitel aufgeworfen wurden: Wie verträgt sich die fehlende Erwähnung mit der in *Die Rote Rakete* immer wieder geschilderten „Gegenwart" des Bruders bis zum Schluss? Und wie sind die Vorwürfe einzuordnen, die anderen Expeditionsmitglieder hätten nicht im Diamirtal nach ihm und seinem Bruder gesucht, wenn *selbst Messner* in einem schriftlichen Hilferuf mit keinem Wort darauf hinweist, dass er gemeinsam mit seinem Bruder unterwegs war? Es sei an dieser Stelle abermals an das Tagebuch Hermann Kühns erinnert, laut dem am Abend vor dem Zusammentreffen der Expedition mit Messner am 3. Juli Militärs im Industal anscheinend bereits wussten, dass einer der vermissten Bergsteiger tot war (vgl. S. 90). Oder gäbe es noch eine andere Erklärung für die fehlende Erwähnung Günthers?
Auf die Frage, warum Messner damals nicht selbst seine Expeditionskollegen zu einer Suche im Diamirtal aufgefordert habe, antwortet er in *Die weiße Einsamkeit*:
„Wie, frage ich mich, hätten die anderen den Ort der Tragödie finden sollen! Ich wusste, dass mein Bruder tot war. Auch wenn er mir beim Abstieg durchs Diamirtal in meiner Schizophrenie wiederholt als Begleiter erschienen war. Ich hatte einen halben Tag und eine Nacht lang nach ihm gesucht."[78]

Gleichzeitig sieht er die Eislawine als *„wahrscheinlichste Todesursache"* an.[79] Er habe die Lawine von Anfang an als Möglichkeit, nicht als bewiesene Tatsache bezeichnet. Allerdings kam für ihn nach der Suche am Wandfuß keine andere Ursache in Frage. Und Max von Kienlin habe ihn schließlich dazu bewogen, bei dieser einen Version zu bleiben:
„Von Kienlin hat mich [...] gedrängt, die Tragödie eindeutig als Lawinenkatastrophe zu erzählen"[80]

Sechs Zeilen später aber widerspricht er sich offensichtlich selbst: *„Ich habe mit niemanden eine Absprache und niemals von Kienlins Version übernommen."*[81]

78 *Weiße Einsamkeit*, S. 310
79 Ebd., S. 311
80 Ebd., S. 318
81 Ebd.

Gegenüber dem Magazin *Focus* sagte Messner in dieser Zeit wiederum: „*Die Aussage, dass es eine Lawine war, die meinen Bruder begraben hat, war in dieser Eindeutigkeit sein* [Max von Kienlins] *Vorschlag. Sein Rat war, bei einer eindeutigen Antwort zu bleiben.*"[82]

Etwaigen Fragen, warum er den Bruder im unteren Teil des Abstiegs aus den Augen verloren habe, war Messner zuvor mit einer Aufforderung an seine Kritiker entgegengetreten:

„*Wer sich fragt, wie man seinen geschwächten Bergkameraden, seinen übermüdeten Bruder, nach tagelangen Strapazen so weit hinter sich lassen kann, dass der Kontakt abreißt, sollte ins Diamirtal aufsteigen. Und die Landschaft am Wandfuß sehen.*"[83]

Genau dies taten Gerhard Baur und ich im Mai 2004.

---

82 *Focus*, 07. 06. 2003, S. 48
83 *Weiße Einsamkeit*, S. 45f.

KAPITEL 13

DER ENDGÜLTIGE BEWEIS?

Gerhard Baurs und meine Reise zum Nanga Parbat 2004 war Teil eines Filmprojekts für den Bayerischen Rundfunk, das eine Betrachtung der Gesamtgeschichte des Berges zum Ziel hatte. So besuchten wir alle drei Seiten des Massivs: Diamir, Rakhiot und Rupal.
Zu unserem Besuch auf der Diamirseite hatte sich indes eine sehr interessante Vorgeschichte entwickelt: Im Jahr 2000 war Reinhold Messner ein weiteres Mal zum Nanga Parbat aufgebrochen. Gemeinsam mit seinem Bruder Hubert, Hans-Peter Eisendle, Wolfgang Tomaseth und dem Reporter Ralf-Peter Märtin versuchte er die in ihrer Gänze noch undurchstiegene Nordwestflanke, welche möglicherweise das Ziel des Engländers Albert F. Mummery vor dessen Verschwinden 1895 gewesen war. Dabei machte Eisendle durch Zufall am Fuß der Diamirflanke einen bemerkenswerten Fund. Märtin berichtete:

„Von einem Erkundungsgang auf den Gletscher kehrt Eisendle mit Beute zurück, einem blanken Knochen und einem Stück ausgebleichtem grünlichen Segeltuch. Mit Expertenblick identifiziert Hubert Messner das Gebein als Teil eines menschlichen Unterschenkels. In jedem Fall, so die Prognose, dürfte der Fund älter als 50 Jahre sein. Sind sie auf Mummerys Spur gestoßen?“[1]

Später wurde bekannt, dass Eisendle, der gemeinsam mit Tomaseth unterwegs gewesen war, zudem ein Stück Stahlseil gefunden hatten. Das grünliche Segeltuch bezeichneten sie als Stück einer Zeltplane. Angesichts des Fundortes kam Reinhold Messner der Verdacht, es könnte sich bei dem gefundenen Knochen – einem Wadenbein – auch um einen Überrest seines verschollenen Bruders Günther handeln. Doch Hubert Messner hielt den Knochen auf den

1 *Die Zeit*, 10. 08. 2000

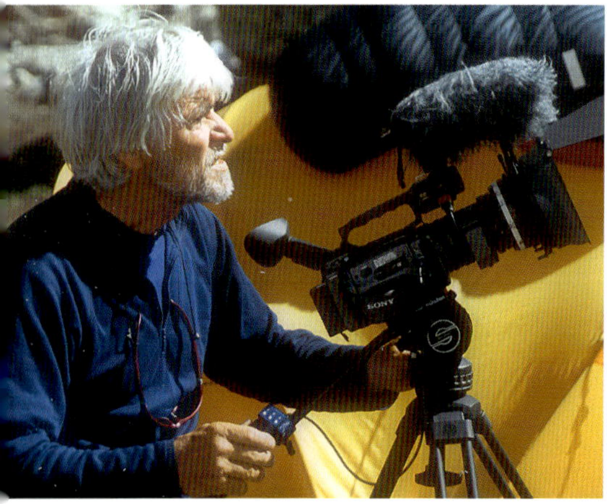

Zurück nach 34 Jahren: Gerhard Baur am Nanga Parbat 2004 (© J. Hemmleb)

ersten Blick für zu lang. Günther war nur 1,70 Meter groß gewesen. Da Reinhold Messner schon damals davon sprach, sich seit Jahrzehnten mit Vorwürfen konfrontiert zu sehen, wäre eine sofortige kriminologische Untersuchung des Knochens der logische Folgeschritt gewesen. Doch drei Jahre geschah anscheinend nichts.

Zur Begründung schrieb die *Neue Südtiroler Tageszeitung*: *„In derselben Gegend – wo die Leiche Günther Messners vermutet wurde – war 1978* [sic!] *auch ein pakistanischer Bergsteiger verschüttet worden. Auch dessen Leiche war nie aufgetaucht. ‚Ich ging deshalb davon aus', sagt Reinhold Messner heute, ‚dass der Knochen von dem Pakistani stammt.' Weil aufwendige Untersuchungen kompliziert sind und sehr viel Geld kosten, bewahrte Reinhold Messner den Knochenfund in seiner Bibliothek auf."*[2]

Zur besseren Einordnung dieser Aussage: Die Erstellung eines genetischen Profils aus einem Knochen kostete 2004 im Schnitt rund 1500 Euro. Der gleiche Betrag wurde für jede weitere Untersuchung fällig, falls zunächst keine brauchbaren Ergebnisse gewonnen werden konnten.

Im Oktober 2003 besuchte Messner erneut das Diamirtal, um eine Schule einzuweihen. Dabei erzählten ihm Einheimische, dass die Leiche des Pakistani gefunden worden sei.

„‚Jetzt gab es nur mehr zwei Möglichkeiten. [...] *Entweder der Knochen stammt vom britischen Bergsteiger Albert Frederic Mummery* [...] *oder der Knochen stammt wirklich von Günther."* So Reinhold Messner gegenüber der *Neuen Südtiroler Tageszeitung*.[3]

Dass neben Mummery auch noch dessen Begleiter sowie einige andere Tote der Diamirseite als Möglichkeit in Frage kamen, sollte an dieser Stelle nicht unerwähnt bleiben.

2 *Neue Südtiroler Tageszeitung*, 26. 01. 2004
3 Ebd.

DIE TOTEN DER DIAMIRSEITE 1895–2000

Name	Nationalität	Datum	Ursache	Ort	Bemerkung
Albert Mummery	Engländer	24. 08. 1895?	Verschollen	Diama-Gletscher	
Ragobir Thapa	Gurkha (Nepalese)	24. 08. 1895?	Verschollen	Diama-Gletscher	
Goman Singh	Gurkha (Nepalese)	24. 08. 1895?	Verschollen	Diama-Gletscher	
Siegi Löw	Deutscher	23. 06. 1962	Absturz	Fuß des Gipfel- aufbaus (ca. 7600 m)	
Günther Messner	Italiener (Südtirol)	29. 06. 1970?	Verschollen (Lawine?)	Diamirflanke	
George Bogel	Amerikaner	31. 07. 1977	Steinlawine	Kinshofer-Route (Löw-Eisrinne)	1977 gefunden
Robert Broughton	Amerikaner	31. 07. 1977	Steinlawine	Kinshofer-Route (Löw-Eisrinne)	Überreste 1979 und 1985 gefunden
Matloob Hassan Noori	Pakistani	April 1982	Absturz	Diamirflanke	2003 (?) gefunden (lt. R. Messner)
Hiromi Kameda	Japaner	8. 12. 1984	Absturz	Kinshofer-Route (ca. 6050 m)	
Kim Kwang-Ho	Koreaner	23. 06. 1989	Absturz	Diamirflanke	
Park Chang-Gi	Koreaner	03. 07. 1990	Spaltensturz	Diamirflanke (ca. 7400 m)	
Ahn Chun-Moon	Koreaner	07. 07. 1993	Absturz	Gipfelaufbau (ca. 8000 m)	
Antonio López	Spanier	24. 06. 1994	Höhenkrankheit u. Absturz	Kinshofer-Route (6850 m)	
Razvan Petcu	Rumäne	20. 06. 1996	Lawine	Kinshofer-Route (Lager III)	
Gabriel Stana	Rumäne	20. 06. 1996	Lawine	Kinshofer-Route (Lager III)	Überreste eines der beiden 2000 gefunden
Joan Colet	Katalonier	30. 07. 1997	Absturz	Kinshofer-Route	
Hideki Ohmiya	Japaner	26. 07. 1998	Steinschlag	Kinshofer-Route (Löw-Eisrinne)	

Nach der Rückkehr Reinhold Messners vom Nanga Parbat im Herbst 2003 übergab sein Bruder Hubert den Knochen aus Messners Bibliothek an den Bozener Pathologen Eduard Vigl, welcher ihn am 18. November 2003 an das renommierte rechtsmedizinische Institut der Universität Innsbruck weiterleitete. Professor Richard Scheithauer, einer der weltweit führenden Genetiker, leitete die Untersuchung.
Aus der Länge des Wadenbeins ermittelten die Innsbrucker Spezialisten nun eine Körperlänge des unbekannten Toten von 165 bis 170 cm. Erste Analysen der aus dem Knochen gewonnenen Zellkern-DNA ergaben, dass das Wadenbein von einer männlichen Person stammte. Nach Vergleich mit Zellkern-DNA von Reinhold und Hubert Messner stellte sich heraus: *„Die Wahrscheinlichkeit, dass der Knochen von einem Bruder* [der beiden] *stammt, ist 651 mal größer, als dass er von einer unbekannten Person stammt.“*[4]
Das Problem dieser ersten Untersuchungen war jedoch, dass durch die lange Liegezeit im Gletscher das Erbgutmaterial teilweise zersetzt war. So konnten von 16 sogenannten „Markern“ nur 5 gewonnen werden.[5] *„Eine vernünftige und seriöse Auskunft ist nur bei einer Feststellung von mindestens 12 Markern überhaupt möglich. Eine Sicherheit von über 90% besteht nur bei 14 oder mehr Markern.“*[6]
Daher ist eine „651 mal größere Wahrscheinlichkeit“ im Vergleich zu den bei z. B. Abstammungsgutachten zur Anerkennung notwendigen Wahrscheinlichkeiten auch vergleichsweise gering. Die amerikanische Firma Gene Codes Corporation, die sich auf die Auswertung von DNA-Proben bei Katastrophenfällen spezialisiert hat, wird dazu in *National Geographic Adventure* zitiert: *„Bei den Opfern des World Trade Centers wollten wir ein Verhältnis von einer Million zu Eins oder mehr, um sicher zu gehen, die richtige Person zu haben“.*[7]
Allerdings wiesen die fünf in Innsbruck gewonnenen Marker der Zellkern-DNA tatsächlich eine große Übereinstimmung mit den entsprechenden Markern im Erbgut von Reinhold und Hubert Messner auf.
Dass dieses Zwischenergebnis von Zeitungen sofort als „Beweis“ verkauft

4 Presseinformation des Instituts für Gerichtliche Medizin/Medizinische Universität Innsbruck, 22. 04. 2004
5 E-Mail Dr. W. Rabl, Innsbruck, an JH, 13. 10. 2004
6 E-Mail Detektei Lentz, Hanau, an JH, 21. 09. 2004)
7 *National Geographic Adventure*, Mai 2004, S. 85

wurde, sagte am Ende mehr über die „Qualität" derartiger Nachrichten aus als über die Qualität der Analyseergebnisse.[8]
Zur Verbesserung der Resultate wurde in der Folge noch die mitochondriale DNA (mtDNA) untersucht. Mitochondrien, die „Kraftwerke" von Zellen, sind separate Zellbestandteile außerhalb des Kerns und weisen ein eigenes Erbgut auf. Die Besonderheit mitochondrialer DNA ist, dass sie nur von mütterlicher Seite an Nachkommen weitergegeben wird. Weisen also zwei Individuen weitgehend identische mitochondriale DNA auf, haben sie eine gemeinsame Mutter – sie sind also Geschwister.
Die Untersuchung der mtDNA des Wadenbeins ergab, dass es mit hoher Wahrscheinlichkeit von einer Person aus Europa oder dem westlichen Asien stammte. Die individuellen Merkmale der mtDNA stimmten mit jenen von Reinhold und Hubert Messner überein. Sie sind zudem sehr selten. So lautete das Innsbrucker Untersuchungsergebnis schließlich:
„Zusammengenommen lassen die klassischen gerichtsmedizinischen und insbesondere die DNA Untersuchungen keinen vernünftigen Zweifel daran, dass der untersuchte Knochen von einem Bruder von Reinhold und Hubert Messner stammt."[9]

Somit begannen Gerhard Baur und ich im Mai 2004 das Filmprojekt zur Geschichte des Nanga Parbat mit der zusätzlichen Information, dass anscheinend ein Knochen von Günther Messner am Fuß der Diamirflanke gefunden worden war.

SPURENSUCHE

Mit dröhnendem Motor kämpfte sich der rote Jeep die schmale, von Reifen zerpflügte Piste hinauf. Der Nanga Parbat beginnt in der Wüste. Fast 7000 Höhenmeter sind es vom Industal, in dem wir an diesem Morgen gestartet waren, bis zur Eiswelt der Gipfelregion. Die Luft hier unten war heiß und staubig. Karge Hänge aus graubraunem Lehm, Sand und Felsen stürzten zu unserer Linken Hunderte von Metern hinab in die Schlucht, durch die der Bunar Gah seine schmutzigbraunen Fluten wälzte.

8 z. B. *Bild*, 24. 01. 2004
9 Presseinformation des Instituts für Gerichtliche Medizin/Medizinische Universität Innsbruck, 22. 04. 2004

Auf der gegenüberliegenden Talseite konnten wir noch die Reste der alten Steiganlage ausmachen. Der Pfad zog durch grausig steile Schutthalden, dazwischen immer wieder unterbrochen durch Klippen aus brüchigem grauen Gneis.
1970 habe es noch keine Piste durch die Schlucht gegeben, der Steig sei der einzige Zugang gewesen. Über ihn hätten die Einheimischen damals Reinhold Messner hinabgetragen. Der, der mir das jetzt erzählte, war Abdul Manan. Sein Vater war einer der Männer gewesen, die Reinhold Messner zurück ins Leben getragen hatten.
An der Halaley Bridge endete unsere Fahrt. Ein Pfad durch ein tief in Moränenschutt eingeschnittenes Tal brachte uns in gut einer Stunde nach Diamirai (ca. 1850 m), der untersten Siedlung im Diamirtal. Das Dorf scheint mit der Landschaft verwachsen zu sein. Spärlich begrünte Ackerterrassen, einige Baumgruppen und dazwischen kaum sichtbar Reihen niedriger Stein- und Holzhütten. Am östlichen Rand des Dorfs, direkt über dem Fluss aus dem Diamirtal, schlug ich im Schatten eines Baumes mein Zelt auf.
In den Gesprächen mit Manan und seinen Begleitern gab es eine erste Überraschung: Sie erzählten von den Funden, die sie in den letzten Jahren auf dem Diamirgletscher gemacht hätten, darunter auch die Überreste des rumänischen Bergsteigers, die Ralf-Peter Märtin im Jahr 2000 gefunden und beschrieben hatte.[10] Der 1982 verschollene Pakistani sei allerdings noch immer verschwunden.
Am Nachmittag verabschiedete sich einer der Männer von uns. Als ich ihm für seine Unterstützung dankte, antwortete er: „Du brauchst mir nicht danken. Du bist unser Gast hier." Es ist hier also ganz selbstverständlich, einem Fremden zu helfen. Wäre es umgekehrt bei uns in Europa genauso?
Drei Tage dauerte unser Aufstieg. Zuerst über einen teils ausgesetzten, aber gut bestellten Pfad durch die Schlucht des unteren Talabschnitts bis nach Ser (ca. 2900 m). Hier, am Zusammenfluss mehrerer Seitentäler, liegt das Zentrum des Diamirtals. Verstreute Siedlungen mit weitläufigen Terrassenfeldern, dicht begrünt. In dieser Zeit teilte ich das Leben der Menschen hier oben, übernachtete in ihren Hütten und aß ihre einfache Kost: Chapattis

10 *„Eine mumifizierte Leiche, ein armseliges Bündel aus Knochen und verblichenen Stoffresten liegt zwischen Geröll und Schutt. Spätere Recherchen ergeben, dass es ein rumänischer Bergsteiger sein muss, den vor Jahren auf der Kinshofer-Route eine Lawine in die Tiefe gerissen hatte"; Die Zeit,* 10. 08. 2000

(Teigfladen) aus Maismehl mit Spinat und Zwiebeln. Am zweiten Tag ging es durch Wald hinauf auf einen Moränenrücken, von wo aus ich zum ersten Mal die Diamirflanke erblickte. Sie war weiß vom Neuschnee der letzten Nächte. Gerhard, der einen Monat vor mir angereist war, war jetzt irgendwo dort oben bei Filmarbeiten und seinem eigenen Besteigungsversuch unterwegs … Über Almwiesen und durch schütteren Bergwald erreichten wir Nagaton (ca. 3400 m), das Heimatdorf von Manan. Er zeigte mir den Baum, unter dem Reinhold Messner damals gerastet hatte. Es waren solche Eindrücke aus erster Hand, weshalb ich hierher gekommen war.
Anderntags verließen wir bei der letzten Alm auf den weiten Schuttfächern unter den Mazeno Peaks die rechte Talseite und überquerten den geröllbedeckten untersten Diamirgletscher. Auf der anderen Seite passierten wir am Fuß einer Felswand einige Hütten, die vor langer Zeit von einem Felssturz begraben worden waren. Daneben ein Bach, einige Tümpel. Genauso wie es Reinhold Messner in *Die rote Rakete am Nanga Parbat* beschrieb. Ein zunächst flach ansteigendes Wiesental zwischen Randmoräne und Bergflanke leitete das letzte Stück hinauf zum Basislager (4240 m).
Die Landschaft rund um das Basislager war schlichtweg gigantisch: Direkt vor uns ragte die fast 4000 Meter hohe Diamirflanke auf, all die historischen Plätze schienen zum Greifen nah. Kinshofer-Route, Mummery-Rippe, Merkl-Scharte … Rechts überragte der himmelhohe Mazenokamm mit seinen Pfeilern und Schluchten den zerklüfteten Gletscher.

DER TOTE IM EIS

Eine gute Woche blieb uns im Basislager. Sie verlief anders als geplant. Zu dieser Zeit waren noch zwei österreichische Expeditionen und eine sächsische Gruppe am Berg. Am 30. Juni kam es zu einem dramatischen Besteigungsversuch, bei dem der 64-jährige Günter Jung beim nächtlichen Abstieg vom Gipfel tödlich verunglückte. Ein anderer Sachse litt unter Lungenproblemen und konnte nur durch die Hilfe einer österreichischen Bergsteigergruppe sicher zurück ins Basislager gebracht werden.
Für Gerhard war es eine schwierige Zeit. Zu den anstrengenden Filmarbeiten kamen nun noch die Koordination der Rettungsaktion und die Trauer. Er und Günther – „die alten Knacker" – hatten davon geträumt, gemeinsam zum Gipfel zu gehen.

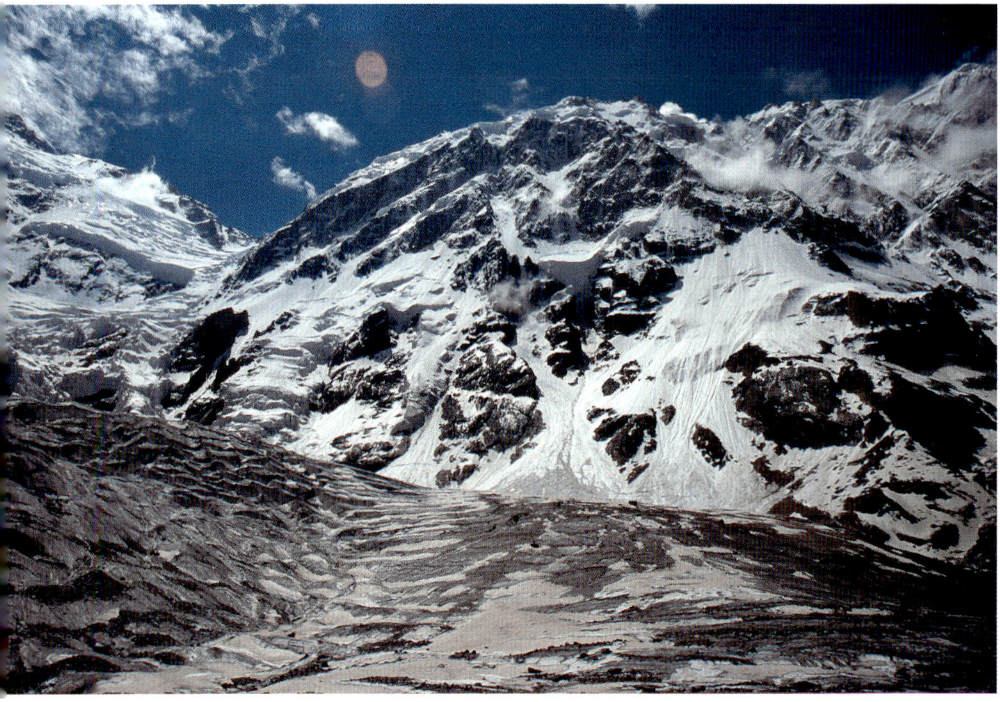

Über den Gletscherlappen im Vordergrund rechts führte der Abstieg Reinhold Messners 1970.
(© J. Hemmleb)

Nachdem ich in dieser Zeit zwei Tage lang den Diamirgletscher nahe dem Basislager abgesucht hatte, blieb mir noch ein dritter Tag für die Suche nahe am Wandfuß. Über die mit Gras bewachsenen Schuttfächer östlich des Basislagers stieg ich am Morgen des 5. Juli hinauf zum Gletscherrand.
Zwei Gletscherarme fließen am Fuß der Diamirflanke zusammen. Links stürzt aus einem Taleinschnitt die chaotische Eiskaskade des Diama-Gletschers, auf dem 1895 Mummery und seine beiden Begleiter verschwunden waren. Von rechts her kommt der Gletscher aus dem zentralen Teil der Diamirflanke, auf dem Günther Messner laut seinem Bruder von einer Eislawine verschüttet wurde. Im Zwickel zwischen den beiden Gletscherströmen, direkt am Fuß der untersten Felsen der Diamirflanke, steht Lager I der Kinshofer-Route (ca. 5000 m), der heutigen Normalroute auf den Nanga Parbat.
Der erste Teil des Anstiegs zu Lager I war mit Steinmännern und Stangen markiert. Das Gehen auf dem rauen, schmutziggrauen Eis war problemlos.

In Gletschermitte angelangt verließ ich die Spur und begann, nach rechts über den Diama-Gletscher abzusteigen. Alles, was von der Normalroute zwischen Lager I und II hinabfiel, musste auf diesem Gletscherarm landen. Dies sah ich jetzt. Ich musste an das Stück Drahtseil denken, das im Jahr 2000 in der Nähe des Wadenbeins gefunden wurde. Da in der Geschichte der Diamirflanke Drahtseile nur unterhalb von Lager II an der Kinshofer-Route eingesetzt worden waren, musste sich der Fundort auf dem Diama-Gletscher befunden haben. Dort, wo dieser mit dem Gletscherarm aus der Diamirflanke zusammenstieß, hatte sich im Eis eine tiefe Furche ausgebildet. Ich stieg entlang dieser Furche ab und fand bald die ersten Spuren: Reste von Zelten, eine zerrissene Isoliermatte.

Schließlich erreichte ich den ebenen Gletscherboden am Fuß der Diamirflanke. Über mir türmte sich das Eis in Dutzenden von grauen Wellenkämmen. Weiter rechts zog eine breite, flache Gletscherzunge in einem weiten Bogen aufwärts. Diese Gletscherzunge war Reinhold Messner 1970 hinabgekommen. Einen Moment lang stellte ich mir vor, wie es damals gewesen sein musste … Die Eiswände, welche diesen Kessel umschließen, reflektierten die Sonnenwärme. Die Luft war drückend, der Schnee aufgeweicht. Überall floss Wasser.

Auf einem Schuttfleck deponierte ich meinen Rucksack. Zunächst wollte ich in einer Schleife nach rechts den Rand des Kessels erreichen, dann hoch in ihn hineinqueren und absteigend eine Rastersuche durchführen. Noch einmal rief ich mir einige Passagen aus *Die rote Rakete* ins Gedächtnis. Die Brüder auf den letzten Hängen vor dem Wandfuß: *„Günther – in der blauen Windjacke …“*[11]

Langsam stieg ich über das schuttbedeckte Eis aufwärts, den Blick auf den Boden gerichtet. Einmal schaute ich auf. Vor mir, am Rande einer kleinen Anhöhe, stand ein kniehoher Eispilz. Ein Kleidungsstück war darüber drapiert. Es war blau. Dann sah ich die ersten Knochen … Im ersten Augenblick stockte mir der Atem. Ich zog die Videokamera aus dem Holster und filmte die Szene. Verstreut über eine Fläche von vielleicht acht mal vier Meter lag das, was einmal ein Mensch gewesen war. Das Kleidungsstück war ein Sweater, keine Windjacke. Schließlich fand ich die Hosen: GoreTex und Fleece, zu modern für 1970. Es war also nicht Günther.

---

11 *Rote Rakete*, S. 151

Ich fotografierte die Überreste und untersuchte die Kleidung nach Identitätsmarkern, bevor ich mich wieder an den Abstieg machte. Ich folgte dem Gletscher in Fließrichtung, vorbei an ausgedehnten Terrassen aus Moränenschutt, sah aber nichts Weiteres mehr. Am Nachmittag war ich wieder bei Gerhard im Basislager. Ich musste ihm zweimal von meinem Fund erzählen, bevor er mir glaubte ...

Nach unserer Rückkehr ergaben weitere Recherchen, dass es sich bei dem von mir gefundenen Toten höchstwahrscheinlich um den Koreaner Ahn Chun-Moon handelte. Dieser war 1993 am Gipfeltrapez des Nanga Parbat aus etwa 8000 Meter Höhe abgestürzt – eine Information, auf die ich später noch einmal zurückkommen werde.

DER FUND GÜNTHERS

Ein gutes Jahr später, am 17. August 2005, vermeldete die Deutsche Presseagentur dann die Sensation:

„Islamabad/München (dpa) – Rund 35 Jahre nach der Expedition zum Nanga Parbat im Himalaya sind nach Angaben des Extrembergsteigers Reinhold Messner dort die Überreste seines toten Bruders gefunden worden. Er habe die Schuhe und die Jacke des damals 23-Jährigen wiedererkannt, sagte Messner nach Angaben seines Sprechers, Naeem Khan, in Islamabad. [...] *Naeem Khan sagte der dpa, einer seiner Bergführer habe den Körper von Günther Messner nahe des Diamir-Basislagers in 4600 m Höhe gefunden. Offenbar sei der Körper des toten Bergsteigers vor etwa zwei Jahren mit den schmelzenden Schneemassen zum Basiscamp heruntergetragen worden. Davor hätte die Leiche 33 Jahre in etwa 7000 Meter Höhe gelegen. Der Schnee war nach diesen Angaben durch eine Hitzewelle bis in große Höhen geschmolzen.“* (Hervorhebung durch JH)[12]

Seltsam: Woher sollte der Pakistani Naeem Khan wissen, dass die Leiche 33 Jahre lang auf 7000 Meter Höhe gelegen hatte? Und viel wichtiger noch: Warum lieferte er genau zu diesem Zeitpunkt genau jene Nachricht, die wie Wasser auf die Mühlen all jener wirken musste, die an Messners Version vom Tod Günthers in einer Eislawine am Wandfuß der Diamirflanke zweifelten?

---

12 dpa-Meldung vom 17. 08. 2005, Zusammenfassung 19.30 Uhr

Gleichzeitig war aber mit dieser Meldung auch endgültig klar, dass Günther offensichtlich auf der Diamirseite ums Leben gekommen war. Lag hier ein Missverständnis vor oder spielte jemand ein Spiel aus Information und Desinformation?

Das österreichische Magazin *profil* berichtete jedenfalls, was offenbar anschließend mit Naeem Khan geschah:

„*Najeeb* [sic] *Khan ist seither nicht mehr erreichbar. Der pakistanische Journalist Kam Ran Haider aus Islamabad hat die Geschichte recherchiert und sagt zu profil: ‚Anfangs wirkte Herr Khan sehr sicher in seinen Aussagen. Doch dann hat offensichtlich ein Gespräch mit Messner stattgefunden, und seither wurde er immer unsicherer und nervöser. Er sagte nur noch, es sei möglich, dass die Knochen von ganz oben kämen. Seither hebt er sein Telefon gar nicht mehr ab.' Der Journalist Haider meint, niemand in der Gegend würde Messner je belasten, weil dieser wohltätige Projekte wie den Bau einer Schule initiiert habe, zum Dank dafür, dass ihm die lokalen Bewohner damals das Leben gerettet hatten.*“[13]

Messner lieferte später eine Begründung nach. Naeem Khan habe einen anonymen Anruf aus Deutschland erhalten, in dem ihm, Khan, suggeriert worden sei, der Körper habe auf 7000 Meter gelegen.[14]

Gemeinsam mit einer Reisegruppe der deutschen Wochenzeitung *Die Zeit* stieg Messner nach der Meldung ins Diamirtal auf und traf am 29. August am Fundort ein.[15] Einer weiteren dpa-Nachricht zufolge waren die sterblichen Überreste zu diesem Zeitpunkt bereits vom Gletscher geborgen und in einer Holzkiste eingelagert worden.[16] Der Fund durch drei Einheimische, unter ihnen auch Abdul Manan, war bereits am 17. Juli erfolgt.[17]

Die Mitglieder der Reisegruppe sahen dann jedenfalls die offenbar wieder ausgelegten Überreste am vermeintlichen Originalfundort auf dem Gletscher: mehrere Skelettteile, Haare, Kleiderreste, Stücke der Astronautenfolie – und einer der ledernen Expeditionsschuhe.[18] „Vermeintlich“ deshalb, weil auf den später veröffentlichten Fotos die Überreste zu geordnet auf einem

13 *profil*, Nr. 37, 12. 09. 2005, S. 35
14 Pressekonferenz auf Schloss Juval, 08. 09. 2005
15 *Dolomiten*, 09. 09. 2005
16 z. B. *Braunschweiger Zeitung*, 17. 08. 2005; Kopie auf www.newsclick.de/index.jsp/menuid/2053/ artid/4420829
17 *Dolomiten*, 09. 09. 2005
18 Bilder z. B. in *News*, 36/2005, S. 166 u. 170

Stein lagen, während gleichzeitig geschrieben wurde, der Körper sei *„durch die fließende Masse des Gletschers auseinander gezogen worden und so auf die Fläche eines Zimmers verteilt"* worden.[19] Der Arzt Dr. Hipp, welcher der Trekkinggruppe angehörte, entnahm dem Fuß, dessen Reste noch in dem Lederstiefel steckten, einen Zehenknochen für die DNA-Analyse. Diese bestätigte später, dass es sich bei den Überresten um Günther Messner handelte.[20] Anschließend wurden die Skelettteile und Kleidungsreste eingesammelt, zum Basislagerplatz gebracht und in einer *„Feuerbestattung nach nepalesischem Brauch"* (ein nepalesischer Brauch im islamischen Pakistan?) verbrannt.[21]

Die ersten Bilder und Filmaufnahmen des von der Reisegruppe besuchten Fundortes zeigten, dass der von mir 2004 gefundene Tote etwa 400 Meter näher am Wandfuß gelegen hatte. Wenn es tatsächlich der Originalfundort der Überreste Günther Messners war, dann musste ich 2004 höchstens 50 Meter daran vorbeigelaufen sein. Zum Zeitpunkt meines Fundes 2004 war das Gelände genauso schneefrei.

Mein Fund eines Toten, der höchstwahrscheinlich aus großer Höhe (ca. 8000 m) abgestürzt war, legt *nicht* nahe, dass es mit Günther Messner genauso passiert sein muss. Dass beide Toten so dicht beieinander gefunden wurden, obwohl sie in einem Abstand von 23 Jahren verunglückt waren, zeigt nur eines: Am Fuß der Diamirflanke sammelt sich alles. Aus dem Fundort einer Leiche lässt sich dort keine genauere Aussage über den Todeszeitpunkt und Todesort treffen.

WO STARB GÜNTHER MESSNER?

Gerhard Baur kamen bei der Betrachtung der Bilder vom Fundort Günther Messners aus anderen Gründen Zweifel: Der Ort sei *„keineswegs ein endgültiger Beweis dafür, dass die Messners gemeinsam auf unter 5000 Meter hinabgingen."* In diesem Fall *„hätte der fließende Gletscher die Leiche in den vergangenen Jahren doch längst mehrere Kilometer weitergetragen."*[22]

19 *News*, 36/2005, S. 169

20 *„Die Wahrscheinlichkeit, dass der Knochen von einem Bruder von Reinhold und Hubert Messner stammt, ist 17,8 Mio. mal höher, als dass er von einer Person ist, die nicht mit ihnen verwandt ist. [...] Die Ergebnisse der Untersuchungen des Wadenbeins vom April 2004 wurden vollständig bestätigt"*, Presseinformation des Instituts für Gerichtliche Medizin/Medizinische Universität Innsbruck, 21. 10. 2005

21 Ebd., S. 170

22 Zitiert in *Der Spiegel*, 43/2005, S. 184

Reinhold Messner entgegnete darauf: *„Und wirklich: Sie ist 3,5 Kilometer mitgeschoben worden."*[23] Doch vom Ort, an dem Günther Messner allen Angaben von 1970 nach verschwunden war (Fuß der unteren Mummery-Rippe, ca. 4900 m), bis zum Fundort, wie er auf den Fotos abgebildet ist, sind es deutlich weniger als 3,5 Kilometer. Diese Distanz entspricht eher der Strecke vom Fundort bis hinauf zum Gletscherboden am Fuß der oberen Mummery-Rippe (ca. 5500 m).

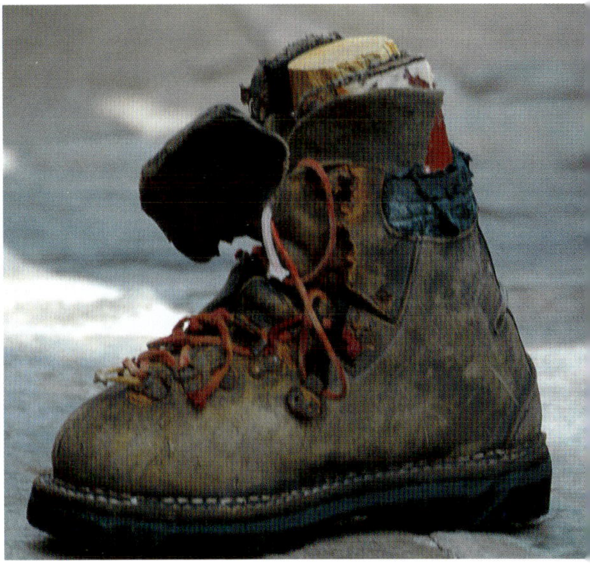

Günther Messners Bergschuh. Die Schnürsenkel sind über den unteren Ösen verknotet, was auch schon die Bilder der Zeit-Reisegruppe zeigen. Links die Halteschlaufe für die Steigeisenriemen (© J. Hemmleb)

Verschiedene Kommentatoren, darunter auch Bergsteiger, wiesen auf zwei Details am geborgenen Lederschuh Günthers hin: die Schnürung und eine in das vorderste Ösenpaar eingebundene Schlaufe aus weißer Schnur.[24]

Bei der Schnürung, so die Meinung, handele es sich um eine „Biwakschnürung". Dabei wird die Schnürung des Schuhs bis zu den geschlossenen Ösen geöffnet und die Enden locker hinter der Zunge des Stiefels geführt. Dadurch erhalten die Zehen mehr Bewegungsfreiheit, die Gefahr von Erfrierungen wird gemindert. Auch werden bei einem Biwak die Steigeisen abgelegt, da die Metallrahmen sonst eine Kältebrücke darstellen.

Die eingeknöpfte Schlaufe im vordersten Ösenpaar diente zum Durchfädeln der Steigeisenriemen, um deren Abrutschen von der Stiefelspitze zu verhindern. Tanja Münzinger behauptete später in der *Nürtinger Zeitung*, nur die Messner-Brüder hätten diese Befestigung verwendet[25] – was aber nicht stimmt. Ein Foto von Hans Saler belegt, das zumindest er seine Steigeisenrie-

23 *Diamir*, S. 247
24 beides gut erkennbar auf einer Großaufnahme des Schuhs in *Diamir*, S. 246
25 *Nürtinger Zeitung*, 10. 12. 2005, zitiert in *Diamir*, S. 241

men ebenfalls auf diese Weise sicherte.[26] Wäre der Schuh mit angelegten Steigeisen in den Gletscher gelangt und die Steigeisen erst durch den Transport im Eis abgerissen worden, wäre, so die Meinung, höchstwahrscheinlich die Schlaufe zerrissen worden. Es sei denn, Günther hätte bei einem neuerlichen Anlegen der Steigeisen vergessen, die Riemen durch die Schlaufe zu führen.
Reinhold Messner hatte zuvor ein Abreißen der Steigeisen dennoch für *„sehr unwahrscheinlich"* gehalten, wenn der Körper in eine Lawine geraten wäre.[27] War Günther also verunglückt, als er keine Steigeisen trug? Ist dies und die vermutete Biwakschnürung ein Hinweis darauf, dass Günther während oder kurz nach einem Biwak starb? Dann käme als Todesort nur der Wandbereich zwischen Südgipfel und Merkl-Scharte (= 1. Biwak) oder die obere Mummery-Rippe (= 2. Biwak) in Frage.

Als Nachsatz sei schließlich noch eine Meldung im Magazin *News* vom 29. Januar 2004 erwähnt. Darin sagte Reinhold Messner geradezu prophetisch: *„... wir haben jetzt einen Knochen, und es gibt auch noch andere Teile in der Gegend, wo er gefunden wurde."* (Hervorhebung durch JH)[28]

Das war gut 19 Monate, *bevor* vom Fund der Leiche Günther Messners im Juli 2005 berichtet wurde.

26 *Zwischen Licht und Schatten*, S. 205, und *Der einsame Tod*, S. 38
27 zitiert in *Dolomiten*, 01. 02. 2004
28 *News*, 29. 01. 2004

KAPITEL 14

DIE UNENDLICHE GESCHICHTE

Mehr als 30 Jahre nach den verlorenen Prozessen gegen Karl Herrligkoffer hatte Reinhold Messner gegen Hans Saler und Max von Kienlin geklagt und konnte zumindest einen Teilerfolg verbuchen. Bereits kurz nach Erscheinen erwirkte er gegen ihre Bücher eine Einstweilige Verfügung. Allerdings durften sowohl von *Zwischen Licht und Schatten – Die Messner-Tragödie am Nanga Parbat* (Hans Saler) als auch von *Die Überschreitung – Günther Messners Tod am Nanga Parbat* (Max von Kienlin) alle zum Zeitpunkt der Einstweiligen Verfügung bereits gedruckten Exemplare noch verkauft werden.[1] Die Bücher waren zu keinem Zeitpunkt verboten, geänderte Auflagen erschienen kurz darauf.

Der Ausgang der anschließenden Gerichtsverfahren lässt sich mit folgenden Hauptaspekten zusammenfassen:
Hans Saler darf im Wesentlichen eine ganz bestimmte „innere Tatsachenbehauptung" nicht mehr aufstellen: Reinhold Messner habe zum Zeitpunkt des Aufbruchs seines Alleinganges, also am 27. Juni 1970 zwischen 2 und 3 Uhr morgens, den „festen" und „unumstößlichen Plan" gehabt, den Nanga Parbat zu überschreiten. Obwohl Hans Saler vor Gericht glaubhaft machen konnte, dass er als Bergsteiger eine solche Behauptung allein schon aus bergsteigerischer Logik nie aufstellen würde, berief sich das Gericht auf den sogenannten „durchschnittlichen Leser", der bestimmte Äußerungen in Hans Salers Buch in dieser Hinsicht interpretieren könnte. Als sogenannte „Verdachtsberichterstattung" seien jedoch auch weiterhin Aussagen erlaubt, welche die Hypothese eines generellen Überschreitungsvorhabens von Reinhold Messners vertreten.[2]

1 Einstweilige Verfügung vom 14. 07. 2003, Aktenzeichen 324 O 459/03, und Einstweilige Verfügung vom 14. 07. 2003, Aktenzeichen 324 O 460/03
2 Urteilsbegründung vom 13. 07. 2004, Geschäftszeichen 7 U 12/04

Max von Kienlin wurde vor allem verboten, die bereits erwähnten Tagebuchaufzeichnungen weiter zu verbreiten, da er nicht zweifellos nachweisen konnte, dass diese vor seinem Zerwürfnis mit Reinhold Messner im Jahr 1971 entstanden (vgl. S. 92ff.).[3] Damit hätte es für Reinhold Messner also 1:1 stehen und es hätte das Ende der Geschichte sein können.

Doch Messner ist offenbar eng verhaftet mit seiner Rolle, in der er sich permanent als Opfer irgendwelcher „Gegner“ und Umstände sieht. Messners Identifikation mit der Opferrolle geht sogar so weit, dass er selbst die Assoziation mit den größten Opfern der jüngeren Zeitgeschichte nicht scheut: *„Diese Menschen haben es mit mir so gemacht wie die Deutschen mit den Juden – no difference!“*, verkündete er im österreichischen Magazin *News*.[4]
Eine Reaktion der Medien und des Publikums blieb aus. Einzig das deutsche Satiremagazin *Titanic* holte in einem „Brief an die Leser“ 2/2006 Messner mit der von ihm so oft geforderten „journalistischen Sorgfalt“ aus der Opfer-Grandiosität auf den Boden der Tatsachen zurück:
„Nie wurde ein Publikationsverbot gegen Sie ausgesprochen; im Gegenteil haben Sie ohne Unterlass Bücher veröffentlicht, und wenn eins dieser Bücher nicht mehr erhältlich ist, dann deshalb, weil vergriffen. Die Honorare wiederum [...] wurden nicht arisiert oder beschlagnahmt, sondern befinden sich vermutlich schön auf Ihrem Konto. Auch wurden Ihnen keinerlei diskriminierende Abzeichen angeheftet, allenfalls Mikrofone bei Ihren zahllosen Fernsehauftritten. Und wenn an Ihrer Haustür Menschen erschienen, um Sie abzuholen, dann – Sie, Messner, erinnern sich – war dem eine Einladung vorausgegangen, die Sie angenommen hatten. Der anschließende Transport zum sagenwirmal Kerner erfolgte dann mit dem Taxi, einem Flugzeug oder mit der Bahn, aber erster Klasse und nicht in einem überfüllten Viehwaggon. Und dass selbst Kerner auch nur halb so schlimm ist wie Zyklon B, das glauben Sie doch wohl selbst nicht.“[5]

So wunderte es kaum, dass selbst nach den Urteilen gegen Hans Saler, Max von Kienlin und deren Verlage noch immer keine Ruhe im „Fall Nanga Parbat 1970“ einkehrte und dieser in Messners 2008 erschienenem Buch *Diamir – König der Berge* wieder einen ordentlichen Raum einnahm. Was allerdings

3 Urteil vom 26. 01. 2007, Aktenzeichen 324 O 553/03
4 *News*, 6/2005, S. 169
5 *Titanic*, 2/2006, S. 8

auch daran lag, dass noch immer Fragen gestellt wurden. Da konnte eine Reaktion nicht ausbleiben:

„*Entgegen* [Jochen Hemmlebs] *Behauptung, dass es von dem ursprünglichen Fundort der 2005 entdeckten Leiche meines Bruders keine Aufnahmen gäbe, existieren nicht nur Fotos, sondern auch Filmaufnahmen von dieser Stelle am Nanga Parbat.* [...] *Wir alle konnten uns von der Richtigkeit der Stelle überzeugen, weil wir weitere Überreste entdeckten: Knochenstückchen, Kleiderreste, Teile einer Folie* [...] *Was Hemmleb mit seiner Falschaussage bezweckt und worauf er sie stützt, ist mir deshalb ein Rätsel.*“[6]

An anderer Stelle behauptet Messner, ich behauptete, er habe Bilder manipuliert.[7] Doch Vorsicht bei der Wortwahl! Es geht bei den Bildern vom Fundort der Leiche Günthers um „Rekonstruktion“, nicht um „Manipulation“ – ein erheblicher Unterschied. Wenn Leichenteile nach, wie berichtet (vgl. S. 195f.), mehrwöchiger Aufbewahrung in einer Holzkiste wieder an einen Ort transportiert und auf einer Felsplatte ausgebreitet werden, dann ist es keine Dokumentation der originalen Fundstelle, sondern ein Nachstellen – eine Rekonstruktion. Mit entsprechenden Fragen zur Authentizität. Darüber hinaus finden sich in *Diamir* noch einige bemerkenswerte Statements in Zusammenhang mit den von Messner 2001 geäußerten Vorwürfen gegenüber seinen ehemaligen Expeditionskollegen (vgl. S. 148ff.). Dort heißt es wörtlich:

„*Kuen und die anderen Kameraden hätten Günther Messner nicht retten können, weder unter dem Gipfel noch im Diamir-Tal.*“[8]
„*Alle Expeditionsteilnehmer verhalten sich 1970 nach dem Verschwinden der Messner-Brüder richtig.*“[9]
„*Es steht außer Frage, dass alle nach ihrem Vermögen geholfen hätten, wenn eine Rettung meines Bruders möglich erschienen wäre. Ich habe nie etwas anderes behauptet.*“[10]

---

6 *Diamir*, S. 263
7 Ebd., S. 256
8 *Diamir*, S. 166
9 Ebd., S. 171
10 Ebd., S. 172

Einige Jahre zuvor hatte es noch geheißen: *„... aber ich sage heute, das war nicht ein Herrligkoffer-Fehler, sondern das war eher ein Fehler der Teilnehmer, nicht ins Diamirtal zu gehen.“*[11]
Angesichts der Zitate in *Diamir* stellt sich die Frage, wie weit es bei der Kontroverse 2001 überhaupt noch um Günther gegangen war.

IMMER WIEDER NANGA PARBAT

Ende Januar 2009 berichtete die *Frankfurter Allgemeine Zeitung* über ein gänzlich anderes Thema der Alpingeschichte: die angebliche Erstbesteigung des Cerro Torre in Patagonien 1959 durch den Italiener Cesare Maestri und den Österreicher Toni Egger, der dabei ums Leben kam. Im Rahmen des Artikels „Schmaler Grat“ interviewte der Autor Andreas Lesti auch Reinhold Messner.
„Das Gespräch läuft eine Weile dahin, da erzählt Messner auf einmal, ohne darauf angesprochen zu werden, vom Nanga Parbat und seinem Bruder Günther. [...] *Es ist eine Geschichte, die ihn bis heute verfolgt, weil seine Erzählung von vielen angezweifelt wurde. Auch wenn Messner ganz offen über das Geschehene spricht, dessen Wahrheit nur er kennt, so scheint es doch, als sei für ihn der Nanga Parbat das, was der Cerro Torre für Maestri ist.“*[12]

Worum geht es beim Cerro Torre? 1959 versuchten sich Maestri mit seinem Landsmann Fava und Egger an der Besteigung dieser atemberaubenden Granitnadel nahe der Südspitze Südamerikas. Nach dem ersten Teil des Anstiegs kehrte Fava um und wartete nach eigenen Angaben in einer Eishöhle auf die anderen. Nach sechs Tagen fand er Maestri völlig entkräftet und traumatisiert am Wandfuß – allein. Maestri gab an, er und Egger hätten den Gipfel erreicht. Beim Abstieg sei Egger von einer Eislawine in den Tod gerissen worden. Seine Leiche wurde erst 1974 gefunden.
Jahre später wurde an der Route von Maestri und Egger ein Depot mit zahlreichen Haken, Seilen und Karabinern noch weit unterhalb des Gipfels gefunden, darüber aber keine weitere Spur. Auch ist es so gut wie ausgeschlossen, dass der obere Teil des Anstiegs mit der Ausrüstung von 1959 zu klettern

11 O-Ton Messner Buchvorstellung *Karl Maria Herrligkoffer*, 04. 10. 2001
12 *Frankfurter Allgemeine Zeitung*, 31. 01. 2009

war. So gilt es inzwischen als weitestgehend gesichert, dass Maestri und Egger nicht am Gipfel gewesen sein können.
Der Argentinier Rolando Garibotti, welcher den Cerro Torre mehrmals bestieg und sich auch an der Route von 1959 versuchte, lieferte Andreas Lesti seine Version der damaligen Ereignisse:

„‚Ich glaube, dass Toni Egger schon beim Aufstieg abgestürzt ist, den Sturz überlebte und Maestri und Fava dann versuchten, ihn zu retten', sagt er. Die Anordnung des Seils, das bei Eggers Überresten gefunden wurde, deute auf ein Rettungssystem hin. Das würde für ihn auch erklären, was die Männer sechs Tage lang am Berg gemacht haben. ‚Ich glaube', sagt Garibotti, ‚das war damals eine unschuldige Lüge, zu der sich die beiden durchgerungen haben, um den Tod von Toni Egger besser verkraften zu können.'"[13]

PARALLELEN?

Im März 2009 erschien dann von Reinhold Messner ein Buch zum Cerro Torre: *Torre – Schrei aus Stein*. Messner sieht sich darin in der Rolle des Historikers: *„Ich möchte wissen, was wirklich geschehen ist – und wenn ich keine klaren Antworten erhalte, stelle ich Fragen, nichts weiter.* […] *Jemand, der die Geschichte Roms schreibt, muss Caesar nicht persönlich gekannt haben. Um die Geschichte des Torre zu verstehen, muss man ihn also nicht bestiegen haben* […]*, sondern die Besteigungen nachfühlen können."*[14]
Damit sucht er die Lösung des Cerro-Torre-Rätsels in menschlichen Ebenen und ihrem Zusammenspiel. Zwar finden sich in Messners Buch auch Fotos und Skizzen der Seilreste, die bei Eggers Leiche gefunden wurden. Doch Messner greift Garibottis Rettungsszenario nicht auf. Hier, wo Forensik das Verständnis für die menschliche Ebene eher fördern könnte, bleibt Messner als Historiker seltsam inkonsequent.
Stattdessen werden in Messners Betrachtungen sofort Assoziationen deutlich. Cesarino Fava, der *„überlieferte Ideale aus den Fünfzigerjahren nach*[betet]*"*,[15] der auf seinen Sieg wartet, *„indem er auf seine Sieger wartet"*,[16]

13 Zitiert in *Frankfurter Allgemeine Zeitung*, 31. 01. 2009
14 *Schrei aus Stein*, S. 255
15 Ebd., S. 148
16 Ebd., S. 136

als *„Träumer"* sich die Geschichte von 1959 ausdenkt[17] und Maestri vielleicht als *„Stellvertreter für seine Hybris"* missbraucht[18] – es liegt nahe, dass ihm, Fava, hier Züge Herrligkoffers übertragen werden.
Und Maestri? *„Im Gegensatz zu Cesarino Fava, der sich in kleinbürgerlichen Denkmustern verstrickt, war und bleibt Maestri ein selbstbestimmter Mensch, der sich seine Regeln selbst macht. Ja, Cesare und Cesarino waren ein seltsames Team, [...] eine undurchschaubare Zweckgemeinschaft, die kein Ganzes ergibt. Der eine, Maestri, war auf die Hilfe Favas angewiesen, um zu seinem Berg, seiner Siegerchance zu kommen; der andere, Fava, brauchte den Erfolg Maestris, um selbst als Sieger [...] zurückkehren zu können."*[19]

„Maestri sieht sich ja als Opfer, weil Egger ihn nicht bestätigen kann. Also ist er verfolgt von Betrügern, Zweiflern und Neidern. Gescheitert will er aber nicht sein, und betrogen hat er sich höchstens selbst. Beleidigen kann man Sieger nicht, der Überlebende aber zu sein, bleibt immer undankbar. Und deshalb hat Maestri mein ganzes Mitgefühl."[20]

Das Opfer. Der fehlende Begleiter, der die eigene Geschichte bestätigen könnte. Das nagende, „undankbare" Schuldgefühl des Überlebenden (survivor's guilt). Wie weit rührt Messners Mitgefühl für Maestri aus einer Assoziation mit sich selbst her? Gilt dieses Mitgefühl damit auch einem Mann, von dem der Bergsteiger Garibotti vermutet, er habe eine „unschuldige Lüge" erfunden, um einen Tod besser verkraften zu können?

17 Ebd., S. 269
18 *Schrei aus Stein*, S. 148
19 Ebd., S. 271
20 Ebd., S. 291

KAPITEL 15

VOM ANFANG IM ENDE

Wer die Kontroverse um die Ereignisse vom Nanga Parbat 1970 auf die Frage reduziert, ob Reinhold Messner nun „Hüter“[1] oder „Mörder“[2] seines Bruders war, polarisiert die Debatte und sorgt für Einseitigkeit, aber nicht Eindeutigkeit. Nicht zuletzt, weil dadurch Günther Messner selbst schon weitgehend aus der Betrachtung ausgeschlossen wird. Gerhard Baurs Schilderungen von Günthers seelischem und körperlichen Zustand vor dem Gipfelaufstieg werfen interessante Fragen auf: Was geht zwischen zwei Brüdern vor, wenn sich der Jüngere aus der Obhut des Älteren löst und eigenständig wird? Was für Folgen hat es, wenn sich dieser Prozess während einer Bergbesteigung manifestiert?

Entgegen den späteren Darstellungen Herrligkoffers war Günther konditionsstark, was auch sein schneller Aufstieg durch die Merkl-Rinne zu belegen scheint. Möglicherweise trieb ihn an diesem Tag auch der Ehrgeiz, nicht hinter dem älteren Bruder zurückstehen zu wollen.

Gleichzeitig war Günther allen Erzählungen über ihn zufolge der Bedächtigere der beiden. Reinhold hingegen war ein Feuergeist, nach eigenem Bekunden getrieben *„von der Lust, über alles Bisherige hinauszugehen“*.[3] Vor diesem Hintergrund würde es keineswegs unnatürlich erscheinen, wenn Günther am Gipfel Bedenken über den Abstieg geäußert hätte – auch ohne Notlage. Und genauso wenig würde es unnatürlich erscheinen, wenn Reinhold am Gipfel noch immer den Gedanken an eine Überschreitung des Berges gehegt hätte.

---

1 *„Ich war der Hüter meines Bruders“*, R. Messner in *ff-Südtiroler Wochenmagazin*, http://www.ff-bz.com, abgerufen am 27. 06. 2003

2 *„Hätte man am Ende aber nicht doch ins Diamirtal fahren können? Statt jene Ausrede zu erfinden, die mir Brudermord unterstellt?“*, R. Messner in *Weiße Einsamkeit*, S. 222

3 *Der nackte Berg*, S. 97

Verwunderlich ist allerdings, dass Günther dann aber anscheinend keine Bedenken hatte, in eine unbekannte Seite des Berges abzusteigen.
Hier kam möglicherweise die Topografie des Nanga Parbat ins Spiel: Die Diamirflanke wirkt von oben betrachtet in ihrer Gesamtheit weniger steil und schwierig als die Rupalwand, so wie es auch Vince Anderson und Steve House 35 Jahre später empfanden. Das von Reinhold angeblich mitgeführte Foto schien zudem anzudeuten, dass sie von der Merkl-Scharte notfalls zur Aufstiegsroute zurückqueren könnten. Und ein Biwak war zu diesem Zeitpunkt sowieso unvermeidlich.
Warum kommentierte Reinhold Messner 1971 die angebliche Aufforderung Günthers „Wir müssen einen leichteren Weg finden" mit dem Satz: „Ich sagte nicht: ‚Du musst.' Vielleicht hätte ich es sagen sollen"[4])? Wer fällte hier eine Entscheidung? Und was tat Günther?
War es weder Abstieg aus der Not heraus gewesen noch ein „Opfern des Bruders für den Ehrgeiz"[5] – sondern eher ein Offenhalten von Optionen und ein Aufschieben der Entscheidung über die endgültige Abstiegsroute auf den nächsten Tag? Entscheidungsprozesse und Dynamiken, wie sie Seilschaften am Berg immer wieder durchlaufen.

„DER SÜDGIPFEL IST DER SCHLÜSSEL"

Was an diesem Abend und am nächsten Tag, dem 28. Juni 1970, dann genau geschah, bleibt bis heute offen und ist letztendlich eine Glaubenssache.
Akzeptiert man die Aussagen aus *Der nackte Berg* und *Die weiße Einsamkeit* als letztes Wort Reinhold Messners in dieser Angelegenheit, dann fiel die Entscheidung zum Abstieg Richtung Merkl-Scharte nach dem Gipfel. Die Brüder stiegen über die Rampe der späteren Schell-Route ab und biwakierten nahe der Scharte in 7800 Meter Höhe – so wie es die Routenskizzen in Messners Büchern *Die rote Rakete* 1971 und *Der nackte Berg* 2003 darstellen.[6] Nach dem Biwak war Günther sehr geschwächt, weshalb Reinhold allein vom Grat nahe der Merkl-Scharte aus um Hilfe rief. Doch dann musste er einsehen, dass der Rückweg von dort zur ursprünglichen Aufstiegsroute ohne Seil nicht möglich war. So blieb ihm und Günther nur noch der Abstieg über die Dia-

4 *Rote Rakete*, S. 118
5 K. M. Herrligkoffer in „Das Märchen vom Nanga Parbat", S. 2
6 *Rote Rakete*, S. 165, und *Der nackte Berg*, S. 221

mirseite. Nach einem weiteren Biwak an der oberen Mummery-Rippe starb Günther jedoch. Die genauen Umstände sind ungeklärt, als wahrscheinlich gilt eine Eislawine am Wandfuß.
Günther Messners Leiche wurde 35 Jahre später am Fuß der Diamirwand gefunden. Dies belegt – sofern man nicht Hypothesen um verschobene Knochen aufstellen will –, dass er auf dieser Seite des Berges gestorben war, und nicht bei einem Rückweg in die Rupalwand, wie es Max von Kienlin und Hans Saler als eine Möglichkeit vermuteten. Wie und wo genau er starb, wissen wir nicht. Die bei der Leiche gefundenen Reste der Rettungsdecke und der Schuh mit seiner speziellen Schnürung könnten Hinweise darauf sein, dass Günther in oder kurz nach einem Biwak gestorben war (vgl. S. 197f.).
Das sprachliche „Verschwinden" des Bruders ab der Mummery-Rippe in Messners Buch *Der nackte Berg*,[7] Messners eidesstattliche Versicherung von 2003, in der er nur noch bestätigte, bis ca. 6000 Meter mit Günther zusammen gewesen zu sein (vgl. S. 178), und die von Messner selbst angegebene Transportstrecke der Leichenteile im Gletscher von 3,5 Kilometern[8] könnten auf die Region um das zweite Biwak als tatsächlichen Todesort hindeuten.

Dieser Version gegenüber stehen „Schattenbilder", die sich aus den portionsweisen Enthüllungen, Widersprüchen und Versprechern Reinhold Messners zusammenzusetzen beginnen.

„Tatsache bleibt, dass verschiedene Personen widersprüchliche Aussagen zum Tod Günthers machen. Wenn außer mir auch kein direkt Beteiligter."[9]

Da es inzwischen zu fast jedem strittigen Punkt der Geschichte von Reinhold Messner unterschiedliche Aussagen gibt, kann fast jede seiner Angaben in Frage gestellt werden und sind viele Szenarien des tatsächlichen Geschehens denkbar – je nachdem, welche seiner Aussagen man für richtig oder falsch hält.

7 *Der nackte Berg*, S. 235f.
8 *Diamir*, S. 247
9 *Weiße Einsamkeit*, S. 225

Lag das erste Biwak der Brüder tatsächlich nahe der Merkl-Scharte in etwa 7800 Meter Höhe? Oder lag es höher, nahe des Südgipfels auf etwa 8000 Meter, so wie es Hermann Kühn nach den ersten Gesprächen mit Messner notiert hatte und es ein früher Bericht in der Zeitschrift *Der Bergkamerad* vermeldete?[10] Auch der Vergleich mit der Abstiegszeit von Kuen und Scholz, die die Nacht nach dem Gipfelgang unterhalb des Südgipfels verbracht hatten, deutet in diese Richtung.

Führte die Abstiegsroute vom Gipfel zur Merkl-Scharte tatsächlich über die spätere Schell-Route? Oder verlief sie entlang der Gratkante, so wie es Reinhold Messner 1970 gegenüber Matthias Rebitsch äußerte,[11] 1979 in seinem Buch *Alleingang* schrieb[12] und 2003 auf einem Routenfoto in *Die weiße Einsamkeit* andeutete?[13] Messner schrieb selbst, dass er gehofft hatte, vom Grat aus in die Merkl-Rinne hinabschauen und die dort nachfolgenden Bergsteiger auf ihre Lage aufmerksam machen zu können. Auch hätte er vom oberen Ende des Grates aus erkennen können, dass es links des Südgipfels eine Anstiegsmöglichkeit gab.

Am Grat angekommen, rief Reinhold Messner eigenen Angaben nach um Hilfe und nach einem Seil. Dies waren die noch nicht klar verständlichen Rufe, die Felix Kuen und Peter Scholz bei ihrem Aufstieg durch die Merkl-Rinne hörten. Schließlich sah Reinhold die beiden unter sich im Aufstieg. Hilfe war unterwegs. Er hörte auf zu rufen.

Als es rund zwei Stunden später dann zum Rufkontakt mit Felix Kuen kam, übermittelte ihm Reinhold neben der Bestätigung, auf dem Gipfel gewesen zu sein, zwei Informationen, die in den ersten Berichten auch von beiden Beteiligten bestätigt wurden (auch wenn sie teilweise unterschiedlich verstanden sein wollten): alles sei in Ordnung – und ein Anstieg links des Südgipfels sei kürzer. Während des unmittelbaren Rufkontakts gab er keinen Hinweis auf eine Notlage.

Wie vertragen sich diese übermittelten Informationen mit der Version, dass sich Günther zu diesem Zeitpunkt höhenkrank oder zumindest sehr geschwächt in einem Biwak nahe der Merkl-Scharte befand? Unter welchen Umständen würden sie einen Sinn ergeben?

10 *Der Bergkamerad*, 10. 08. 1970
11 *Tiroler Tageszeitung*, 09. 09. 1970
12 *Alleingang*, S. 177
13 *Die weiße Einsamkeit*, S. 335

„Der Südgipfel ist der Schlüssel", sagte Gerhard Baur im Interview. Und dass er davon überzeugt war, „dass Reinhold dort oben nichts in böser Absicht getan hatte."

20 Jahre nach dem Tod Günthers sagte Reinhold Messner gegenüber dem Journalisten André Müller: *„Mein jüngerer Bruder ist 1970 durch meine Schuld umgekommen. […] Er wurde höhenkrank und ist abgestürzt."*[14] Gab Messner hier einen kurzen Einblick in den wahren Ablauf des Todes von Günther? War die lange Abstiegszeit der Brüder zum zweiten Biwak an der Mummery-Rippe allein durch den geschwächten Zustand Günthers bedingt? Oder war schon während des Abstiegs dorthin etwas anderes passiert, was die Brüder aufgehalten hatte? Hat es eine Bedeutung, dass Reinhold Messner bei der Beschreibung ihres Abstiegs von der Merkl-Scharte in *Die rote Rakete* auf den tödlichen Absturz Siegi Löws 1962 am Gipfelaufbau des Nanga Parbat zu sprechen kommt?[15]

Genauso gut können Messners Aussagen gegenüber André Müller aber auch eine bloße Schlussfolgerung aus der Tatsache sein, dass Günther irgendwo verschwunden war. Als Reinhold Messner 1978 nach seinem Alleingang vom Gipfel Richtung Merkl-Scharte abstieg, wählte er offenbar keine der damals bekannten Routen (Grat oder Schell-Route), sondern folgte anscheinend der Terrasse, die vom Südgipfel in die Diamirflanke hinabzieht. In seinem Buch *Alleingang* bezeichnete Messner 1979 diesen Abstieg als „neuen Weg", 2003 in *Die weiße Einsamkeit* dann nicht mehr.[16] Ebenfalls 2003 zählte er unter Eid den Alleingang 1978 zu einer seiner Suchen nach dem Bruder.[17] Warum?

ZWIESPÄLTIGKEIT

Eigenverantwortliche Entscheidungen standen im Zentrum der Ereignisse am Nanga Parbat 1970. Für Reinhold Messner waren sie eng verknüpft mit dem größten Erfolg wie auch mit der größten Tragödie. Dies mag das zwie-

14 *Die Zeit*, 30. 11. 1990, zitiert in *Ich riskiere den Wahnsinn*, S. 184f.

15 *Rote Rakete*, S. 138

16 *Alleingang*, S. 201, u. *Weiße Einsamkeit*, S. 177

17 Eidesstattliche Versicherung R. Messner vom 27. 06. 2003 (im Rahmen der Anträge auf Einstweilige Verfügung R. Messner ./. Hans Saler und A1 Verlag; R. Messner ./. Max von Kienlin und F. A. Herbig Verlagsbuchhandlung)

spältige Bild erklären, das sich aus der Betrachtung seines Werdegangs nach 1970 und seinem Umgang mit der Geschichte ergibt.

Auf der einen Seite verkörpert Reinhold Messner das Image des unabhängigen, selbstbestimmten Individualisten und Grenzgängers. Seine Botschaften handeln von Eigenverantwortung, Selbständigkeit und eigenen Wegen ohne Fremdbestimmung. Nur wenn es um das Schlüsselerlebnis seines Lebens geht, zeigt er ein konträres Gesicht. Dort sucht er anscheinend in nahezu allen entscheidenden Situationen, die für ihn mit einem wie auch immer gearteten Scheitern verbunden waren, im Nachhinein die Verantwortung bei anderen.

Es war die Expeditionsleitung, die den Anstoß zu Messners Alleingang gab – obwohl er Herrligkoffer und Anderl ansonsten bei jeder Gelegenheit die notwendige bergsteigerische Kompetenz absprach. Es war der jüngere Bruder, der ihn zur bergsteigerisch zumindest fragwürdigen Entscheidung brachte, in eine weitgehend unbekannte Wand abzusteigen – obwohl er der Erfahrenere war und den Erzählungen zufolge in der Beziehung mit dem Bruder stets den Ton angegeben hatte. Es waren die anderen Expeditionsteilnehmer, die ihn und Günther in der Not allein gelassen hatten – obwohl er seine Lage an anderer Stelle als „selbstverschuldet“ bezeichnete.[18] Es war Max von Kienlin, der ihn dazu brachte, die Version vom Tod Günthers in der Eislawine zu etablieren. Selbst über seine gerichtliche Klage gegen Herrligkoffer behauptete er vor einigen Jahren, sie sei ihm *„natürlich auch von der entsprechenden Seite untergeschoben“* worden.[19] Und schließlich sind es nur *„Expeditionsleiter, die keine Bergsteiger sind, Expeditionsgäste, Journalisten ohne eigene Erfahrung in der Höhe“*, die Verwirrung stiften.[20]

ZWEI TEILE EINER GESCHICHTE – DREI TRAGÖDIEN

Der erste Teil der Geschichte um Nanga Parbat 1970 handelt, nüchtern betrachtet, von einem Bergdrama – nicht mehr und nicht weniger. Zwei junge Bergsteiger trafen am Berg Entscheidungen, in deren Folge der eine starb und der andere nur knapp überlebte. Man kann die Entscheidung unter bergsteigerischen Gesichtspunkten diskutieren und beurteilen. Verurteilen braucht

18 *Die weiße Einsamkeit*, S. 38
19 O-Ton Messner Buchvorstellung *Karl Maria Herrligkoffer*, 04. 10. 2001
20 *Weiße Einsamkeit*, S. 311

man sie nicht. Die Alpingeschichte kennt viele ähnliche Beispiele. Ihre Besonderheit erhielt die Geschichte vom Nanga Parbat 1970 allein durch die Tatsache, dass die beiden Bergsteiger Brüder waren und der Überlebende später Weltruhm erlangte. So konnte sich der zweite Teil der Geschichte entwickeln: das von Reinhold Messner inszenierte und bis heute andauernde mediale Spektakel um sein eigenes Schicksal.

Dabei ist es zunächst noch verständlich, dass sich ein junger Mensch als Opfer fühlt, wenn er unter traumatischen Umständen und eigener Lebensgefahr den Bruder verliert, mit dem er kurz zuvor noch den höchsten Erfolg erleben durfte, *und anschließend* sich Vorwürfen eines menschlich schwierigen Expeditionsleiters sowie der Kritik von Kollegen und Medien ausgesetzt sieht. Auch ist „survivor's guilt" – das Schuldgefühl des Überlebenden – kein unbekanntes Phänomen. Vier Jahrzehnte nach den Ereignissen jedoch, nachdem Reinhold Messner auf ein Leben voller ideeller und materieller Erfolge zurückblicken kann und sich einer breiten Anhängerschaft in der Öffentlichkeit und den Medien erfreut, wirkt die Opferrolle wie ein künstlich aufrechterhaltenes Konstrukt und nicht mehr überzeugend.

„Ich bin auch eine Persönlichkeit und kann nicht einfach jede Verleumdung hinnehmen", hatte Reinhold Messner 1970 an Herrligkoffer geschrieben.[21] Heute gilt dies genauso für Expeditionskollegen, Autoren, Journalisten und andere, die das Ziel von Messners Rundumschlägen sind, mit denen seine eigene Darstellung der Ereignisse als die einzig gültige etabliert werden soll. Dass dadurch andere mit ihren Erlebnissen, Wahrnehmungen, Erinnerungen, Emotionen und Meinungen an den Rand gedrängt, verletzt, verleumdet und quasi als Kollateralschaden abgeschrieben werden – darin liegt nach dem Tod Günther Messners die zweite, heutige Tragödie vom Nanga Parbat 1970.

Doch die eigentlich tragische Figur bleibt am Ende Reinhold Messner selbst. Seit den Anfängen in den 1920er-Jahren diente das Bergsteigen an den höchsten Gipfeln der Welt als Projektionsfläche für gesellschaftliche, ja auch politische Strömungen – und die Protagonisten sahen sich entweder als Bewahrer alter Werte oder als Revolutionäre. 1970 stand Karl Maria Herrligkoffer für die alte Ideologie des „Eroberungsalpinismus" an den Achttausendern

21 Brief R. Messner an K. M. Herrligkoffer, 26. 08. 1970; Original und Abschrift im Archiv des DIAF

aus den 1950er-Jahren, deren Wurzeln zum Beginn des 20. Jahrhunderts zurückreichen (z. B. Kampf der Engländer um den „dritten Pol" Mount Everest oder eben der Deutschen um ihren „Schicksalsberg" Nanga Parbat). Reinhold Messner stand dagegen für eine neue Generation, welche mit dem Alten gründlich aufräumen wollte – die bergsteigenden Vertreter der Freiheitsbewegungen der 1960er-Jahre.

Inzwischen sind weitere 40 Jahre vergangen, und das ehemals „Neue" wird samt seiner Werte der kritischen Betrachtung aus zeitlicher Distanz unterzogen. Zu einer der interessantesten Beobachtungen dabei zählt, wie sehr sich im Laufe der Zeit ehemalige Gegner in ihrem Verhalten ähneln können. Besteht heute noch ein großer Unterschied im Verhaltensmuster eines Karl Maria Herrligkoffer und dem eines Reinhold Messner, wenn es um die Verteidigung des eigenen Territoriums geht?

So erscheint es heute, als verharre ein großer Teil Reinhold Messners noch immer im Jahr 1970 oder sei wieder dorthin zurückgekehrt.

NACHSATZ

DER VORHANG SCHLIESST SICH

Mit dem Spielfilm *Nanga Parbat* von Joseph Vilsmaier, der Mitte Januar 2010 in den Kinos anlief, dem begleitenden Buch und der Neuauflage von *Die rote Rakete,* die zum Filmstart auf den Markt kam, wurde auch die öffentliche Darstellung von Messners Geschichte auf den Stand von 1970/71 zurückgesetzt.
Der Film bleibt ähnlich widersprüchlich wie seine Hauptfigur. Einerseits ist er ein Spielfilm, andererseits kommt er mit einem unübersehbar dokumentarischen Anstrich daher: Namen und Schauplätze sind gegenüber der Originalgeschichte unverändert, immer wieder erfolgen zu Szenen Orts- und Zeiteinblendungen, und am Ende wird das weitere Schicksal einiger Teilnehmer stichpunktartig dokumentiert.
Betrachtet man den Film unter dokumentarischen Gesichtspunkten, so knüpft er gemeinsam mit den beiden dazu erschienenen Büchern nahtlos an die in Kapitel 12 herausgearbeiteten Entwicklungen und Veränderungen der Geschichte an und schreibt sie fort.

DAS ZUSAMMENTREFFEN DER BRÜDER

Neu ist, dass der Film das Zusammentreffen zwischen Günther und Reinhold am Ausstieg aus der Merkl-Rinne erstmals als Auseinandersetzung zwischen den Brüdern darstellt, in der die Problematik der Entscheidung zum weiteren Aufstieg ausgesprochen wird:

Günther: „Vier Stunden!"
Reinhold: „Sechshundert Meter ... in vier Stunden ... in diese Höhe! Bist du wahnsinnig?!"
Günther: „Nicht schlimm. Hast ja gespurt."
Reinhold: „Hast du's Seil dabei?"
(Günther schüttelt den Kopf)

Reinhold: „Habt ihr versichert?"
Günther: „Nur angefangen."
Reinhold: „Und Gerhard?"
Günther: „Ist zurück. Hat Halsweh."
Reinhold: „Und jetzt?"
Günther: „Bin ich da."
Reinhold: „Hast du den Verstand verloren? Der Plan war: bei roter Rakete und schlechtem Wetter geh ich alleine. Rauf, runter, schnell. Jetzt wird's knapp!"
Günther: „Das war dein Plan! Du rennst allein los und ich arbeite mich unten krumm ..."
Reinhold: „Darum geht's nicht, Günther!"
Günther: „Doch! Du setzt wieder mal deinen Kopf durch und ich muss schau'n, wo ich bleib!"
Reinhold: „Wenn wir jetzt lossteigen, müssen wir oben übernachten. Ohne Ausrüstung! Ohne alles! Und du hast nicht versichert. Die Sicherungsseile für den Rückweg fehlen!"
Günther: „Gut, hab ich halt Mist gebaut. Zufrieden?
Die Seile fehlen so oder so – ob wir jetzt absteigen oder später. Da können wir genauso gut bis zum Gipfel gehen. Ist ja nicht mehr weit."

Interessant ist in diesem Zusammenhang die Fortschreibung der quasi umgedrehten Rollenverteilung, auf die bereits hingewiesen wurde (vgl. S. 129f.). Reinhold, der Feuergeist, ist sorgenvoll und ermahnt zur Vorsicht, der bedächtigere Günther ist der impulsive Entscheidungsträger.

DIE SITUATION AN DER MERKL-SCHARTE UND DIE ROLLE VON FELIX KUEN

Bei der Darstellung der umstrittenen Rufverbindung zwischen Reinhold Messner und Felix Kuen liefert der Film einmal mehr eine neue Version: Nun ruft Messner deutlich nach einem Seil – in der Diskussion um die tatsächlichen Ereignisse war es ja ein Schlüsselpunkt, dass genau dies anscheinend *nicht* geschehen war (vgl. S. 56, 115 und 172).

Felix Kuen entgegnet Messner, dass ein Aufstieg zu seinem Standort nicht machbar sei: *„Zu schwer! Unmöglich! Geht nicht!"*[1]
Daraufhin lässt der Film Messner in einer Rückschau die Situation kommentieren: *„Wir waren verloren. Felix konnte nicht rauf, und wir kamen nicht runter. Die Wand war nicht kletterbar. Es wäre Selbstmord gewesen. Ich musste eine Entscheidung treffen."* So antwortet er Felix Kuen auf dessen Frage, ob alles in Ordnung sei, *„Ja, alles in Ordnung!"*, und teilt ihm mit: *„Wir versuchen, hinten abzusteigen."*
Die ebenfalls in Kapitel 12 beschriebene, im Laufe der Zeit immer ausgeprägtere Porträtierung Felix Kuens als unsympathischen Antagonisten Messners findet in Vilsmaiers Film ihren bisherigen Höhe- bzw. Tiefpunkt. Am Gipfel lässt ihn der Film beim Blick in die Diamirflanke sagen:
„Die Messners sind tot, irgendwo da unten. ... Sie sind schon immer ihren eigenen Weg gegangen, haben sich von der Gemeinschaft abgetrennt."
„Peter ... wir sind die Gipfelsieger. Wir sind die Gipfelsieger!"
Man vergleiche dieses Filmbild mit dem realen Eintrag in Felix Kuens Tagebuch nach der Rückkehr vom Gipfel:
„Lieber Allermächtigste, bringe uns die 2 jungen Buben gesund und glücklich zurück zu unserem Basiscamp, damit wir ohne Verluste zurückkehren."[2]

„WIR WURDEN ALS AUFGEGEBEN ANERKANNT!"[3]

Ausgehend von der Gipfelszene mit Felix Kuen und Peter Scholz entwickelt der Film das Bild, die Messner-Brüder seien nach ihrem Verschwinden für tot erklärt worden und die Expedition habe sich ohne weitere Nachforschungen auf die Heimreise begeben.
Zunächst lässt der Film Felix Kuen nach der Rückkehr ins Lager IV auf die Frage nach dem Verbleib von Reinhold und Günther antworten: *„Sie sind oben geblieben!"* – während er in Wirklichkeit sofort von deren Abstieg auf der anderen Seite berichtet hatte (vgl. S. 68ff.). Herrligkoffer diktiert daraufhin im Film seinen Expeditionsreport und berichtet, die Messners hätten die

1 Unterstützt wird diese neue Version durch ein Selbstzitat Reinhold Messners in der Neuauflage von *Die rote Rakete* (S. 169), wonach Felix Kuen ihm *zugerufen* hätte, dass ein Aufstieg nicht möglich sei. Man vergleiche dies insbesondere mit Messners Aussagen zur Rufverbindung in *Die weiße Einsamkeit* (s. S. 171ff.).
2 Tagebuch F. Kuen, 28./29. 06. 1970; Kopie und Abschrift im Archiv des DIAF
3 O-Ton Messner Buchvorstellung *Karl Maria Herrligkoffer*, 04. 10. 2001

gesicherte Expeditionsroute verlassen und seien „verschollen". *„Die zuständigen Behörden werden schnellstmöglich unterrichtet. Um kein weiteres Risiko einzugehen, untersage ich jeden weiteren Gipfelgang ... Das Expeditionsziel ist erreicht, die Mannschaft hat Order, umgehend ins Basislager zurückzukehren."* Anschließend werden Szenen von Reinhold Messner, der sich über den moränenbedeckten Diamirgletscher hinabschleppt, mit Szenen der Siegesfeiern im Basislager auf der Rupalseite gegengeschnitten. Felix Kuen berichtet, die Messners hätten nach ihrem Biwak nicht mehr über den Gipfel zurücksteigen können und für ihn und Peter Scholz sei es unmöglich gewesen, zu ihnen aufzusteigen. Daraufhin beschließt Herrligkoffer – gegen den Einwand von Alice von Hobe – die Abreise.
Erst als sich Reinhold Messner im Film bereits unter Einheimischen im Diamirtal befindet, lässt die Handlung Gerhard Baur zu Herrligkoffer kommen:

Gerhard Baur: „Karl, der Reinhold und der Günther, die könnten über die Diamirflanke abgegangen sein."
Herrligkoffer: „Was? Das ist unmöglich! Wie kommst du denn auf so was?"
Gerhard Baur: „Der Reinhold hat davon geredet."
Herrligkoffer: „Ja wann denn?"
Gerhard Baur: „Im Basislager."
Herrligkoffer: „Das sind doch Hirngespinste, sonst nichts!"
Gerhard Baur: „Aber ... Ohne sie gehen?"

Gerhard Baur selbst meint dazu:

„Diese Szene, die der Film auf den 2. Juli datiert, hat es an diesem Tag, in diesem Zusammenhang, in dieser Art und Weise, damals nicht gegeben. Erstens hatte ich Herrligkoffer schon unmittelbar nach meiner Rückkehr vom Berg am Abend des 29. Juni von der Möglichkeit des Diamir-Abstiegs erzählt. In den darauffolgenden Tagen war ich mehrmals bei ihm im Zelt. Dabei haben wir mindestens zweimal darüber geredet, ob man irgendwie in Erfahrung bringen könnte, was da draußen getan wird. Da war schon klar, dass im Diamirtal gesucht werden würde. Er hatte mir ja schon am 29. gesagt, dass zwei Nachrichten an die Behörden unterwegs waren."

Bemerkenswert ist trotzdem, dass der Spielfilm damit die von Baur häufig zitierten Überschreitungsüberlegungen Reinhold Messners thematisiert.
Als Messner im Film schließlich von Militärs im Industal aufgegriffen und Richtung Gilgit gefahren wird, sagt der Fahrer des Jeeps: *„I've heard that two men died at Nanga Parbat"* – so als wären sie beide offiziell für tot erklärt worden. Und als Messner wieder mit Herrligkoffer zusammentrifft, schreit er: *„Wo seid ihr gewesen?"* Die Frage „Wo ist Günther?" stellt er im Film nicht.

GEGEN DIE DOKUMENTE UND DIE ERINNERUNGEN

Auch das offizielle Buch zum Film, *Die Messner-Brüder am Nanga Parbat*, herausgegeben von Ralf-Peter Märtin, unterstützt die These, die Messners seien aufgegeben und für tot erklärt worden: *„Am 3. Juli stößt er* [Reinhold Messner] *per Zufall im Industal wieder zur Expedition, die sich bereits auf der Heimreise befindet. Beide Messners hielt man für tot."*[4]
Die Neuauflage von *Die rote Rakete* ist im Originaltext unverändert. Ergänzt wurden zwischen den einzelnen Kapiteln Selbstzitate Reinhold Messners, mit denen wiederholt behauptet wird, die Expeditionskollegen hätten den Abstieg über die Diamirseite für unmöglich gehalten und deshalb dort keine Suche unternommen:

„Herrligkoffer musste annehmen, Günther und ich würden, wenn überhaupt, über den Westsattel zwischen Mazenokamm und Westgrat herunterkommen. [...] *Weil unser Abstieg den anderen als wahnwitzig erscheinen musste – wenn auch für uns die einzige Möglichkeit –, wurde später alles Denkbare in ihn hineingeheimnisst. Bis heute. Wer will sich schon eingestehen, dass man sich mit seinen Prognosen geirrt hat?"*[5]

---

4 *Die Messner-Brüder*, S. 41

5 *Rote Rakete*, Auflage 2010, S. 193. *Rote Rakete*, Auflage 2010, S. 237. Interessant sind in diesem Zusammenhang Messners eigene Einschätzungen ihrer „einzigen Möglichkeit". So schrieb er im Originaltext von *Die rote Rakete*:
„Der einzige Lichtblick an jenem dramatischen Vormittag war der Gedanke an den Versuch von Mummery. Die Route war nun unser einziger Ausweg [...] *Wir hatten den Nanga Parbat genau im Gedächtnis, und das war nun von großem Vorteil* [...] *Ein Bild von der Mummery-Route hatte ich im Kopf, wie ich tausend andere Wände und Linien im Kopf habe."* (*Rote Rakete*, Auflage 2010, S. 182 u. 187)
Dem gegenüber zitiert er sich selbst im gleichen Buch (S. 194):
„Nur weil wir weder Fotos noch konkrete Pläne hatten, den Nanga Parbat zu überschreiten, hielten wir uns beim Abstieg vage an die Mummeryroute. Sie war bei weitem nicht die beste Option. Rechts davon wäre ich mit Günther besser zurechtgekommen."

„[Kuens und Scholz'] *Bericht über mein Zurufen* [an der Merkl-Scharte: Anm. JH] *irritierte den Expeditionsleiter, seine Folgerung – die Messners müssen oben verstorben sein – ist nachvollziehbar.*"[6]
„Die Solidarität der Kameraden war damals groß. In meinem Verlorensein hoffte ich deshalb auf irgendeine Hilfe. Wenn sie ausblieb, dann nur, weil niemand unseren ‚Irrwitz' für überlebbar gehalten hat."[7]
„Nur den Abstieg über die Diamir-Seite, von dem sie gewusst haben wollen, hatten sie offensichtlich nicht für möglich gehalten."[8]

Der Tagebucheintrag Hermann Kühns vom 30. Juni 1970, *„Einheimische Läufer werden in die Täler nördlich des N.P. geschickt (Diamir)"*, und die Abschrift eines Telegramms an die Behörden in Gilgit vom 1. Juli 1970, in dem unmissverständlich auf die Möglichkeit eines Abstiegs nach Diamir hingewiesen und um eine *„sofortige Suchaktion"* gebeten wird, sprechen eindeutig gegen Messners und Märtins Darstellungen (vgl. S. 77 und 80). Weder hielt man beide Messner-Brüder für tot noch einen Abstieg ins Diamirtal für ausgeschlossen – was auch durch die Ergebnisse der gerichtlichen Untersuchungen 1972 belegt wurde (vgl. S. 154).
Auch Märtins Behauptung, die Expedition habe sich bereits auf der Heimreise befunden und Messner sei nur durch Zufall auf sie getroffen, wird durch die zeitlichen Zusammenhänge in Frage gestellt: Messner befand sich bereits im Industal auf dem Weg Richtung Gilgit, als die Expedition aus dem Astortal kommend im Industal eintraf und in Bunji vom Aufenthaltsort Messners erfuhr. Sie reiste daraufhin Messner nach und holte *ihn* ein, nicht umgekehrt (vgl. S. 156f.).
Gerhard Baur hat zu diesem Thema eine eindeutige Meinung:

„Die Behauptung, die Messners wären für tot erklärt worden, ist böse – weil sie einfach nicht stimmt. Sie deckt sich nicht mit dem, was alle anderen erzählen, die damals dabei waren. Sie deckt sich nicht mit den Dokumenten. Sie deckt sich nicht mit den Feststellungen des Gerichts [1972, Anm. JH] – und sie deckt sich auch mit meinen ganz, ganz persönlichen Erinnerungen nicht."

6 Ebd. S. 237
7 Ebd., S. 230
8 Ebd., S. 286

So verharrt die Geschichte von Nanga Parbat 1970 in einem immer wiederkehrenden Muster von Provokation und Verletzung – mit dem einzigen Unterschied, dass ihre Erzählweise nun von der Komplexität und Widersprüchlichkeit, die Messners Bücher *Der nackte Berg* und *Die weiße Einsamkeit* vor einigen Jahren kennzeichneten (vgl. Kapitel 12), wieder zur Sichtweise von *Die rote Rakete* von 1971 zurückgependelt ist, die durch den Film zusätzlich noch stark vereinfacht und überzeichnet wird.

Dadurch wird Joseph Vilsmaiers *Nanga Parbat* nur zu einer weiteren Facette der Geschichte. Und wenn Reinhold Messner laut einem Artikel in der *Süddeutschen Zeitung* im Film *„nichts"* sieht, *„zwei Schauspieler. Jedenfalls nicht mich. Nicht uns."*[9] – dann scheint er zu ahnen, dass auch diese Verfilmung keinen wahren Abschluss bedeutet.

Die Öffentlichkeit nimmt von der Geschichte um Nanga Parbat 1970 nur Spitzen in Form der von Reinhold Messner selbst entflammten Kontroversen und medialen „Events" wahr – wodurch sich auch eine tragische Selbstqual Messners offenbart. Die eigentliche Geschichte um Nanga Parbat 1970 erzählen jedoch nicht diese Spitzen, sondern die Räume dazwischen, die dieses Buch nachzeichnet. Räume, in denen Entwicklungen ablaufen, Widersprüche, Verformungen und Brüche zu Tage treten, Emotionen erzeugt werden – und in denen ein Weg liegt, der über die Extreme von Heldenverehrung und -demontage irgendwann zu einem Erfassen und Verstehen der menschlichen Realität führen kann.

„Die dauernd wiederholte rein moralische Empörung [...] *ist ebenso selbstverständlich wie irrelevant.*
Empörung allein fördert weder Wissen noch Verstehen.
Und Verstehen bedeutet nicht Gutheißen."[10]

9 „Ohne einander", *Süddeutsche Zeitung*, 21. 12. 2009
10 Emcke: *Stumme Gewalt*, S. 72

STATT EINES NACHWORTS

„Die Umstände machen einen Menschen nicht zu dem, der er ist. Sie entblößen ihn nur.“
(Epiktet, griechischer Philosoph, 50–125 n. Chr.)

„Orwell fürchtete [in 1984] *jene, die uns Informationen vorenthalten. Huxley fürchtete* [in Schöne neue Welt] *jene, die uns mit Informationen so sehr überhäufen, dass wir uns vor ihnen nur in Passivität und Selbstbespiegelung retten können. Orwell befürchtete, dass die Wahrheit vor uns verheimlicht werden könnte. Huxley befürchtete, dass die Wahrheit in einem Meer von Belanglosigkeiten untergehen könnte.“*
(Neil Postman in *Wir amüsieren uns zu Tode*)

ANHANG

CHRONOLOGIE IN ZITATEN

27. 6. 1970	
Aufbruch Reinhold Messner	*„Um 2 Uhr morgens stand ich auf"* („Odyssee", S. 1; *Rote Rakete*, S. 105) Aufbruch 3 Uhr (Tagebuch Herrligkoffer, 27. 6. 1970; nach Bericht von G. Baur)
Aufbruch Günther Messner	Aufbruch 4 Uhr (Tagebuch Herrligkoffer, 27. 6. 1970; nach Bericht von G. Baur)
Zusammentreffen der Brüder	*„Nach einer letzten Sperrstelle* [in der Merkl-Rinne] *erreichte ich die Rampe, die den Weg nach rechts um die Südschulter freigab. Ich blickte die steile Rinne zurück, erschrak, als ich jemand knapp unter mir im Aufstieg sah. Es war Günther. Ich wartete und bald stand er neben mir. ... am frühen Vormittag ..."* („Odyssee", 1970, S. 2) *„Um etwa acht Uhr erreichte ich eine Rampe, die nach rechts zur Südschulter hinausleitet. Plötzlich entdeckte ich unten in der Merkl-Rinne meinen Bruder."* (*Alpinismus*, 9/1970) *„... Zusammentreffen mit meinem Bruder Günther Messner kurz unterhalb des Gipfels ..."* (Eidesstattliche Versicherung vom 27. 6. 2003) *„Als der Bruder nachkam ... Wir waren knapp unterm Gipfel ... Hundert Höhenmeter ... obwohl es später Nachmittag war."* („Unter vier Augen", BR, 20. 6. 2002) **Widerspruch:** **früher Vormittag, am Ausstieg der Merkl-Rinne (ca. 7700 m)** **vs.** **später Nachmittag, etwa hundert Meter unter dem Gipfel (ca. 8000 m)**

Gipfel	*„Reinhold u. Günther Messner haben am 27. 6., 18 Uhr, gemeinsam den Gipfel erreicht."* (Tagebuch H. Kühn, Eintrag zum 3. 7. 1970) *„Heute fragen mich Leute immer wieder nach der genauen Zeit, wann wir am Gipfel standen. Ich sage so gegen fünf Uhr."* (*Die rote Rakete*, 1971, S. 115)
Abstiegsroute zur Merkl-Scharte	*„Wir steigen über eine Felsrampe in eine Firnmulde unter der Scharte ab."* („Odyssee", 1970, S. 5) Handskizze RM vom 22. 7. 1970 sowie Foto/Grafik in *Die rote Rakete*, 1971, S. 165, zeigt Abstieg über die spätere Schell-Route an. *„So kletterten sie den leichteren Blockgrat hinunter zur Scharte."* (M. Rebitsch nach Gespräch mit RM, *Tiroler Tageszeitung*, 9. 9. 1970) *„Ich konnte über die flache Mulde nach rechts zum Grat steigen und über diesen und die Südschulter zum Gipfel klettern (dort war ich 1970 abgestiegen)"* (*Alleingang*, 1979, S. 177) *„Über eine schräge Rampe steigen wir ab. ... Nach mehr als einer Stunde erreichen wir eine flache Firnmulde am Fuß des felsigen Gipfelaufbaus ... westlich und unter der Merkl-Scharte."* (*Der nackte Berg*, 2002, S. 204) *„Und dann sind wir abgestiegen über eine Gratkante zwischen der Aufstiegswand und der späteren Abstiegswand ..."* („Unter vier Augen", BR, 20. 6. 2002) Foto/Grafik in *Die weiße Einsamkeit*, 2003, S. 335, zeigt Weg links (im Abstieg gesehen) der Schell-Route, näher der Gratkante an. *„Es ist falsch, dass ich mit meinem Bruder Günther nach der Gipfelbesteigung des Nanga Parbat bei dem Abstieg links vom Südgipfel über einen dort beginnenden Grat abgestiegen bin. Dort beginnt kein Grat, sondern eine Rampe, über die wir abgestiegen sind."* (Eidesstattliche Versicherung vom 27. 6. 2003) **Widerspruch:** **Schell-Route** **vs.** **Gratkante zwischen Südgipfel und Merkl-Scharte**

1. Biwak 27./28. 6. 1970	*„Biwak in 8000 m Höhe"* (Tagebuch H. Kühn, Eintrag zum 3. 7. 1970) *„In der Scharte selbst* [ca. 7800 m] *hatten wir eine Nische unter einem Felszacken entdeckt, dort wollten wir biwakieren."* („Odyssee", 1970, S. 5; Routenskizze RM vom 22. 7. 1970) *„Und nun sitzen die ‚Messner-Buam' nahe der Südschulter auf etwa 8000 m und warten auf den Morgen."* (*Bergkamerad*, 10. 8. 1970) **Widerspruch:** **in oder nahe der Merkl-Scharte, ca. 7800 m** **vs.** **nahe des Südgipfels, ca. 8000–8020 m**
28. 6.	
Rufverbindung RM mit Felix Kuen	10:30 Uhr (Tagebuch Herrligkoffer, 29. 6. 1970; nach Funkgespräch mit Felix Kuen) ca. 11 Uhr (Tagebuch F. Kuen, 29. 6. 1970) *„Gegen 11 Uhr vormittags treffen sie Kuen und Scholz"* (Tagebuch H. Kühn, Eintrag zum 3. 7. 1970)
2. Biwak 28./29. 6. 1970	**Widerspruch:** Nach Handskizze RM vom 22. 7. 1970 sowie Foto/Grafik in *Die rote Rakete*, 1971, S. 165, und DAV-Karte Nanga Parbat **auf ca. 6000 m** Nach Foto/Grafik in *Der nackte Berg*, 2002, S. 221, und DAV-Karte Nanga Parbat **auf ca. 6250–6300 m**
29. 6.	
Abstiegsroute 2. Biwak zum Gletscher	**Widerspruch:** Nach Handskizze RM vom 22. 7. 1970 sowie Foto/Grafik in *Die rote Rakete*, 1971, S. 165, knapp **rechts** (im Aufstieg gesehen) der Kante der oberen Mummery-Rippe Nach Foto/Grafik in *Der nackte Berg*, 2002, S. 221, über die **linke** (im Aufstieg gesehen) Flanke der oberen Mummery-Rippe

Tod Günthers, Umstände	Nach Darstellung und Skizzen von RM vom 22. 7. 1970 sah er Günther gegen 8 Uhr zum letzten Mal im Abstieg auf der Gletscherrampe unter der unteren Mummery-Rippe. Reinhold war ca. 1 h voraus. *„Die Spalten liegen alle offen da."* (*Rote Rakete*, S. 152) Die Lawine bemerkt Reinhold erst beim Zurücksteigen über den Gletscher am Abend („Odyssee", S. 14; *Rote Rakete*, S. 157) *„Am Fuße des Berges ... ‚Du kannst hier warten', schlug Reinhold seinem Bruder vor ... Günther nickte nur und ließ sich ermattet nieder. Reinhold ging voraus, fand einen sicheren Weg aus dem Eis und wartete nun, dass Günther nachkäme. ... Er kletterte den Gletscher wieder hoch und kehrte zu der Stelle zurück, an der er den Bruder verlassen hatte. Kein Zeichen von ihm, nur die frischen Spuren von Eistrümmern an dem Platz, an dem er gesessen hatte."* (*Reinhold Messner*, autorisierte Biografie von R. Faux, 1981, S. 100) *„Dort taumelte ich voraus, um uns einen Weg durch die gefährlichen Eisbrüche zu finden, als hinter mir eine Eislawine hinabdonnerte. Günther war verschwunden, begraben unter tonnenschweren Eisblöcken."* (*Alle meine Gipfel*, 1982, S. 117) *„Und nachdem die Spalten alle zu waren und auch zugeblieben waren, nachdem ich ihn nirgends gefunden habe und er nicht auftauchte, war klar, es kann nur das* [die Lawine] *passiert sein."* („Unter vier Augen", BR, 20. 6. 2002)
Weitere Ereignisse	Diamir: Nächtliche Suche RMs nach Günther Rupal: 15 Uhr Rückkehr von Kuen ins Lager IV, Benachrichtigung des Basislagers (Funk) über Abstieg der Messners auf der anderen Bergseite; 19–21 Uhr Rückkehr von W. Haim, M. von Kienlin und G. Baur ins Basislager, Benachrichtigung über Möglichkeit des Abstiegs der Messners nach Diamir (s. S. 73)

30. 6.	Diamir: Abstieg RM zum Basislagerplatz Diamir Rupal: Aufstieg G. Mändl u. H. Saler von Lager IV bis in die Merkl-Rinne, Rückkehr ins Lager IV; Rückkehr von F. Kuen, J. Winkler und G. Kroh ins Basislager; Entsendung eines Postläufers nach Astor, telefonische Benachrichtigung des APA Chilas wg. Suche im Diamirtal (s. S. 77 und 80f.)
1. 7.	Diamir: Abstieg RM nach Nagaton Rupal: Rückkehr von P. Scholz, H. Kühn, P. Vogler, E. Raab, G. Mändl u. H. Saler ins Basislager; Weiterleitung der Anordnung einer Suche im Diamirtal per Post an die Behörden in Gilgit (s. S. 81)
2. 7.	Diamir: Abstieg RM nach Diamirai Rupal: Abbrechen des Basislagers (s. S. 83f.)
3. 7.	Diamir: Abstieg RM zur Bunar-Brücke, Auffinden durch Militärs (aus Chilas?), Transport bis 16 Meilen vor Gilgit (Straßenunterbrechung) Rupal: Abstieg der Expeditionsmannschaft vom Basislager nach Rampur, 15 Uhr Weiterfahrt durch Astortal nach Bunji, dort 20 Uhr Benachrichtigung über aufgefundenen Bergsteiger ca. 21:30 Uhr Auffinden RMs durch Herrligkoffer an Straßenunterbrechung 16 Meilen vor Gilgit, 23:30 Uhr gesamte Expedition in Gilgit (s. S. 90ff.)
8./9. 7.	Rückkehr der Expeditionsmannschaft nach München
15. 7. **1970**	Artikel *Tiroler Tageszeitung*; Kritik Felix Kuens an der Überschreitung und den Messner-Brüdern (s. S. 99) *„… alpinistischer Leichtsinn […] für dieses Unternehmen gar nicht ausgerüstet“*
18./19. 7.	Artikel in *Die Presse* (offenbar basierend auf Interview mit RM in Innsbruck); Kritik an Herrligkoffer und dessen Leitungsstil (s. S. 101)
28. 7.	Artikel in *Bunte* von Herrligkoffer; verfälschte Aussage Kuens, unterschwelliger Verdacht der unterlassenen Hilfeleistung bei Rufverbindung mit RM an der Merkl-Scharte (s. S. 102f.)

7. 8.	Artikel RM in *Münchner Stadtzeitung*: „Rote Rakete am Nanga Parbat" (s. S. 103) *„... den entscheidendsten Moment der Expedition"*
15. 8.	Antrag auf offizielle Untersuchung des Todes GMs durch Abgeordnete des italienischen Parlaments (s. S. 109f.)
Sept. 1970	Artikel RMs in *Alpinismus* über die „Nanga Parbat 70 – Die Sache mit den Raketen" (s. S. 111)
Okt. 1970	Herrligkoffers Version der roten Rakete und Gegendarstellung durch M. von Kienlin, H. Kühn, G. Kroh, E. Raab, P. Vogler und G. Baur in *Alpinismus* (s. S. 111ff.)
1. 11.	„Kompromissvorschlag" Herrligkoffers (s. S. 119) *„Reinhold Messner gibt zu, dass er den Abstieg über die Diamirflanke geplant hatte, als er auf der Diamirseite biwakierte.* [...] *Noch bevor die zweite Seilschaft Hilfe bringen konnte, starb sein Bruder Günther den Bergtod."*
2. 12.	Presseerklärung Herrligkoffers „Das Märchen vom Nanga Parbat" (s. S. 121f.) *„Es erhebt sich die Frage, ob Reinhold Messner durch seinen zweifellos geplanten Abstieg über die Diamir-Flanke den Bruder seinem persönlichen Ehrgeiz geopfert hat?"*
12. 12.	Alpinismustagung in Urach, „Einigung" zwischen RM und Felix Kuen über Inhalt und Bedeutung der Rufverbindung an der Merkl-Scharte (s. S. 113ff.)
9. 1. **1971**	Anfechtung des Teilnehmervertrags durch RM (s. S. 124)
16. 1.	Strafanzeige RMs gegen Herrligkoffer u. Bitterling wg. Verleumdung sowie gegen Herrligkoffer u. Anderl wg. Fahrlässiger Tötung GMs und unterlassener Hilfeleistung gegenüber ihm selbst (s. S. 124f.)
14. 9.	Strafantrag gegen Herrligkoffer u. Bitterling wg. Verleumdung wird abgewiesen (s. S. 144)
14. 2. **1972**	Strafverfahren gegen Herrligkoffer u. Anderl wg. Fahrlässiger Tötung und unterlassener Hilfeleistung wird eingestellt (s. S. 144ff.) *„Zusammenfassend muss daher festgestellt werden, dass keiner der gegen Dr. Herrligkoffer und Michael Anderl erhobenen strafrechtlichen Vorwürfe begründet ist."*

Mai **1973**	Alleinversuch RMs am Nanga Parbat (Mummery-Route)
Mai **1976**	Artikel RM in *Mountain* (vgl. S. 147) *„... warum der Expeditionsleiter nicht dafür gesorgt hätte, dass eine Gruppe zur Diamir-Seite hinübergeht, um nachzusehen, ob sie den Abstieg geschafft haben."*
Juni–Juli	Erzwungener Widerruf RMs (vgl. S. 147) *„Was ich erst viel später erfuhr, war, dass* [Herrligkoffer] *sofort einen Inspektor des APA Chilas aufforderte, mit einheimischen Assistenten ins Diamirtal aufzusteigen, um uns zu retten."*
6.–11. 8. **1978**	RM gelingt erste absolute Alleinbesteigung des Nanga Parbat, Aufstieg über den rechten Teil der Diamirflanke und Sporn an der rechten Seite des Gipfeltrapezes, Abstieg über „neuen Weg" von der Südschulter in die Westmulde und über Eisrinne rechts der Mummery-Rippe (s. S. 142f.)
30. 11. **1990**	Interview RMs mit A. Müller (*Die Zeit*) (s. S. 181f.) *„Mein jüngerer Bruder ist 1970 durch meine Schuld umgekommen.* [...] *Er wurde höhenkrank und ist abgestürzt."*
Juli **2000**	Expedition RMs zum Nanga Parbat, Fund eines Wadenbeins am Fuß der Diamirwand (s. S. 185f.)
4. 10. **2001**	Buchvorstellung Herrligkoffer-Biografie durch RM, Vorwurf gegen die Expeditionsmannschaft (s. S. 148ff.) *„... warum aus der Expeditionsgruppe nicht ein paar Leute Manns genug gewesen waren, um als Suchtrupp über den Mazenopass auf die Diamirseite zu gehen."* *„... aber ich sage heute, das war nicht ein Herrligkoffer-Fehler, sondern das war eher ein Fehler der Teilnehmer, nicht ins Diamirtal zu gehen.* [...] *Und einige, älter als ich, hatten, ja, nichts dagegen, dass die beiden Messners nicht mehr auftauchten ... und das ist die Tragödie!"*
2002	Erscheinen von RMs *Der nackte Berg* (s. S. 163ff.)
2003	Erscheinen von RMs *Die weiße Einsamkeit;* Erscheinen von M. von Kienlins *Die Überschreitung* u. H. Salers *Zwischen Licht und Schatten*; Klagen RMs (s. S. 160ff.)

Nov. 2003–Apr. **2004**	Genetische Untersuchung des 2000 gefundenen Wadenbeins (s. S. 188f.) *„Die Wahrscheinlichkeit, dass der Knochen von einem Bruder* [der beiden] *stammt, ist 651 mal größer, als dass er von einer unbekannten Person stammt."*
2. 2. 2004	Interview RMs mit *The Guardian* (s. S. 181f.) *„Ich ließ meinen Bruder ein Stück unterhalb des Gipfels zurück …"*
17. 7. **2005**	Auffinden der Überreste Günther Messners am Fuß der Diamirwand (ca. 4300 m) durch drei Pakistani (s. S. 194ff.)
29. 8.	Begutachtung und Feuerbestattung der Überreste durch eine Reisegruppe der deutschen Wochenzeitung *Die Zeit* unter Leitung von Reinhold Messner; eine spätere genetische Untersuchung bestätigt, dass es sich bei den Überresten um Günther Messner handelte (s. S. 196).
Jan. **2010**	Filmstart *Nanga Parbat* von Joseph Vilsmaier, Neuerscheinung von *Die rote Rakete* (s. S. 213ff.)

AUSGEWÄHLTE LITERATUR

Dauer, T.: „Die eine und andere Wahrheit“, *Berge*, Nr. 5/2003, S. 76–81

Dujmovits, R.: „Jenseits von purer Eitelkeit und nationalem Pathos“ (50 Jahre Nanga Parbat), *Berge*, Nr. 3/2003, S. 90–99

Hemmleb, J.: „Alpingeschichte reloaded“ (Revisionismus in der Alpinliteratur), *Berge*, Nr. 5/2007, S. 76f.

Herrligkoffer, K. M.: *Nanga Parbat – Sieben Jahrzehnte Gipfelkampf in Sonnenglut und Eis.* Stuttgart (D): Deutscher Bücherbund, 1967

Ders.: *Kampf und Sieg am Nanga Parbat – Die Bezwingung der höchsten Steilwand der Erde.* Stuttgart (D): Deutscher Bücherbund, 1971

Höfler, H. & Messner, R.: *Karl Maria Herrligkoffer – Besessen, sieghaft, umstritten.* Zürich (CH): AS-Verlag, 2001

Märtin, R.-P.: *Nanga Parbat – Wahrheit und Wahn des Alpinismus.* Berlin (D): Berlin Verlag, 2002

Ders. (Hrsg.): *Die Messner-Brüder am Nanga Parbat: Zwei Brüder, ein Berg, ihr Schicksal. Offizielles Buch zum Film von Joseph Vilsmaier.* München (D): Südwest Verlag, 2010

Messner, R.: *Die rote Rakete am Nanga Parbat – Drehbuch zu einem Film, der nie gezeigt werden kann.* München (D): Nymphenburger Verlagshandlung, 1971

Ders.: *Alleingang Nanga Parbat.* München: BLV Verlagsgesellschaft, 1979

Ders.: *Die Freiheit, aufzubrechen, wohin ich will.* München (D): R. Piper, 1989

Ders.: *Der nackte Berg. Nanga Parbat – Bruder, Tod und Einsamkeit.* München (D): Malik/Piper Verlag, 2002

Ders.: *Die weiße Einsamkeit – Mein langer Weg zum Nanga Parbat.* München (D): Malik/Piper Verlag, 2003

Ders.: *Mein Leben am Limit – Eine Autobiographie in Gesprächen.* München (D): Malik/Piper Verlag, 4. Auflage 2005

Ders.: *Diamir – König der Berge. Schicksalsberg Nanga Parbat.* München (D): Frederking & Thaler Verlag, 2008

Ders.: *Die rote Rakete am Nanga Parbat.* München (D): Malik/Piper Verlag, 2010

Müller, A.: *Ich riskiere den Wahnsinn.* Köln (D): Kiepenheuer & Witsch, 1997

Von Kienlin, M.: *Die Überschreitung – Günther Messners Tod am Nanga Parbat.* München (D): F. A. Herbig Verlagsbuchhandlung, 3. Auflage 2003

Ders.: *Der einsame Tod – Legende Günther Messner.* München (D): F. A. Herbig Verlagsbuchhandlung, 2006

Ruef, K.: *Felix Kuen – auf den Gipfeln der Welt.* Graz (A): Leopold Stocker Verlag, 3. Auflage 1981

Saler, H.: *Zwischen Licht und Schatten – Die Messner-Tragödie am Nanga Parbat.* München (D): A1 Verlag, 2003, und 4., aktualisierte Auflage 2009

Aber auch:

Emcke, C.: *Stumme Gewalt.* Frankfurt (D): S. Fischer Verlag, 2008

Miller, A.: *Das Drama des begabten Kindes.* Frankfurt (D): Suhrkamp Verlag, 1997

Müller, A.: *Meinungsmache – Wie Wirtschaft, Politik und Medien uns das Denken abgewöhnen wollen.* München (D): Droemer Knaur, 2009

Opelt, R.: *Die Kinder des Tantalus.* Wien (A): 2. Auflage 2003

Postman, N.: *Wir amüsieren uns zu Tode – Urteilsbildung im Zeitalter der Unterhaltungsindustrie.* Frankfurt (D): S. Fischer Verlag, 5. Auflage 1985

Wieczorek, T.: *Die verblödete Republik – Wie uns Medien, Wirtschaft und Politik für dumm verkaufen.* München (D): Knaur Taschenbuch Verlag, 2009

Die Verweise auf alle anderen Quellen finden sich in den Fußnoten der einzelnen Kapitel.

ERRATA CORRIGE

Wir bitten folgende Korrekturen, die nach dem Beginn der Drucklegung erfolgt sind, zur Kenntnis zu nehmen:

S. 48, Fußnote 8: richtig: S. 115 (statt S. 125).

S. 55, 2. Zeile: im Zitat von Felix Kuen richtig: „Er gehe …“ statt „Ich gehe …“

S. 67, 4. Zeile: im Zitat „da unten“ ergänzen. Richtig: „Geh'n wir da unten zwischen den Brüchen durch?“

S. 71, 2. Absatz: im Zitat „jungen“ und „zurück“ ergänzen: „… 2 jungen Buben gesund und glücklich zurück zu unserem Basiscamp.“

S. 142, Fußnote 14: richtig: Alleingang (statt Ebd.), S. 201.

DANK

Sandra – für den 13. Juli 2004 auf der Märchenwiese (Rakhiot, Nanga Parbat) und alles davor und danach.

Gerhard Baur – damals, 2004, für das Öffnen einer Tür in ein faszinierendes Kapitel Alpingeschichte. Heute, 2010, für die Offenheit seiner Gedanken und Emotionen.

Dem übrigen Team Nanga Parbat 2004: Margret und Fridel Baur, Fritz Bechtold, Abdul Manan, Kashgar, Naderjan und Badar – für unvergessliche Wochen im Bannkreis des „nackten Berges".

Ulrike Völkmann – für ihre unermüdliche Recherche und Unterstützung.

Manfred Sturm, Vorstand des Deutschen Instituts für Auslandsforschung – Prof. Dr. Herrligkoffer-Stiftung, sowie Klara Esters und Stefan Ritter (Deutscher Alpenverein) für Hilfe und Unterstützung bei der Dokument- und Bildrecherche.

Ralf Dujmovits & Gerlinde Kaltenbrunner, Rolf Esslinger, Werner Haim, Günther Kroh, Anderl Mannhardt, Hans Saler, Max von Kienlin, Jürgen Winkler und vielen anderen – für anregende Gespräche und Gedanken.

Anette Köhler, Gerhard Rödlach, Monika Resler, Gottfried Kompatscher und dem übrigen Verlagsteam bei Tyrolia – für Energie, Kreativität und Kritik bei einem Projekt, das für alle einen Vorstoß in Neuland bedeutete.

Hansjörg Magerle (Studio HM, Hall in Tirol) für das Layout.

Bibliografische Information Der Deutschen Nationalbibliothek
Die Deutsche Nationalbibliothek verzeichnet diese Publikation in der Deutschen Nationalbibliografie; detaillierte bibliografische Daten sind im Internet über http://dnb.d-nb.de abrufbar.

Umschlaggestaltung: Verlagsanstalt Tyrolia unter Verwendung folgender Bilder:
Titelbild: Günther Messner (© Archiv DIAF/Herrligkoffer-Stiftung), im Hintergrund ein Auszug aus dem Tagebuch von Felix Kuen (© Archiv G. Baur); kleines Bild oben: Der Gipfelaufbau der Rupalwand von Südwesten, gesehen vom Heran Peak (© Archiv DIAF/Herrligkoffer-Stiftung)
Vorderer Vorsatz: Die Rupalwand mit der Aufstiegsroute und den Lagerplätzen 1970 (© Foto/Grafik: J. Hemmleb)
Hinterer Vorsatz: Die Diamirwand mit der von Reinhold Messner angegebenen Abstiegsroute 1970. Man beachte die unterschiedlichen Angaben zum Routenverlauf und zu den Biwakplätzen. Links die Lagerplätze der heutigen Normalroute (Kinshofer-Weg) (© Foto/Grafik: J. Hemmleb)
Digitale Gestaltung: Studio HM, Hall in Tirol
Lithografie: Digiservice, Innsbruck
Druck und Bindung: Gorenjski-Tisk, Kranj
ISBN 978-3-7022-3064-7
E-Mail: buchverlag@tyrolia.at
Internet: www.tyrolia-verlag.at

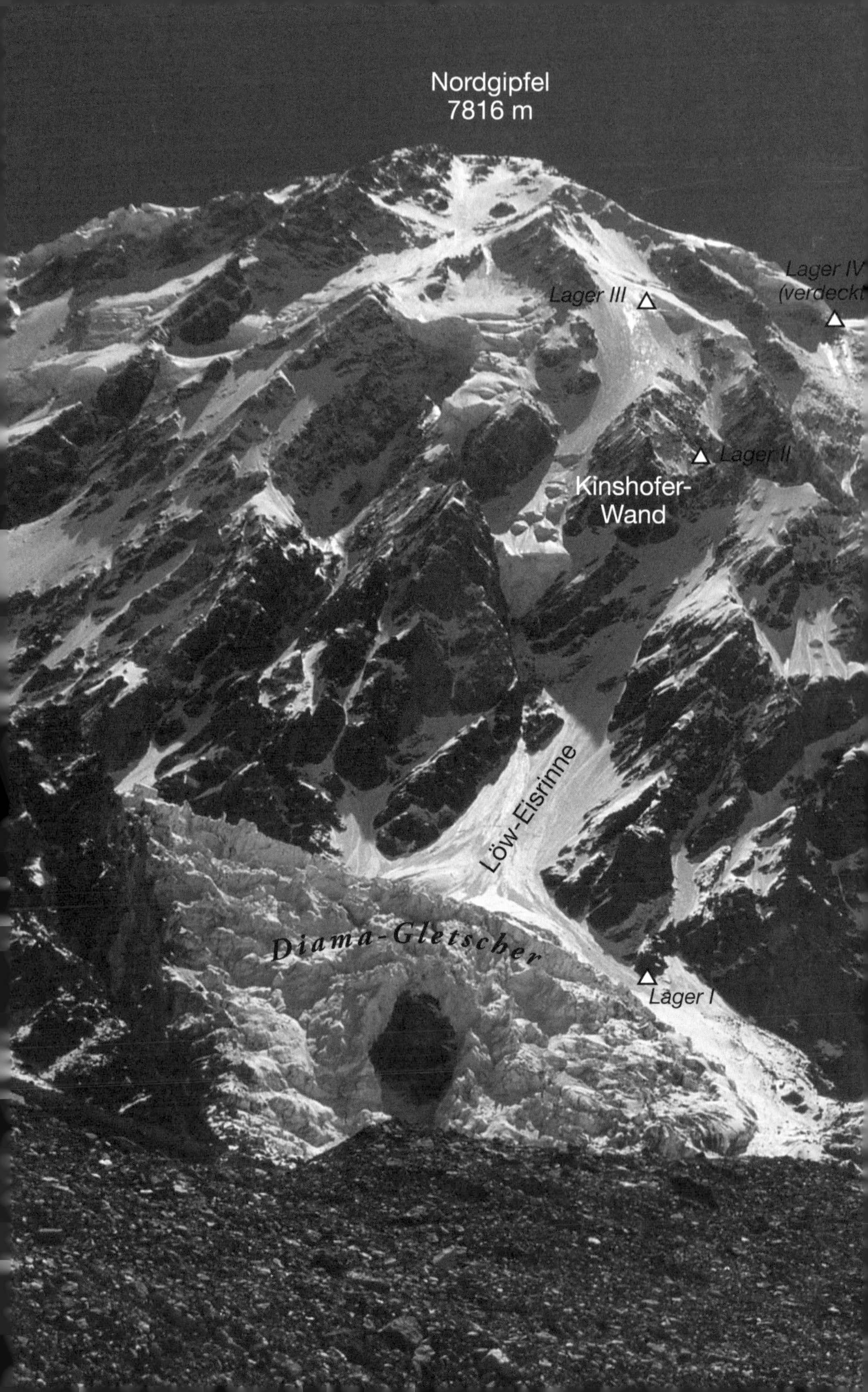
Nordgipfel
7816 m
Lager IV
(verdeckt)
Lager III
Lager II
Kinshofer-
Wand
Löw-Eisrinne
Diama-Gletscher
Lager I